21世纪高等教育会计通用教材

审计教学案例

Shenji Jiaoxue Anli

唐松莲 刘桂良 高开娟 编著

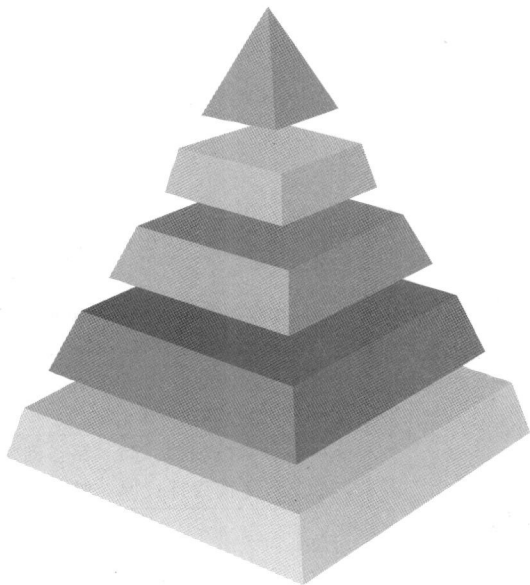

东北财经大学出版社
Dongbei University of Finance & Economics Press
大连

图书在版编目（CIP）数据

审计教学案例 / 唐松莲，刘桂良，高开娟编著. —大连：东北财经大学出版社，2024.8

（21世纪高等教育会计通用教材）

ISBN 978-7-5654-5201-7

Ⅰ.审…　Ⅱ.①唐…②刘…③高…　Ⅲ.审计-案例-中国-高等学校-教材　Ⅳ.F239.22

中国国家版本馆 CIP 数据核字（2024）第 060678 号

东北财经大学出版社出版

（大连市黑石礁尖山街217号　邮政编码 116025）

网　　址：http://www.dufep.cn

读者信箱：dufep@dufe.edu.cn

大连雪莲彩印有限公司印刷　　东北财经大学出版社发行

幅面尺寸：185mm×260mm　　字数：301千字　　印张：13

2024年8月第1版　　　　　　2024年8月第1次印刷

责任编辑：高　铭　刘慧美　　　　责任校对：赵　楠

封面设计：原　皓　　　　　　　　版式设计：原　皓

定价：32.00元

前　言

审计学同时具备理论性与实务性，融法学、经济学、哲学、会计学和计算机等专业知识于一体，因此审计教学是将审计思维、制度博弈、法律制度、统计手段、会计与财务方法和计算机工具等综合讲授、讨论和探究的过程。基于现代建构主义知识观，案例教学在学生培养中发挥着桥梁作用。审计案例教学是启发学生思辨思维、将审计理论与实务知识点通过情景传授给学生的有效途径。案例教学不仅可以使学生更快、更深刻地理解审计知识点，思考审计理论知识，还可以开阔学生的视野，培养学生的审计质疑思维。本书运用案例教学法，通过大量还原新技术和新商业模式下的现实审计场景的一手案例，反映教学方式和教学内容的变革。本书的特点主要体现在以下几个方面：

（1）注重课程思政建设，构建底线思维、职业道德、胜任能力以及审计价值的四层课程思政体系。本书探索促进审计知识和思政教育融合的路径，使得学生在利益诱惑和竞争压力无所不在的环境下，在面临义利和善恶的抉择时，牢记鉴证者的初心，以维护公众利益和市场经济秩序为己任。在底线思维方面，促使学生树立底线思维，永守审计监督的底线；在职业道德方面，从职业质疑的精神出发，保证审计程序执行有效；在胜任能力方面，促使学生构建与技术和商业模式的迭代相适应的能力观；在审计价值方面，秉承美德主义的伦理观，将专业主义和职业道德内化于心、外化于行。

（2）将教学方式由"坐而论道"转变为"实践感悟"。团队历时多年，调研并开发了一批与时俱进、生动丰富的典型教学案例。本书包括12个案例，还原新技术和新商业模式下的大量审计现实场景。审计理论案例部分主要明确审计的基本概念，包括审计跨国监管制度差异、审计独立性、审计认知差和审计职业道德等内容；审计方法案例部分主要介绍审计目标、审计计划、审计证据、审计方法、审计工作底稿及审计报告等关键要素；审计循环案例部分涵盖销售与收款循环、采购与付款循环、生产与存货循环和货币资金循环；审计报告案例部分涵盖完成审计工作与出具审计报告两部分。

（3）本书的案例编排与"审计学"课程的教学知识点相融合。在案例的"解读—分析—反思"过程中，引导学生将案例内容与教材知识点相联系，有利于学生增进对审计知识的理解、提高务实能力，并形成经世致用的领导者素养。面对新技术的发展和新商业模式的不断涌现，审计学在教学方式和教学内容上面临挑战。本书不仅体现了专业理论和实务的变化，还加入了研究方法和研究过程的介绍。每一个教学案例都分为案例正文和案例使用说明，可供工商管理硕士（Master of Business Administration，MBA）、金融硕士（Master of Finance，MF）和工商管理博士（Doctorate of Business Administration，DBA）的案例教学和学位论文撰写参考。同时，本书配备了二维码资源，任课教师及学生可直接扫码使用，并提供视频、教学课件等教学资源，教师会员可登录东北财经大学出版社网站（http：//www.dufep.cn）下载使用。

本书作者从事审计学教学多年，深耕在教学一线，在取得丰富课程建设和教学成果的同时，形成了一些具有社会影响力的科研成果。作者主讲的"审计学"课程获上海市一流课程认定、上海市重点课程立项，多篇案例获选中国管理案例中心"百优案例奖"、中国工商管理国际最佳案例奖二等奖（2023年）。感谢刘章雅、孙佳欣、唐婉欣、王源、王尧和张子昀等为本书做的许多基础性工作。

受水平与时间的限制，书中难免存在不妥之处，真诚希望专家、同行和读者不吝指正。

作　者

2024 年 5 月

目　录

第一章 审计理论案例

案例1 效率性与独立性的权衡：混业经营之殇①

【案例导读】

独立性是审计的灵魂，对审计独立性的评价与识别是审计理论与实务界的课题。通过BH会计师事务所对中国一家上市公司同时承接年度财务报告审计业务与国际供应链梳理、经济业务所在国家的税收等法律法规整理等咨询业务，分析BH会计师事务所如何在完成审计业务的同时获得了系列咨询业务项目。探讨面对审计市场的激烈竞争，如何做到：一方面降低审计风险，另一方面不断拓展审计市场；既保持审计独立性，又开拓非审计业务市场。进一步理解审计独立性的识别、评价与保持路径。

通过本案例的学习，掌握审计独立性的本质，了解破坏审计独立性的途径；理解"混业经营"影响审计独立性的机理；理解保持审计独立性的意义。

【关键词】

审计效率 审计独立性 混业经营

案例正文

一、引言

审计独立性是指审计师呈现在他人面前的精神、态度，是指审计人员不受那些危及或按理性预期会危及其作出无偏见审计决策能力的压力及其他因素的影响。审计独立性通常分为实质上的独立（独立之精神，自由之思想）与形式上的独立（经济独立、组织独立、成员独立、工作独立）。

国际会计师公会等组织、《中华人民共和国证券法》《美国1933年证券法》等法规、《中国注册会计师职业道德守则》《美国注册会计师协会职业道德规范》等准则，均明确了审计独立性内涵以及独立性丧失评价与惩罚，并且一直在不断地完善与修改。然而，丧失审计独立性的事件还是时常发生。

2001年，美国安然公司因造假事件而破产，导致2002年8月安达信会计师事务所

---

① 本案例由刘桂良老师开发。除非特别声明，本书的案例研究对象均为上市公司，案例中引用的所有数据均来自该公司的公告。另外，本书的所有案例只供课堂讨论之用，并无意暗示或说明某种管理行为是否有效。

（Arthur Andersen LLP）正式退出审计行业，从此国际五大会计师事务所变成目前的四大会计师事务所。同时，美国出台在公司治理、会计职业监管、证券市场监管等方面更加严格的《萨班斯-奥克斯利法案》，又称《2002年公众公司会计改革和投资者保护法案》。2013年10月，美国证券交易委员会（United States Securities and Exchange Commission，SEC）主席宣布开启"破门行动"。该行动的主旨是"惩罚会计师事务所的下列违规行为：在提供审计服务的同时提供诸如游说、税法咨询等非审计服务；与审计客户之间的借贷投资行为；帮助客户起草财务报告；未在五年期限达到时替换审计师"，充分证明了美国SEC坚信会计师事务所独立性对巩固资本市场信心的重要性。

我国在2019年12月28日《中华人民共和国证券法》修订表决通过后，于2020年修订了审计职业道德守则，进一步强调了审计独立性要求。无论是安达信的审计失败，还是审计法规的修订，其核心都是对审计独立性的强化。那么，审计独立性如何识别？审计独立性如何评价？审计独立性如何保持？

二、审计效率与独立性

审计效率是审计成本与审计质量的比值。审计效率的提升主要依靠审计质量的提升，不能以审计成本控制为由而牺牲审计质量。审计质量是审计发现错弊能力与披露错弊能力的联合概念。独立性是审计质量的保障，只有在审计过程中不受任何干扰，不偏不倚、公正地实施审计程序与收集充分适当的审计证据，不放过一丝审计疑虑，以客观事实为依据，独立发表审计意见，才能提升审计师发现错弊与披露错弊的能力。所以，审计独立性越强，审计质量越好。

审计成本是指审计师的投入。虽然独立性与审计成本不产生直接冲突，但是，审计市场竞争激烈，审计费用的确立取决于审计客户的财务能力、对会计师事务所品牌的认可度，以及对审计风险的认知度。如果审计师在一定的审计费用下，审计成本过低，审计师对经济活动的客观性、公正性很难作出合理判断，进而会影响审计过程中审计证据的收集以及对审计结论的公允表达，导致审计风险引发的审计独立性丧失。所以，审计成本过低可能导致丧失审计独立性的机会增加。

审计独立性的保持将经受来自经济诱惑、自我逐利、同行竞争等方面的干扰。会计师事务所同样是自负盈亏、独立核算的组织，追求盈利与高质量服务是其赖以生存的前提。会计师事务所要持续经营、发展壮大，就要扩大市场份额，提升自身的业务能力。在扩大市场份额的前提下，会计师事务所就面临客户扩容与选择、业务范畴的拓宽与选择，而在业务与客户拓展过程中，可能会出现以留住客户、招揽客户为目的的不轨行为，以及开拓与独立性不相容的业务。因此，会计师事务所在发展壮大的战略引领下，其审计独立性会受到挑战。

三、混业经营与审计独立性

（一）混业经营现状

在20世纪六七十年代，世界上各大会计师事务所因为审计鉴证业务遭受质疑指控，频频受到监管机构的严厉处罚。为了转移审计风险，审计师纷纷探寻新兴业务以扩大公司服务范围，于是，税务咨询、管理咨询等咨询业务成为各大会计师事务所的主攻方向，会计师事务所的咨询收入随之超过审计鉴证的收入。直到2001年，美国安然公司的会计造假事件让世界最大的会计师事务所安达信信誉尽毁，不复存在。

这一事件发生后，业界内外认识到了会计师事务所同时为审计客户提供咨询业务会引发利益冲突，要求四大会计师事务所脱离咨询业务，以强化审计独立性。在重压之下，安永出售了凯捷（CapGemini）；毕马威剥离了毕博（Bearing Point）；普华永道出售了IBM全球企业咨询服务部（IBM GBS）；唯有德勤顶住压力，保留了德勤咨询（Deloitte Consulting）。但随着审计业务的竞争日趋激烈、业务增长缓慢，在2006年以后会计师事务所又陆续重新启动了咨询业务，并开始了一系列的收购行为。经过15年的沉浮，四大会计师事务所的咨询业务强势回归。

国际四大会计师事务所的收入结构见表1-1。

表1-1　　　　　　　　　　　**国际四大会计师事务所的收入结构**[①]　　　　　　　　　　单位：万元

收入		德勤	普华永道	安永	毕马威
2022年	审计服务	316 337.97	683 745.06	625 629.10	378 831.03
	咨询服务	100 135.87	787.12	12 385.68	10 141.52
	税务服务	0	93.58	0	0
2021年	审计服务	322 200.23	635 301.73	526 933.86	366 189.58
	咨询服务	88 328.25	1 625.16	17 598.37	11 909.51
	税务服务	0	51.43	0	0

（二）混业经营与审计独立性的关系

审计混业经营是指会计师事务所同时提供审计、咨询、税务等服务。这种混业经营模式可以提升会计师事务所的综合能力和竞争力。但是，审计独立性是否受到损害，审计与咨询如何资源共享等问题随之而出。

在混业经营模式下，会计师事务所更要加强自身管理，确保各种业务保持客观、公正、独立的态度；同时加强监管，确保审计的独立性不受到损害。

对于混业经营的一种观点是：混业经营会提升审计效率。在一家事务所内承担同一个客户的鉴证业务的审计师与咨询业务的咨询师，从客户的不同角度探讨客户市场、客户行业趋势、客户竞争力、客户文化等，共同学习，相互交流经验，能提升审计风险识别能力，减少了解客户的难度，提升审计效率和咨询质量；同时，审计鉴证业务与非鉴证业务同属于一家会计师事务所，能够做到客户信息共享、审计师资源整合，加快工作进度，降低审计成本，进而提高了审计与咨询效率。因此，混业经营提升了审计效率与咨询质量。

---

① 2022年度会计师事务所综合评价百家排名信息［EB/OL］．［2023-10-18］．https://www.cicpa.org.cn/xxfb/news/202310/W020231018647966216826.pdf；2021年度会计师事务所综合评价百家排名信息［EB/OL］．［2022-09-20］．https://www.cicpa.org.cn/xxfb/news/202209/W020220920565974083496.pdf．

对于混业经营的另外一种观点是：混业经营会伤害审计独立性。具体原因如下：

（1）混业经营收入属于同一会计师事务所的收益，混业经营主体也属于会计师事务所同一控制主体。在这种情形下，当其中一项业务遇到困境时，可能会牺牲或成全另一项业务，这样会存在利益输送或购买审计意见之嫌疑，因此，审计师独立性会受到混业经营的影响。

（2）当混业经营的服务对象一致时，可能会因服务对象的协同、服务市场的相互推荐而损害审计独立性。

（3）会计师事务所混业经营的团队的人力资源管理权属于同一控制主体。当两者业务互为基础或存在争议时，其共同控制主体会通过组织的内部协同来解决，既干预了业务团队的独立判断，又规避了外部监督，可能导致对审计独立性的损害。

所以，混业经营能提升审计效率，但也可能伤害审计独立性。

以 BH 会计师事务所为例，其主要咨询服务可以划分为四个项目：

项目一"梳理全球供应链布局"：对于全球双边或多边贸易协定、不同海外市场进出口及关税政策、原产地等核心问题进行第一轮梳理；

项目二"协助建立全球交易筛查体系"：通过建立全球交易筛查体系，识别并建立风险管理体系，覆盖法律风险、监管风险、制裁风险、业务风险、运营风险，建成有效应对境外风险的一道防火墙；

项目三"供应链优化方案实施及日常运营支持"：提供供应链优化方案实施及日常运营支持的服务；

项目四"2022年度 C 公司 Y 国转让定价合规性服务"：提供 Y 国 C 公司资产转让定价服务，并根据公司规定程序进行三家比价，最终确定合作方。

项目一、项目二、项目三、项目四的更多信息详见二维码 1-1。

四、BH 会计师事务所承接 C 公司业务

（一）BH 会计师事务所基本情况

BH 会计师事务所是 B 国际会计师事务所 H 地区所（以下简称 BH），B 国际会计师事务所自 1945 年起在我国 H 区域提供审计、税务和咨询等专业服务，为众多 H 地上市公司提供审计服务，服务对象包括银行、保险、证券等金融机构。BH 会计师事务所自成立起就是与 B 国际会计师事务所相关联的独立成员所、全球性组织中的成员。自 2019 年 10 月 1 日起，BH 会计师事务所根据 H 地区《财务汇报局条例》注册为公众利益实体核数师。2019 年 9 月 30 日，BH 会计师事务所从业人员总数超过两千人，并按照相关法律法规要求每年购买职业保险。H 地区会计师公会每年对 BH 会计师事务所进行独立检查，最近三年的执业质量检查并未发现任何对 BH 会计师事务所审计业务有重大影响的事项。

BH 年报审计客户涉及制造业、金融业、电力水力生产与供应业、交通运输业与仓储业、采矿业、房地产、租赁业、邮政业、信息软件服务业等领域，2021 年涉及 C 公司行业上市公司年度审计服务达 30 多家。

BH 会计师事务所合伙人文先生负责 2022 年 C 公司财务报告审计项目，

1-2 BH 会计师事务所主要咨询服务

2005年取得境外注册会计师资格，2008年进入BH会计师事务所执业，从2019年开始为C公司提供审计服务（境外上市审计报告签字合伙人）。

项目签字注册会计师玲女士，2009年取得中国注册会计师资格，2005年进入BH会计师事务所，2007年从事境内外上市公司审计业务，从2021年开始为C公司提供审计服务。

项目签字注册会计师徐先生，2016年取得中国注册会计师资格，2015年进入BH会计师事务所，并开始从事境内外上市公司审计业务，从2022年开始为C公司提供审计服务。

项目质量控制复核人陈先生，1994年获得境外注册会计师资格，2001年进入BH会计师事务所，从1995年开始从事境内外上市公司审计业务，从2021年开始为C公司提供审计服务。

项目合伙人、签字注册会计师、质量控制复核人最近三年均未受到监管部门处罚。

C公司2022年年度财务报告审计和内部控制审计续聘BH会计师事务所，共计服务费用850万元人民币。

（二）C公司基本情况

1992年C公司成立，2000年10月登陆中国深交所，2010年12月在H交易所挂牌上市。C公司通过收购HN机床厂、P集团汽车起重机厂，并购意大利CI公司，收购德国M公司、荷兰R公司、意大利L公司、德国全球塔机制造商W公司股权等系列行为，成功实现混凝土机械、农业机械、高空作业平台、环境产业等行业多元化发展。2019年，C公司入选国家工业和信息化部首批工业产品绿色设计示范企业。2021年，C公司在"用互联网思维做企业、用极致思维做产品"的理念指导下，以自主创新为主导，实施产品数字化、智能化、绿色化融合创新，打造行业领先技术和高端产品。

C公司为打造全球化制造、销售、服务网络，在东亚、东南亚、欧洲等地区的20个国家有子公司布局，在意大利、德国、巴西、印度、白俄罗斯等国投资工业园，并在全球设立50多个常驻机构，建立以阿联酋、巴西为中心的全球物流网络和零配件供应体系，实现从"走出去"到"走进去"的以本地化运营为核心且全球拓展的海外发展战略。2021年，C公司实现营业收入671.30亿元、净利润62.69亿元，公司品牌价值突破865.75亿元，位列2021年亚洲品牌500强第120位。

（三）BH会计师事务所承接C公司的业务情况

2018年至今，以美国为首的各国进一步采取众多特殊贸易保护手段和常规贸易保护措施，对中国的跨境贸易服务产生了重大冲击。C公司是在中国A板块上市的工程机械业四强，2022年海外整体收入规模接近200亿元人民币，重点开拓欧、美、澳、新等市场，将可能直面最严苛的国际贸易保护与制裁。C公司的子公司处在监管要求不同的国家，面对各类复杂的规则、协定，需要进行国际调查与分析。

1-3 年审审计师提供非鉴证类服务的议案

2022年，C公司希望通过建立多层次的全球供应链布局架构，应对世界各国的监管风险，梳理全球双边或多边贸易协定、不同海外市场的进出口及关税政策，因地制宜地建立针对不同地区的原料供应和加工的供应链架构，以落实优化布局。

为此，C公司通过询价、评估，最后决定聘请具有丰富的国际咨询服务经验的BH会计师事务所作为本次咨询服务机构。其理由主要有：

（1）BH会计师事务所具有丰富的国际审计业务与咨询业务经验，其咨询业务遍布世界，更是知名的会计师事务所品牌。

（2）C公司在H地区上市至今，年度财务报告的审计师一直来自BH会计师事务所。从专业胜任能力的角度考虑，BH会计师事务所更熟悉C公司的情况，比其他咨询机构更能提供高效的服务。

（3）BH会计师事务所对C公司的业务进行了独立性评估。

（4）C公司通过招标模式选择咨询机构，流程合规。

【政策思考】

诚信，即做人要有道德底线、遵守承诺，自觉守法守纪。在审计上，诚信体现为注册会计师在进行保证服务（如鉴证服务）和非保证服务过程中，以其传达信息的动机为判别点，以建立职业信誉为目的，在行为上对事务所内部人员及外部利益相关者负责的一种道德约束。

技术活动的日趋复杂化使审计工作日趋深化，为了提高审计品质，注册会计师行业必须进行质量限制。在审计工作中存在着大量的审计估算，这是审计师自己的主观判断，这就要求职业道德约束注册会计师的主观思维，以保证审计质量。审计师的职业道德建设是一项历时较长的社会工程，股东和各投资者对财务的公正性、准确性的期望都寄托在审计师身上。

审计独立性是审计的灵魂，是审计的本质特征，是审计职业生存和发展的基石，是注册会计师职业的核心所在。非审计服务已然成为了会计师事务所向客户提供的不可或缺的服务之一。混业经营带给会计师事务所的可能是高额收益，也可能是对关联交易的独立性挑战。无论在何种情形下的混业经营都不会伤害审计独立性——这是作为一个审计师起码的职业道德衡量标准。

1-4 C公司关于年审审计师提供非鉴证类服务的议案

案例使用说明

一、教学目标

本案例旨在帮助学生掌握审计独立性的本质，了解混业经营对审计独立性的影响以及损害审计独立性的途径。

二、思考题与分析要点

1.上市公司年度财务报告的审计业务与咨询业务由同一家会计师事务所的不同合伙人团队或同一合伙人团队服务，其对审计独立性的影响有何不同？

可以从形式上的独立与实质上的独立两个维度考虑独立性。形式上的独立是指：经济上、组织上、人员上的独立；实质上的独立是指精神上的独立，是指审计不受任何约束，客观、公正。思考题分析如下：

（1）从咨询项目内容分析。

分析咨询项目内容是否与审计业务冲突。依据职业道德标准，会计师事务所在承担委托人审计业务的同时，不能承担委托人的其他业务（欧盟、美国规定不能混业经营）。

（2）分析咨询业务内容的重要性。

对审计对象产生重大影响的咨询业务不能做；对审计对象产生的影响不重大时，需要获得独立董事的审核，判断其对社会诚信力的影响。

（3）从审计业务与非鉴证执行主体的角度分析。

如果由同一个合伙人团队承接审计业务与咨询业务，虽然其对业务熟悉，但是经济利益将影响合伙人对委托人业务承接的依赖，以及审计工作结果的"谈判"，所以会导致审计独立性受到伤害；如果由不同的合伙人团队分别承接审计业务与咨询业务，因为两个团队处于同一个整体利益主体、同一个整体控制权下，所以审计独立性也会受到伤害。

因此，为了保持审计独立性，审计师对同一家客户应尽可能选择做一项目业务，要么做审计业务，要么做咨询业务；或者既做审计业务，也做不重要的咨询业务。

2. 本案例中，BH 会计师事务所为 C 公司提供年度财务报告审计服务与咨询服务，你认为审计效率或咨询效率能否提升？

首先，效率是投入与产出之比，审计效率是审计成本与审计项目完成情况之比，也可以是审计成本与审计风险之比。审计完成情况基本上就是审计质量，而审计质量的关键因素是审计风险因素。因为在信息不对称的情况下，审计信息的生成不是简单的审计流程与准则的履行，关键取决于审计过程与审计结果的判断，而审计判断的质量很难衡量，还受到独立性保持的影响，所以，大众常常以审计失败来评价审计质量。审计失败往往是因为审计风险控制失效而导致的。所以，审计效率也是审计成本与审计风险控制能力之比。咨询效率同样是咨询成本与咨询服务质量之比。

其次，当审计师混业经营时，通过审计全面了解企业财务情况与内控情况，通过咨询精准掌握企业某一领域或几个领域的经营管理情况与市场发展趋势、行业竞争等情况。所以，如果先做咨询业务，再做审计业务，审计师会更好、更快地判断企业的经营风险与相关内控情况，在审计时也会更好、更快地识别"咨询项目"的内容风险，有利于审计程序的确立与审计风险的把控等，所以提高了审计效率。如果先做审计业务，再做咨询业务，审计师通过审计业务可以全局把握公司战略层面与底层运行层面的财务状况，更有利于在咨询业务中提升企业价值等，因此会提升咨询效率。

最后，无论是审计业务还是咨询业务，不能以牺牲审计独立性为代价来获取审计师收益和提高工作效率。

3. 请针对 BH 会计师事务所为 C 公司提供的具体咨询业务分析其是否损害了审计独立性。

就本案例而言，BH 会计师事务所为 C 公司提供审计服务十多年，2022 年承接 C 公司的咨询业务，虽然得到了审计委员会的认可，但是从项目内容来分析，以下几项业务有损害审计独立性的可能性：

咨询项目一、项目二：其咨询收入、审计服务收入与管理控制权属于同一主体，咨询内容与审计对象有逻辑关系，但不直接构成审计对象，这些均得到审计委员会的认同，所以对审计独立性损害不大。

咨询项目三："公司部分职能整合""通过特定税种系列的咨询业务加强整体运营效

率"的咨询内容可能成为审计的对象，虽然得到了C公司审计委员会的认可，但是这项业务会伤害审计独立性。不过这项业务量不大，对独立性伤害不大，所以可以混业经营。

咨询项目四：为Y国资产转让定价提供合规性服务以达到为公司节税的目的。但依据转让的性质和定价的认定选择不同的税种税率势必属于C公司的财务报告信息披露业务，若承接此项业务会伤害审计独立性。

4.请从独立性影响因素出发，分析混业经营影响审计独立性的途径。

关于审计混业经营对审计独立性的影响，目前存在两种观点：

（1）审计混业经营伤害了审计独立性。因为如果会计师事务所同时对一个客户提供审计和咨询服务，客户可能为了舞弊，以咨询的方式赠送审计师额外的服务收益，咨询服务的项目也可能成为审计的对象，因而导致利益冲突和道德风险。

（2）审计混业经营对审计独立性的影响是中性的或积极的。因为审计师在为客户提供多元化咨询服务的同时可以更好地共享资源、整合资源、提升工作效率、降低工作成本，进而提高审计质量。混业经营通过多元化经营降低了审计师风险，提升了客户服务质量与规模。

许多实证研究显示：审计混业经营对审计独立性的影响并非简单线性的，而是受到来自经济诱惑、时间任务压力、密切关系等多种因素的影响。具体从下面几个方面分析：

（1）从两种业务收入权益主体分析，审计师同时做两种业务是有利益冲突的，理论上会伤害审计独立性，在实践中要考虑审计项目内容与咨询项目内容的重要性以及咨询服务费用的多少，以判断是否有收买行为存在，如果咨询收入大于或等于审计惩罚成本与风险，那么审计师被收买的概率很大。

（2）从两种业务服务对象分析，判断两种业务是否相互影响或互为对象，进而影响审计独立性。

（3）从从业人员是否属于一个利益集团、是否受到同样的管理与控制方面判断，分析审计师同时承接审计项目与咨询项目对审计独立性的伤害。

（4）从两种业务的依赖程度分析审计业务与咨询业务之间是否存在利益输送、客户推送，进而伤害审计独立性。审计师同时为一家客户做审计业务与咨询业务可能会导致审计师与客户关系过度亲密，致使审计师对客户的利益考虑优先于对公众的利益考虑，进而产生利益冲突，同时可能导致审计市场竞争被扭曲。

因此，当会计师事务所在提供审计服务和咨询服务时，只有保持足够的职业谨慎和遵守行业规范，审计独立性才不会受到显著影响。然而，若会计师事务所在提供多元化服务时疏于职业谨慎或违反行业规范，则审计独立性可能受到显著影响。

目前，欧盟禁止审计公司为同一客户同时提供非审计服务和审计服务。美国也采取了类似的规定，要求审计公司和客户之间签订书面协议，明确规定审计公司的职责和义务。这些措施旨在确保审计独立性和客观性不受损害。

三、理论依据

为了有效实现本案例的目标，学生应该具备下列相关理论知识：

1.理性经济人假设

理性经济人假设（Rational Economic Man Hypothesis），又称理性人假设，是经济学指导思想的基础。简而言之，它假定个体具有有效的信息和有限的资源，且有能力自然地使这些资源收益最大化。理性经济人假设认为经济人有一定的自我利益、有效的判断能力并能对行为进行理性思考。

注册会计师是市场经济中的理性经济人，他们对独立性的遵循度取决于违反道德原则可能带来的收益与败露后所受惩罚两者之间的权衡。审计独立性并不是一种明确的前提和人们主观设计的产物，而是一种制度安排和参与人博弈的结果。独立性是动态的博弈过程，而不是静态的博弈结果。

2.审计准则与审计职业道德

审计准则（Auditing Standards），又称审计标准、执业准则，是专业审计人在实施审计工作时必须恪守的最高行为准则，它是审计工作质量的权威性判断标准，审计人员在执业过程中必须严格遵守。

审计职业道德规范是为指导审计人员在审计工作中保持独立地位、公正态度和约束自己行为而制定的一整套职业道德规范，其核心便是审计独立性、专业胜任能力、职业谨慎原则等。如果审计没有了独立性，就没有了诚信，没有了社会对审计的认可，也就没有存在的意义了。所以，审计独立性是审计的灵魂。

3.利益冲突理论

利益冲突是指在专业服务领域，委托人的利益与提供专业服务者本人或是其代表的其他利益之间存在某种形式的对抗，进而可能导致委托人的利益受损，或者可能带来专业服务品质的实质性下降。

审计业务是审计师的法定业务，是对委托方的财务信息进行鉴证，以便社会信息使用者能获得更高质量的信息。审计师在接受委托人审计鉴证业务时需要保持独立性，这样审计信息才有说服力，而同时审计师接受同一委托人的咨询项目时，其为委托方提供管理咨询，并取得咨询服务收入，这样将导致审计师从同一单位既获取审计收入又获取咨询收入，审计业务和咨询业务之间存在独立性冲突。

四、关键要点

1.审计独立性本质及独立性评估。
2.掌握混业经营对审计独立性伤害的途径。
3.理解保持审计独立性的意义。

五、延伸阅读文献

［1］汤晓建，张俊生.自愿性披露内部控制审计费用能够提高内部控制审计独立性吗？［J］.审计研究，2017（03）：90-96.

［2］王兵，苏文兵，何梦庄."四大"审计质量在中国存在差异吗？［J］.审计研究，2011（06）：89-97.

案例2 "认知差" 抑或审计失败
——以登云股份IPO审计为例①

【案例导读】

　　财务信息使用者希望经注册会计师审计后的财务报告不存在任何舞弊或错误，但审计准则中仅规定注册会计师在财务报表审计中提供"合理保证"，并不是绝对保证，由此便产生了审计认知差异。会计师事务所作为提供财务报表审计服务的第三方机构，在上市公司出现财务舞弊事件时，往往需要承担连带责任，但因为监管层与注册会计师之间客观存在的审计认知差异，会计师事务所被不合理问责的现象时有发生。本案例聚焦信永中和审计登云股份事件，详述信永中和受罚的缘由，以及抗辩时的争议焦点，以此来探讨注册会计师被行政处罚是由于审计认知差异还是审计失败导致的。通过本案例的学习，希望学生加深对审计认知差异的理解，理性判断审计程序出现缺陷时的责任界定是否合理。

2-1 案例2
教学视频

【关键词】

　　审计认知差异　　审计失败　　注册会计师

案例正文

一、引言

　　2017年5月31日，信永中和的审计师像往常一样，提着电脑包走在去往被审计单位的路上，手机还是和平日一样准时震动，提醒着该关注的每日新闻，没想到点开手机却看见了让人紧张的一行醒目的标题——《中国证监会行政处罚决定书（怀集登云汽配股份有限公司、欧洪先、潘炜等26名责任人员）》〔2017〕60号，而信永中和曾负责登云股份公司9年的审计事务，审计师们都开始担心这件事会对信永中和产生的影响。事务所的声誉、业务是不是都会受到巨大的冲击？一系列的担忧接踵而至，整个事务所的氛围都十分低沉，阴云密布。

　　2014年2月19日，怀集登云汽配股份有限公司在深交所正式上市，但2013—2015年公司的净利润出现了巨额波动。中国证监会监测到该公司财务数据的明显异常情况，随即立案调查。信永中和会计师事务所多年来一直为登云股份提供审计服务、出具审计报告，显然难辞其咎。2017年12月6日，证监会正式对信永中和事务所及郭晋龙、夏斌两位签字注册会计师出具行政处罚决定书。在决定书中，证监会认定信永中和在提供审计服务的过程中未勤勉尽责，违反相关审计准则，出具的审计报告存在多项虚假记载和重

---

　　① 本案例由唐松莲、唐婉欣和周冲冲共同开发。除非特别声明，本书的案例研究对象均为上市公司，案例中引用的所有数据均来自该公司的公告。另外，本书的所有案例只供课堂讨论之用，并无意暗示或说明某种管理行为是否有效。

大遗漏。

在证监会的处罚公告中不难看出，注册会计师们在听证会上申辩时均认为自己已经履行了勤勉尽责义务，而无论是监管层还是财务报告使用者都对此不予认可。这不得不让人深思：判断注册会计师们"勤勉尽责"的标准究竟为何？证监会对信永中和的严厉处罚究竟是因为事务所审计失败，还是因为双方在审计师应承担的责任范围上存在认知差异？

二、案例事件回顾

（一）登云股份与信永中和

登云股份（股票代码：002715）全名为怀集登云汽配股份有限公司，前身为国有出资的怀集县汽车配件厂。2008年6月5日，由张弢和欧洪先等45位自然人股东与4家创投公司成立怀集登云汽配股份有限公司，2009年1月13日成立境外全资子公司——怀集发动机气门美国公司，并于2014年2月19日在深圳证券交易所中小板上市，开创了国内发动机气门行业成功上市的先例。登云股份主要经营汽车发动机气门及相关零部件产品的生产和销售等业务，公司采用研发—生产—销售一体化经营模式，是中国汽车发动机气门生产的龙头企业之一。

信永中和创立于1987年，其作为国内极具声望和品牌影响力的综合性专业服务机构，拥有审计鉴证、管理咨询、税务服务、工程管理4个平行业务板块，至今已有40多年的发展历史，多年来为中石油、中粮、中国联通等大型国企、央企公司提供专业服务。在中国注册会计师协会发布的会计师事务所百家排名信息中，信永中和一直名列前茅，实力强劲。

作为在同行业中审计质量水平一直享有盛誉的会计师事务所，信永中和此前从未受到证监会的行政处罚，但是登云股份IPO舞弊造假事件将信永中和推到了风口浪尖。2013—2017年登云股份审计报告情况见表2-1，2013—2014年信永中和一直为登云股份出具无保留意见，但在2015年证监会开始调查登云股份是否违规后，信永中和第一次出具保留意见，而此时登云股份已经聘请信永中和为其审计机构长达9年。

2-2 怀集登云汽配股份有限公司简介

2-3 2017—2021年前十名会计师事务所及2013—2021年信永中和发展情况

表2-1 　　　　　2013—2017年登云股份审计报告情况

年份	审计事务所	审计意见	审计费用	审计师	服务年限
2013	信永中和	无保留意见	32万元	郭晋龙、夏斌	7
2014	信永中和	无保留意见	60万元	王建新、夏斌	8
2015	信永中和	保留意见	60万元	王建新、张永德	9
2016	中喜	无保留意见	60万元	苏志军、王会栓	1
2017	中喜	无保留意见	60万元	苏志军、王会栓	2

（二）登云股份事件始末

1.IPO后财务数据异常波动

2-4登云股份财务数据及同行业公司对比

根据登云股份IPO前后年度的财务报告数据（如图2-1所示），我们可以看出登云股份在IPO前三年的财务数据仅有小幅波动，但在2014年成功上市后，公司财务数据呈现巨额波动，2013年和2014年的净利润分别为2 585.22万元和1 452.00万元，下降了56.17%，而2015年的净利润竟然变为−4 841.43万元。尽管公司将亏损原因归咎于商用车市场环境低迷、产品订单结构变化、期间费用上升等原因，但仍然不能令社会公众信服。

单位：万元

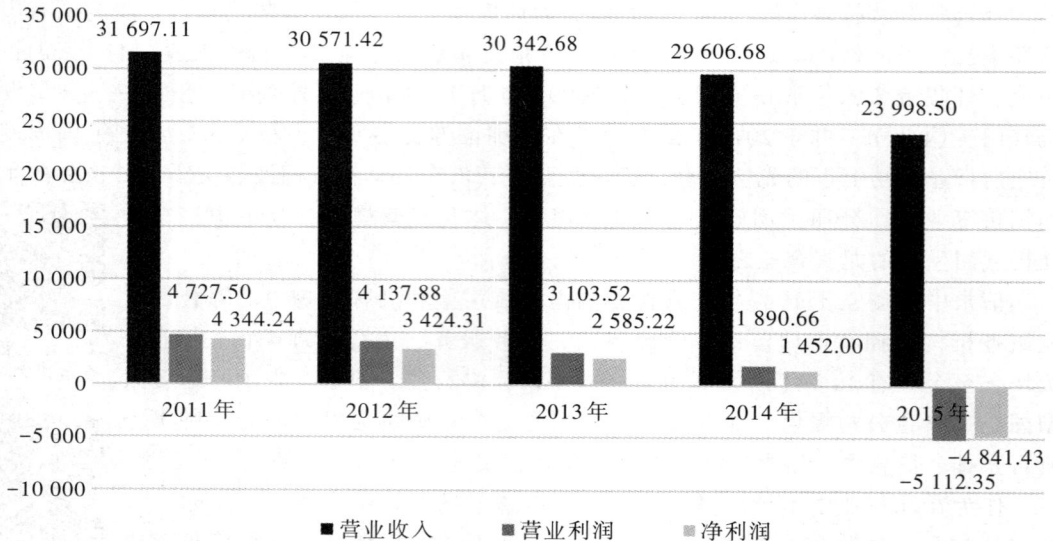

图2-1　登云股份2011—2015年主要财务数据变化

2.登云股份接受调查

中国证监会关注到登云股份财务数据出现异常波动并立即展开调查。2015年10月20日，怀集登云汽配股份有限公司在巨潮资讯网发布了关于收到中国证券监督管理委员会《调查通知书》的公告，向广大投资者告知因公司涉嫌信息披露违法违规，正式接受证监会的立案调查。同年11月6日，登云股份又收到深圳证券交易所对公司2015年第三季度报告的问询函，主要询问净利润亏损原因、营业收入与销售费用反向变化、存货跌价计提以及预付账款等问题，并要求登云股份予以充分的解释说明。2016年12月5日，登云股份再次收到深交所的问询函，问询函对公司16个账户之间是否存在关联关系提出质疑。

3.中国证监会下达行政处罚决定

经过将近两年的调查后，中国证券监督管理委员会分别于2017年5月31日、2017年12月6日下发〔2017〕60号、〔2017〕101号行政处罚决定书。根据处罚决定书，登云股份在IPO文件和2013年、2014年年度报告中均存在虚假记载和重大遗漏的情况，如低估成本、提前确认收入、隐瞒关联方关系和交易等。证监会责令怀集登云汽配股份有限公司整改，并处以60万元罚款，公司高层管理人员也受到相应处罚。同时，信永中和被证监会重罚440万元，郭晋龙、夏斌两位签字会计师则被处以5万元罚款。

4.信永中和申辩

值得一提的是，信永中和认为自己作为行业内最具声望的专业机构，从未登上证监会的处罚名录，此次处罚的后果将会严重影响到信永中和在行业内的名誉。因此，信永中和就登云股份舞弊案件向证监会申辩，申辩过程主要围绕信永中和在费用、收入、关联方等科目的审计过程中是否做到勤勉尽责，是否符合相关准则要求。

登云股份事件时间轴如图2-2所示。

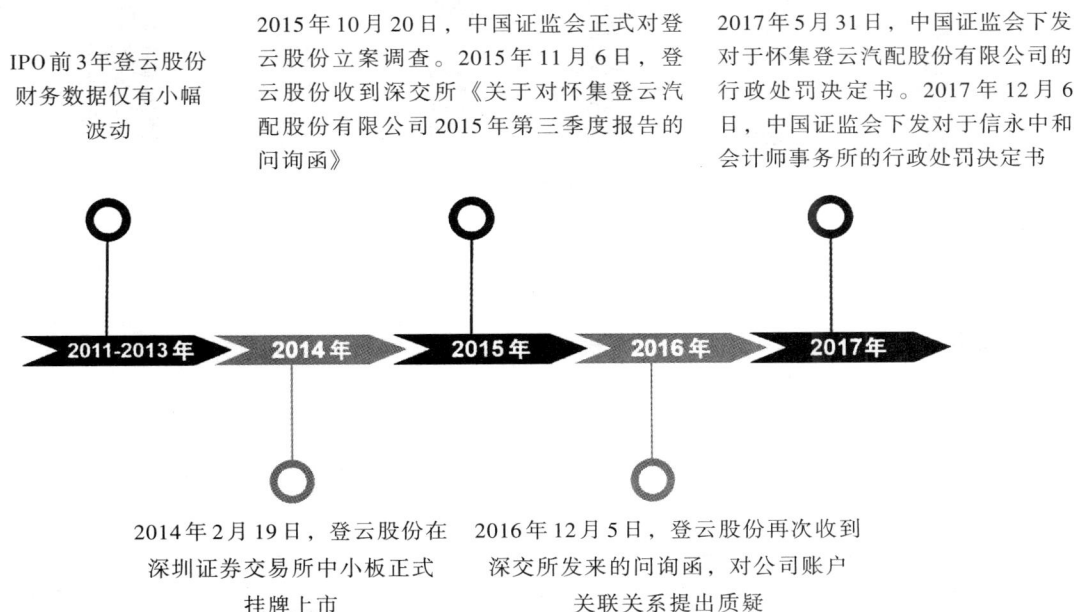

IPO前3年登云股份财务数据仅有小幅波动

2015年10月20日，中国证监会正式对登云股份立案调查。2015年11月6日，登云股份收到深交所《关于对怀集登云汽配股份有限公司2015年第三季度报告的问询函》

2017年5月31日，中国证监会下发对于怀集登云汽配股份有限公司的行政处罚决定书。2017年12月6日，中国证监会下发对于信永中和会计师事务所的行政处罚决定书

2011-2013年　2014年　2015年　2016年　2017年

2014年2月19日，登云股份在深圳证券交易所中小板正式挂牌上市

2016年12月5日，登云股份再次收到深交所发来的问询函，对公司账户关联关系提出质疑

图2-2　登云股份事件时间轴

三、信永中和为何会受到处罚？

（一）三包索赔费用

1.三包索赔费用异常

三包索赔费用，即包修、包换、包退三种费用，消费者购买商品时发现商品有质量问题的可以享受三包服务，此时企业就会产生三包索赔费用。三包索赔费用问题涉及登云股份的销售及回款，直接关系到登云股份的应收账款金额及利润，早在2013年就已初见端倪，但由于费用金额较小、企业业绩稳定，所以并没有引起关注，直到2014年公司经营业绩明显下滑后，才开始引人注意。从图2-3中可以看出，2011—2013年，登云股份的三包索赔费用随着销售费用已经有明显波动，2011年比2010年有大幅提升，2012年则呈现下滑态势。尤其是2013年全年的三包索赔费用只有10.68万元，这一现象令人费解。

单位：万元

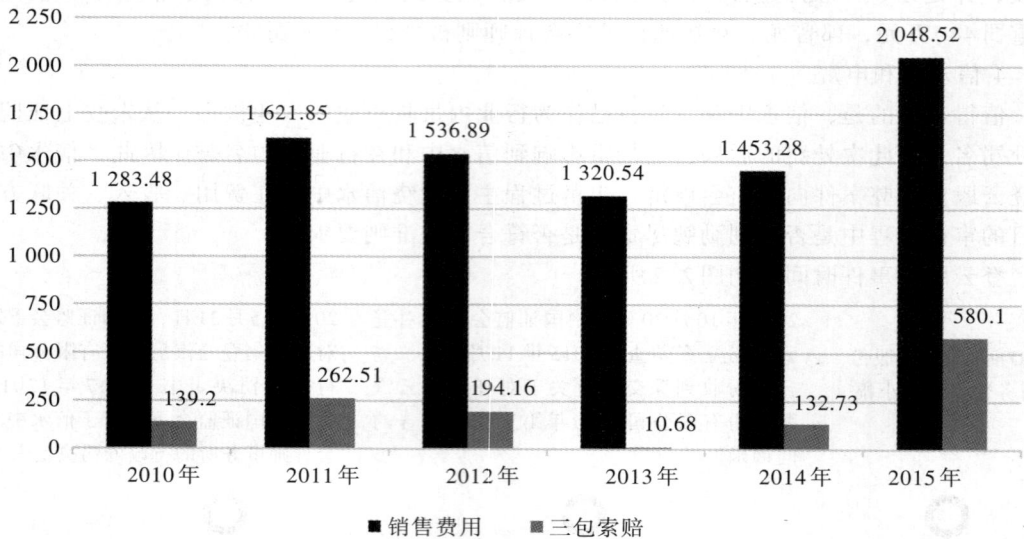

图2-3　登云股份2010—2015年三包索赔费用情况①

2.信永中和的审计程序

信永中和的审计师们在整理审计底稿时发现了登云股份三包索赔费用的不合理变化，秉持职业怀疑的原则，针对该项目执行相应的审计程序：

（1）分析程序

审慎核实登云股份三包索赔费用的数据波动是否合理，并简要阐述原因。

（2）函证程序

向发生三包索赔费用的相关公司发函求证，审计师们根据回函情况判断符合入账规则的三包索赔费用均完成入账，而未入账的费用基本都是因为不符合入账条件无法入账或者是客户故意隐瞒。

（3）询问程序

与登云股份的技术部、市场部相关职员进行交谈，通过走访和询问等方式了解售后服务发票传递流程及相应记录是否真实可靠。

3.中国证监会的观点

中国证监会在行政处罚决定书中认为信永中和在登云股份三包索赔费用审计过程中存在以下问题：

第一，登云股份三包索赔费用出现大幅波动，但信永中和选择相信其"三包索赔费受经济周期影响"的解释，证监会认为审计师在审计过程中没有对此给予足够的重视，未采取进一步审计程序，并且没有证据能够证明信永中和的分析性描述合理可靠。

第二，虽然审计师已经向潍柴动力（潍坊）备品资源有限公司、广西玉柴机器股份有限公司、东风康明斯发动机有限公司和东风朝阳朝柴动力有限公司四家公司执行函证程序，但是四家公司的函证均存在异常，且信永中和后续处理不当，具体问题见表2-2。

---

① 信永中和会计师事务所深圳分所．关于对杯集登云汽配股份有限公司三包索赔核查专项意见［EB/OL］．［2016-05-31］．https://pdf.dfcfw.com/pdf/H2_AN201605300015041733_1.pdf？1647087994000.pdf.

表2-2　　　　　　　　　　登云股份IPO审计中的回函问题①

公司名称	回函问题
潍柴动力（潍坊）备品资源有限公司	盖章不符
广西玉柴机器股份有限公司	回函差异
东风康明斯发动机有限公司	回函差异
东风朝阳朝柴动力有限公司	未收到回函，且未充分执行替代程序查证

潍柴动力（潍坊）备品资源有限公司的函证由潍柴动力集约配送有限公司代替回函，公章上公司名不一致；广西玉柴机器股份有限公司回函差异金额为137.08万元，登云股份提供8张金额一致的发票向事务所解释，并辩称两家公司的业务入账时间存在差异；东风康明斯发动机有限公司回函应收账款金额存在差异；信永中和并未收到东风朝阳朝柴动力有限公司的回函，仅选择抽查部分发票替代。证监会认为审计师在清楚函证程序出现问题时，没有充分追查相关情况，执行函证替代程序不充分。

针对登云股份三包索赔费用中信永中和出现的问题，证监会依据以下审计准则规定和要求予以处罚：

根据《中国注册会计师审计准则第1313号——分析程序》的规定，当审计师发现某些数据异常波动的情况时，需要选择其他的审计程序对异常项目进行进一步的调查，以获取合理解释，证明财务报告无重大错报风险。2011—2013年登云股份的三包索赔费用大幅波动，即为数据异常。信永中和虽然声称已经充分关注登云股份三包索赔费用的波动情况，但是未进一步调查波动的性质、原因，没有实施进一步审计程序，也没有在审计底稿中记录获得的审计证据。

2-5 相关审计准则与会计准则

根据《中国注册会计师审计准则第1312号——函证》第十九条的规定，信永中和在没有收到东风朝阳朝柴动力有限公司回函的情况下，未能充分执行函证替代程序以获得相关和可靠的审计证据。

根据《中国注册会计师审计准则第1312号——函证》第二十一条的规定，信永中和未对广西玉柴机器股份有限公司、东风康明斯发动机有限公司的函证回函差异作进一步调查，以确定是否存在错报现象。

根据《中国注册会计师审计准则问题解答第2号——函证》第四条第（一）款第5项的规定，被询证者加盖的印章和签名需要与询证函中的名称一致，但信永中和未就潍柴动力（潍坊）备品资源有限公司的回函盖章不符情况对被审计单位的其他文件进行核对或亲自向被询证者核实。

（二）关联方

1.关联方的异常情况

证监会通过调查发现，登云股份在历年财务报告中都有意隐藏境内、境外关联方及关

---

①　中国证监会. 中国证监会行政处罚决定书（信永中和会计师事务所、郭晋龙、夏斌）〔2017〕101号〔EB/OL〕.〔2017-12-06〕. http://www.csrc.gov.cn/csrc/c101928/c1042645/content.shtml.

联方收益。登云股份的国内关联方如图2-4所示，可以看出其境内所有关联方均为欧洪先间接或直接持股。

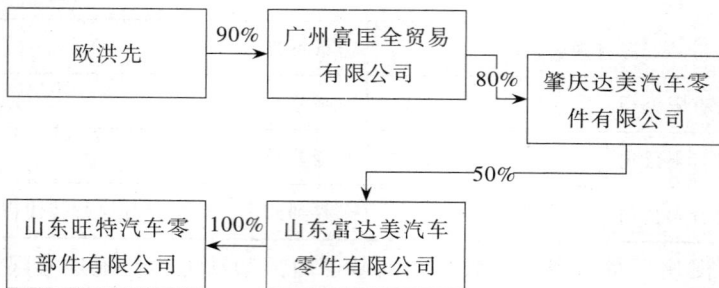

图2-4 登云股份境内关联方[①]

欧洪先于2008年开始担任登云股份的总经理，为公司第二大股东，持有公司9.15%的股权。同时，欧洪先持有广州富匡全贸易有限公司（以下简称广州富匡全）90%的股权，而广州富匡全则持有肇庆达美汽车零件有限公司（以下简称肇庆达美）80%的股权。山东富达美汽车零件有限公司（以下简称山东富达美）又受控于肇庆达美，而山东旺特汽车零部件有限公司（原名山东登云汽配销售有限公司，以下简称山东旺特）的100%股权都被山东富达美持有，完全受控于该企业。

除了上述四家境内关联方公司外，American Powertrain Components公司（以下简称APC公司）以及Golden Engine Parts公司（以下简称GEP公司）两家公司为登云股份的境外关联方。

2.信永中和的审计程序

信永中和在审计关联方关系时，实施了以下审计程序：

（1）检查程序

第一，信永中和与登云股份美国子公司取得联系，成功获取两笔业务的销售发票和发货清单，检查出APC公司装箱单据的制表人签名与登云股份美国子公司装箱单据的制表人签名相同，而且两个公司装箱单据上的地址和联系方式也都相同。

第二，信永中和检查出担任登云股份美国子公司副总经理职位的王某枢在2010年之前持有APC公司40%的股份。此外，信永中和还了解到登云股份美国子公司通过APC公司向客户Jasper公司销售产品的情况。调查显示，登云股份美国子公司如此操作是为了满足Jasper公司从少数族裔公司采购以享受税收优惠的要求，信永中和认为不能据此认定APC公司是登云股份的关联方。

（2）询问程序

审计师了解到欧洪先的具体持股情况，通过询问程序得知欧洪先未参与广州富匡全、肇庆达美、山东富达美公司的实际经营，认为根据实质重于形式的原则，不能认定上述3家公司为实际关联方；除此之外，信永中和发现山东旺特的股东为山东富达美，但是通过询问该公司财务总监、检查代理协议、实地走访、查询工商档案等程序核实后，认定山东旺特同样不属于实际关联方。

---

① 中国证券监督管理委员会. 中国证监会市场禁入决定书（欧洪先、潘炜）[EB/OL].［2017-05-31］. http://www.csrc.gov.cn/csrc/c101927/c1042080/content.shtml.

3.中国证监会的观点

中国证监会在行政处罚决定书中认为信永中和在关联方关系审计过程中存在以下工作纰漏，未将职业怀疑一以贯之：

第一，GEP公司与第三方通信时均使用与美国公司相同的传真号码；GEP公司装箱单据的制表人与登云股份美国子公司仓库的装箱单据的制表人相同，均为登云股份美国子公司员工；GEP装箱单上的联系地址和联系方式与登云股份美国子公司的联系地址和联系方式相同，但信永中和没有发现。

第二，信永中和在检查关联方关系时，搜集到诸如装箱单据制表人签名同名、王某枢持股情况等能反映登云股份与APC公司存在异常联系的审计证据，但是未对异常情况实施进一步核查。

第三，信永中和检查关联方关系时并未对登云股份总经理欧洪先的持股情况进行全面核查，发现山东旺特的股东为山东富达美即停止追查。若追查至2010年8月18日山东富达美的股权结构，是能够发现该公司拥有山东旺特100%的股权的，这意味着欧洪先可以控制山东旺特公司。信永中和未充分了解股权结构、追溯到最终实际控制的自然人，关联方核查程序实施不够充分到位。

证监会判罚的审计和会计准则依据如下：

根据《中国注册会计师审计准则第1323号——关联方》第16条的规定，审计师需要对管理层未披露的关联方关系保持警觉，信永中和在检查凭证时未能对GEP公司的异常联络地址及联系方式保持警觉，导致未识别出关联方。

根据《中国注册会计师审计准则第1323号——关联方》第22条的规定，审计师如果识别出可能披露被审计单位的隐藏关联方关系的信息，需要进一步确定和审查此关联方关系或关联方交易是否存在。信永中和发现了登云股份美国子公司与APC公司的异常联系，但是在询问管理层后，就认为管理层给出的"税收优惠"的解释是完全合理的，并未实施进一步审计程序证实是否存在关联方关系及关联方交易。

根据《企业会计准则第36号——关联方披露》第3条的规定，信永中和已经发现山东旺特曾用名为"山东登云汽配销售有限公司"，存在异常联系的迹象，但在查询到山东旺特的股东为山东富达美后，未进一步追查到实际控制的自然人，故未能发现登云股份与山东旺特之间的异常关联方关系，表面上实施了审计程序，但实质上未勤勉尽责。

（三）提前确认收入

1.审计程序

在收入方面，信永中和针对登云股份美国子公司与GEP公司的交易，实施了以下审计程序：

（1）审计师在核查2012年登云股份美国子公司主营业务收入科目时，审计方案要求的抽凭范围包括"发票编号、装箱单和运单单据是否齐全，装箱单型号和运单型号数量是否与会计凭证一致，快递是否到达目的地，以及提货单和交货单是否完整"。2013年，针对同样科目的审计程序为"检查会计凭证信息是否与发票信息一致，提货单/快递单是否签字，单据文件是否齐全，发票号，订单号，装箱单号/快递订单号"。

（2）核查登云股份与登云股份美国子公司两笔业务的销售发票和发货清单。

2.中国证监会的观点

登云股份美国子公司2013年半年报提前确认收入239.86万元，导致登云股份合并报表提前确认利润94.96万元，约占2013年半年报利润总额的4.32%。在行政处罚决定书中，中国证监会认为审计师未全面核实登云股份2013年6月的销售收入，在以下方面存在工作纰漏：

（1）信永中和在2012年和2013年执行审计程序时，对登云股份美国子公司主营业务收入科目都规定了相应的抽凭范围，但未补充说明抽凭范围的变化。另外，尽管2013年抽凭范围有明确规定，但实际上只抽查了其中的2项内容，审计师实际执行的抽凭范围与审计方案要求的抽凭范围存在一定差异。

（2）审计师检查了登云股份美国子公司两笔交易的销售发票和交货清单。其中，登云股份向登云股份美国子公司销售了两笔货物，登云股份的发货时间和登云股份美国子公司的出票日期均为2013年6月15日和16日两天。登云股份美国子公司又将这两批货物销售给了GEP公司，其对GEP公司开具销售发票的日期分别为6月15日和6月21日。可以看出，登云股份美国子公司确认向GEP公司销售收入的时间与登云股份的发货时间相差无几，很明显这两笔交易不符合正常的海运交易周期。登云股份美国子公司的记录有提前确认销售收入的嫌疑，而审计师并未充分考虑这一事实对登云股份合并报表的影响。

在提前确认销售收入方面，证监会的判罚依据如下：

根据《中国注册会计师审计准则第1301号——审计证据》第9条的规定，审计师需要通过设计和执行恰当的审计程序，获取充分的审计证据并据此得出审计意见。信永中和在审计登云股份美国子公司主营业务收入科目时，虽然设计的检查凭证范围合理详细，但并未充分执行，仅仅抽查其中的两项内容。

根据《中国注册会计师审计准则第1301号——审计证据》第13条的规定，审计师从被审计单位获取信息时，需要评价其可靠性。信永中和虽然检查了货物销售发票等，但是没有发现两家公司开具发票的时间间隔不符合正常航海运输周期的问题。从表面上看，审计师按照审计准则的要求执行了审计程序，但并未秉持职业怀疑与审慎的态度去发现问题。

四、信永中和的抗辩[①]

尽管证监会认定信永中和未勤勉尽责，需要承担相应的责任，但信永中和认为项目组审计师履行了审计职责，并且已经按照审计准则要求执行相应的审计程序，登云股份的虚假陈述行为不应完全归责于审计师。同时，审计过程中存在被审计单位刻意隐瞒、审计证据获取困难等客观因素，这是审计师们无法通过审计行为所规避的。据此，信永中和在听证会上提出了抗辩。

在听证会的现场，信永中和与证监会围绕审计师是否勤勉尽责以及是否应该承担责任，展开了八个回合的抗辩，下文内容仅讨论相关性较高的五个辩论回合。

2-6登云股份抗辩焦点问题及双方观点总结

---

① 并购优塾. 证监会VS信永中和，杀气十足！近5年来，中国资本市场罕见一幕……最后，以重罚440万结束［EB/OL］.［2017-12-19］. https://www.sohu.com/a/211415830_313170.

（一）第一回合：客户故意舞弊，审计机构要承担责任吗？

信永中和：我方已按照审计准则要求执行审计程序，不存在违反相关法律规定和业务规则的情况。客户刻意隐瞒信息，故意舞弊，审计师们对于这些审计固有限制束手无策，信永中和不应为此承担责任。

证监会：虽然你方执行了审计程序，但是三包索赔费用这种财务数据异常为什么没有尽早发现并追查？向潍柴动力（潍坊）备品资源有限公司等四家公司发出的函证都有异常，为什么没有执行充分的替代程序？明明已经发现山东旺特有异常关联的迹象，但却没有充分核查或者追加必要的审计程序。上述行为我方认为均违反审计准则的规定，已经体现你方未勤勉尽责。同时，我会已经在充分考虑审计固有限制的基础上作出处罚，因此，对于此项申辩意见我方选择不予采纳。

（二）第二回合："合理保证"是否能为审计师规避责任？

信永中和：我方已经恰当地运用"重要性概念"，竭尽全力将财务风险降到最低，而且我方出具的审计意见只能是"合理保证"，而非"绝对保证"，无法完全避免客户故意舞弊行为所导致的财务数据失真。我方整体审计行为是符合审计准则要求的，亦应被认为已勤勉尽责。

证监会：我会已经严格按照《证券法》等法律法规及行业准则等相关规定，将上市公司的会计责任与审计机构的审计责任区分开。我方判断完全是基于你方自身在执业过程中违反业务规则，与被审计单位登云股份的财务造假行为无关。"合理保证"不会导致审计工作失职，只有你方未勤勉尽责才会直接导致财务数据失真。因此，我方对此项申辩意见不予采纳。

（三）第三回合：索赔费用异常波动，审计师是否被充分深究？

信永中和：我方认为在三包索赔费用事项上已尽力核实，严格按照审计准则的相关规定，对客户单位执行函证程序。所有应入账、能入账金额均已入账，未入账则是因为不符合入账条件。同时，客户单位刻意隐瞒的三包索赔费用，注册会计师即使穷尽手段也难以发现，并不像调查人员一样可以通过行政执法手段查出相关隐瞒事项。

证监会：我方并不认可上述观点。信永中和声称关注到了三包索赔费用异常波动，但并没有对该费用2011年大幅增长、2012年至2013年6月末又大幅下降的分析性描述提供客观证据支持，也没有采取进一步审计程序。

另外，潍柴动力（潍坊）备品资源有限公司等四家公司的函证情况均存在异常，信永中和对于客户单位提供8张金额相似的发票未核实便选择相信，在执行函证程序上确实存在漏洞和疑点。

最后，我会在下处罚决定时已充分考虑了正常审计程序存在无法发现客户故意隐瞒信息的可能，我会并非苛求审计机构发现被审单位的全部问题，该处罚仅针对你方在审计过程中确实存在未对三包索赔费用予以充分关注、未充分追查函证回函差异、执行函证替代程序不充分、出具文件存在虚假记载等违反业务规则、未勤勉尽责的情况。

（四）第四回合：关联方详尽核查的界限在哪里？

信永中和：我方认为经过了解核查登云股份与几家公司的交易往来和经营实质后，可不认定其为关联方，也不存在异常关系，理由如下：

其一，登云股份时任董事兼总经理欧某先虽然持股，但并未参与广州富匡全、肇庆达美、山东富达美、山东旺特四家公司的实际经营，未形成实际控制，根据实质重于形式原则，我方认为登云股份与上述四家公司不存在关联关系。

其二，我方在审计过程中其实已注意到存在异常关联方关系嫌疑的山东旺特公司，但客户给予了合理解释。同时，我方对山东富达美的股权情况进行核查，也只能获悉其股东为肇庆达美、段某魁和景某东，无法发现其与登云股份的关系。因此，我方认定其不存在关联关系。

其三，即使存在瑕疵，但关联方交易金额在历年收入中的占比较低，所导致的累计错报金额极小，离所规定的"重要性水平"相距甚远，不会构成重大错报而影响财务报表的可信程度。

综上，我方认为自身在审计过程中已经保持应有的职业审慎和职业怀疑态度，履行了核实关联方关系及其交易的审计程序，尽职尽责。

证监会：在关联关系审计中，我会认为要重点关注和识别有关主体是否构成关联关系。对关联方的界定，可以根据《中国注册会计师审计准则第1323号——关联方》第九条、第二十九条，以及《公开发行证券的公司信息披露编报规则第15号——财务报告的一般规定》第二条、第五十一条、第五十二条和《企业会计准则第36号——关联方披露》第三条、第四条第（十）项的规定进行判断。

针对信永中和事务所提出的理由，我会给出如下回答：首先，欧某先确实持有上述公司股份，足以支持其对上述公司能达成实际控制，你方辩称的"未参与实际经营"没有客观证据支持。其次，我会认为尽管你方在审计过程中实施了询问程序，并核查股权情况，但尚未上溯到最终实际控制人，并没有全面了解公司的股权结构。你方认为发现不了关联方与登云股份的关联关系，显然是因为关联方核查程序实施不够充分，尚未详尽。最后，我会已经在充分考虑重要性水平的基础上，作出行政处罚。2013年信永中和未能发现的累计错报共计535.16万元（其中包括三包索赔费用242.23万元及贴现费用292.93万元），超过其2013年确定的重要性水平（404.98万元）。因此，我会对此项申辩意见不予采纳。

（五）第五回合：证监会对信永中和的处罚重吗？

信永中和：尽管我方在审计过程中存在瑕疵，但情节并不严重，并且相关事项也未造成严重危害。根据我国《行政处罚法》的规定，行政处罚应遵循"过罚相当"的原则，但我方被罚款金额总计达440万元，是否处罚过重？我方认为情节轻微，应不予行政处罚。

证监会：你方在为登云股份提供IPO及2013—2014年年报审计服务过程中违反行业准则，且未勤勉尽责，存在虚假记载的问题，并非情节轻微。审计报告无疑会影响信息使用者的投资判断，造成了一定的社会危害，并非应当不予处罚。我会对此项申辩意见不予采纳。

五、尾声

在登云股份事件中，尽管信永中和进行了强烈的申辩，与证监会展开多回合的"巅峰对决"，但证监会强势驳回了信永中和在听证会上所发表的意见。证监会最终认定信永中和在为登云股份提供IPO申请文件及后续年度审计服务时未勤勉尽责，出具的登云股份2013年审计报告存在虚假记载，依据我国《证券法》第二百二十六条第三款所述"证券服务机构违反本法规定或者依法制定的业务规则"，认定信永中和事务所违反了行业规则。根据违法行为的事实、性质、情节与社会危害程度，没收违法所得188万元，处以220万元罚款，并责令信永中和进行事务所内部整改。依据我国《证券法》第二百二十三条所述"证券服务机构未勤勉尽责，所制作、出具的文件有虚假记载"的行为，没收信永中和业务收入32万元，信永中和罚款金额总计高达400多万元。同时，郭晋龙、夏斌作为签字注册会计师，为事件直接负责人，难辞其责，决定对郭晋龙、夏斌给予警告，并分别处以5万元罚款。

证监会认定怀集登云汽配股份有限公司在IPO申请文件、2013—2014年度报告及2015年第一季度报告中均存在虚假记载、重大遗漏的行为，依据《证券法》第六十三条"发行人、上市公司依法披露的信息，必须真实、准确、完整，不得有虚假记载、误导性陈述或者重大遗漏"，以及《证券法》第一百九十三条第一款所述"发行人、上市公司或者其他信息披露义务人未按照规定披露信息，或者披露的信息有虚假记载、误导性陈述或者重大遗漏"，对公司及主要负责人进行处罚。登云股份公司被责令改正，并处以60万元罚款。公司管理层欧洪先、张弢等25人被警告并被处以5万~30万元不等的罚款，其中，欧洪先、潘炜作为最主要的负责人被处以30万元罚款，并被采取5年证券市场禁入措施。

【政策思考】

注册会计师的执业能力和基础素养将直接影响审计质量的高低。只有拥有良好的职业道德信念和职业道德习惯，审计人员才能自觉地按照职业道德要求规范自己的行为，忠实地履行自己的职责，做到依法审计、客观公正、实事求是地处理问题，为审计质量提供重要保障。

《中华人民共和国国家审计准则》第十五条规定，审计人员应当恪守"严格依法、正直坦诚、客观公正、勤勉尽责、保守秘密"的基本审计职业道德。其中，本案例主要聚焦于客观公正和勤勉尽责两方面。客观公正就是审计人员应当保持客观公正的立场和态度，以适当、充分的审计证据支持审计结论，实事求是地作出审计评价和处理审计发现的问题。勤勉尽责就是审计人员应当爱岗敬业，勤勉高效，严谨细致，认真履行审计职责，保证审计工作质量。

在本案例中，信永中和受到证监会处罚的根本原因之一就是被判定为未"勤勉尽责"，可见注册会计师在执行审计工作时，确应坚守审计职业道德的底线。在三包索赔费用问题上，信永中和在没有收到东风朝阳朝柴动力有限公司回函的情况下，未能充分执行函证替代程序进而获得相关和可靠的审计证据，就是其未"勤勉尽责"的表现。在关联方问题上，信永中和已经发现了登云股份与山东旺特的异常联系，但在追查山东富达美公司后，就未进一步追查到实控人，故而也未能发现两者之间的关联关系，表面上实施了审计程序，但实质上确实未"勤勉尽责"。在提前确认收入问题上，信永中和没有发现两家公司开具发票的时间间隔不符合正常海运周期的问题。虽然其辩称按照审计准则的要求执行了审计程序，但并未秉持职业怀疑与审慎的态度去发现问题。"勤勉尽责"的要求不应仅限于表面，而应落于实地，要求审计师持续保持质疑的态度去发现潜藏在表面下的问题。

2021年7月30日，国务院办公厅发布了《国务院办公厅关于进一步规范财务审计秩序促进注册会计师行业健康发展的意见》（以下简称《意见》），着力于依法整治财务审计秩序，其中的工作重点之一便是加快推进注册会计师行业法律和基础制度建设，《意见》正文中指出："要及时跟进健全相关制度规定，建立健全制度化、常态化的长效机制。合理区分财务造假的企业会计责任和会计师事务所审计责任，明确其他单位向注册会计师出具不实证明的法律责任。按照过罚相当原则依法处理涉会计师事务所责任案件，研究完善会计师事务所和注册会计师法律责任相关司法解释，进一步明确特殊普通合伙会计师事务所的民事责任承担方式。"

近年来，证监会发布的因为审计失败导致的行政处罚公告数量日益增加，其中几乎都提到审计机构未充分履行职责，未勤勉尽责。但审计机构往往不认可这一说法，皆抗辩称自己已经尽职尽责。那么，"勤勉尽责"的界限究竟在哪？通过了解登云股份事件的全过程与信永中和的抗辩情节，不禁让我们深思，社会公众及监管层想让注册会计师们在审计过程中达到的预期表现水平，与注册会计师所能提供的财务报表承诺值是否存在差异？这些审计期望差异体现在哪些方面呢？

案例使用说明

一、教学目标

近年来会计师事务所屡遭重罚，证监会往往认为注册会计师在审计过程中"未勤勉尽责"，但注册会计师很容易受到取证权力、效益成本等方面的限制，在实际执行审计程序中遭受层层阻碍，导致最终可能被不合理问责。本案例旨在通过回顾登云股份IPO审计事件，再现信永中和抗辩中的焦点问题，引导学生加深了解审计认知差异，并结合学习过的审计知识判断财务信息使用者与审计机构存在的审计认知差异，提升学生独立思考与研究分析的能力。

二、思考题与分析要点

案例分析思路如图2-5所示。

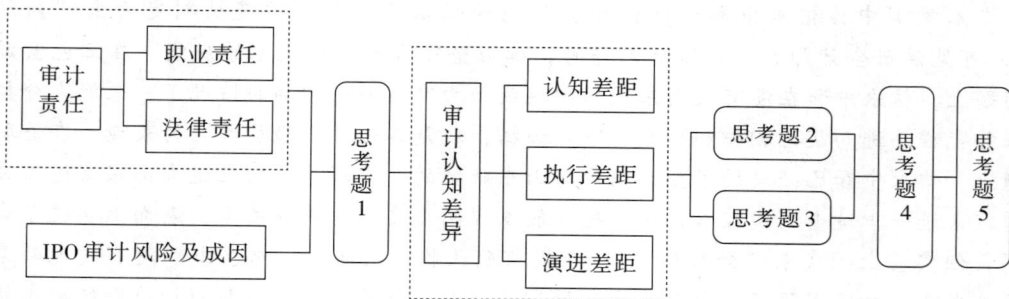

图2-5　案例分析思路

1.什么是审计认知差异？审计认知差异的形成来源有哪些？

审计认知差异，即审计期望差异。1974年，时任安永会计师事务所总法律顾问的Carl Liggo在《当代商务杂志》上发表了《期望差距：会计师的滑铁卢》一文，首次提出审计认知差异这一概念。在该文中，Liggo将审计认知差异定义为注册会计师期望的预期表现水平与财务报表使用者期望的预期表现水平之间的差异。按照文中的描述，只要注册会计师与财务报表使用者对于财务报表审计最终呈现结果有不同的预期，就会产生审计认知差异。

英国特许会计师公会（ACCA）和国际审计与鉴证准则理事会（IAASB）也曾尝试对审计认知差异进行更广义的定义。其中，英国特许会计师公会将审计认知差异定义为社会公众认为审计师所做的工作与社会公众期望审计师做的工作之间的差异，国际审计与鉴证准则理事会则将其定义为财务信息使用者对审计师和财务报表审计所期望的与审计实际上实现的结果之间的差异。

通俗来说，审计认知差异就是对于财务报表审计工作预期所能呈现的结果和提供的保证，审计师与以财务信息使用者和监管层为代表的社会公众之间存在的差异。审计认知差异，其实不仅存在于普通社会公众与审计师之间，更存在于行业监管者与审计师之间。财务信息使用者希望注册会计师能发现所有的财务舞弊和财务数据错误，而审计者们则认为审计工作其实是对财务报表整体上是否免受舞弊或错误的影响而产生重大错报提供合理保证，并对财务报表的整体公允性发表意见。

ACCA曾在广泛调查的基础上提出反映审计认知差异形成来源的三维度分析框架，即认知差距、执行差距和演进差距。只要财务信息使用者对于审计执业者的工作内容和工作结果的认识程度，与执业者自身的认识程度不尽相同，就会产生审计认知差距。

认知差距主要体现在财务信息使用者与注册会计师之间对于审计供给质量的认知偏差。例如，在财务报表准确性的问题上，财务信息使用者可能认为财务报表是精确无误、没有一点偏差的。但由于很多报表数据需要企业根据会计制度进行估计，再加上审计师在执行财务报表审计时受制于成本效益，会提前设置重要性水平，并非对所有科目都事无巨细地核查清楚，因此经审计后的财务报表精确度并不一定能达到财务信息使用者的期望水平，注册会计师可能会被误认为没有尽职尽责。

执行差距除了会因为审计师的主观懈怠产生，也有一部分原因是现行审计准则语言的应用性还有待提高。审计准则一般是从原则层面进行规定，但原则导向的语言一般会给阅读者留下理解空间。注册会计师们按照自己理解的审计准则要求执行的审计程序可能与监管层和社会公众的期望存在差距，执业差距也就由此产生。

随着资本市场的发展，上市公司股权结构的分散程度也会提高，经营权和所有权的分割程度亦会提高，市场投资者和股东会更加依赖财务报告所提供的数据信息来判断公司的发展情况，进而作出投资决策。市场投资者和股东对于财务报告的依赖程度变高，会对审计质量提出更高的要求，但审计执业者出于时间、成本等多方面的限制，并不会因为大众对于审计质量的期望变高而精进执业程序，大多数执业者仍旧只会提供符合规定、不被追责的审计报告。审计供给质量和审计需求之间的差异愈加扩大，演进差距也会愈加扩大。

2.审计师和监管层在审计程序和审计证据层面存在哪些认知差异？

（1）审计程序层面。

①审计准备阶段。

安排分配审计资源，如确定审计成员及分工、审计时间期限等。证监会一般会外聘具有丰富工作经验的审计人员辅助调查，其中很多人员来自质量复核部门，职业敏锐度高，在细致看过上市公司财务报告和审计底稿后，就能初步判断财务风险会发生在哪些关键地方。但会计师事务所执行IPO审计时，虽然会相对重视，但是因为经验丰富的老员工相对稀缺，为了保证事务所项目整体的人员平衡性，审计组内部肯定还是有初入审计行业的从业人员，相较于监管层的"高级配置"会略显逊色。监管层认为轻而易举就能发现的审计问题，很可能会被事务所审计组忽略或者遗漏。

②审计执行阶段。

为什么审计机构发现不了的问题，监管层却能调查得清清楚楚呢？这其实是因为监管层具有外调权，拥有几乎不受限制的审计范围延伸权。在关联方串通伪造交易、虚增收入的企业财务舞弊事件中，监管层可以将调查范围延伸至协助造假的第三方，而会计师事务所没有这样的权力。如果企业之间蓄意造假，完全可以伪造证据，相互配合盖上公章，审计程序便会完全失效。注册会计师没有审计范围延伸权，所以只能偏听偏信，对于上市公司刻意隐瞒的事项，会计师事务所在审计执行时充斥着无力感。

在本案例中，信永中和在抗辩中也表示对于客户刻意隐瞒信息、舞弊等行为束手无策。客户单位刻意隐瞒的三包索赔费用，注册会计师即使穷尽手段也难以发现，并不像调查人员一样可以通过行政执法手段查出相关隐瞒事项。

（2）审计证据层面。

①审计证据获取权力差异。

在会计师事务所获取的审计证据中，内部资料由企业财务部门提供，而函证高度依赖第三方的配合程度，从银行获取的银行流水单据或者借贷款合同则是少数可信度有保障的审计证据。证监会作为行政执法单位，核查手段相对丰富。检查组可以携带执法证去银行直接调取公司银行账户更为详细的流水记录，很多财务造假需要通过资金体外循环完成。尽管会计处理可能天花乱坠，但对公司的现金流动尤其是银行记录造假几乎不可能，所以银行流水是可信度十分高的材料。通过资金流水还能查到隐藏的关联方、利益输送等不当行为的证据。在线索明确的情况下，检查组甚至可以要求公司配合查看高层管理人员的电脑文件、工作邮箱等，在突击检查下很容易发现问题，如公司服务器存在两套账、和关联方勾对信息等。

②审计证据可信度。

注册会计师获取审计证据高度依赖于被审计单位的诚信度。在银行账户余额、应收应付款以及采购销售真实性的函证过程中，如果第三方与被审计单位提前串通，提供虚假回函，注册会计师很有可能被伪造的审计证据误导，并直接导致审计失败。证监会在调查具有财务舞弊嫌疑的事件时，对于与被审单位有业务往来的单位，同样会进行二次走访、函证等。但因为证监会检查组行政职能压迫力十足，上市公司通常都会如实回应，很少"顶风作案"。

③新增笔录、约谈环节。

证监会在调查财务舞弊事件的过程中，通过在前期翻阅底稿、现场查看资料，掌握一定线索后，会与企业管理层进行约谈、做笔录。由于大部分公司管理层并没有笔录约谈的经验，心态上已经不如往常淡定。同时，检查组的笔录是经过精心设计的，问题背后蕴含逻辑关系，又或是故意设置陷阱，在谈话过程中稍不注意就会露出马脚。检查组不会放过任何细微之处，只要有矛盾点出现就立刻进行有针对性的突破，直到约谈人员全盘托出。另外，检查组也可以选择访谈外围人员，如一些财务部门员工或者日常行政管理人员，甚至是门卫大爷、保洁阿姨等，往往外围人员掌握的信息是最直接、最真实的，若发现蛛丝马迹，也可以循着线索继续追查。

3.财务信息使用者与审计机构对于审计结果的认识是否存在差异？如果存在，体现在哪些方面？

（1）企业财务报表准确性的认识差距。

财务信息使用者往往认为财务报表"十分精确"。然而，在财务报表的编制过程中，企业财务人员会根据会计准则和会计政策计提估值、减值，有些还需要根据重要性原则或者成本效益原则进行简化处理，但这些经过人工处理的数据都存在丧失客观性的可能。注册会计师在审计过程中其实还要进行二次判断，并且根据重要性水平进行再估计、再调整，但这些数据的准确性其实很大程度上依赖于审计人员的专业知识能力和职业素养。从上述角度来看，经过审计的财务报表的确可能不会达到财务信息使用者预期的可靠性和准确性。

（2）"合理保证"的认识差距。

在财务报表审计中，注册会计师们往往提供的是"合理保证"而非"绝对保证"。根据《中国注册会计师审计准则第1101号——注册会计师的总体目标和审计工作的基本要求》第二十条，合理保证是一种高水平保证，当注册会计师获取充分、适当的证据将审计风险降至可接受的低水平时，就获取了合理保证。财务信息使用者却认为审计师有义务发现存在于财务报表中的所有舞弊，即使是那些没有达到重要性水平的舞弊。

在本案例中，信永中和在抗辩时也强调了这一观点，认为其出具的审计意见只能是"合理保证"，而非"绝对保证"，无法完全避免客户故意舞弊行为所导致的财务数据失真。

（3）审计失败的认识差距。

客观限制、审计风险的存在可能会导致审计失败，审计抽样导致的抽样风险就是其中之一，但财务信息使用者会将由审计风险导致的审计失败也归咎于审计师未勤勉尽责。对于资产规模较大或业务较多的被审计单位，若全覆盖地了解资产组成或者每一笔凭证、事务，所耗费的时间和成本难以估量，所以审计抽样便成为了唯一可行的办法，但审计抽样存在不可避免的抽样风险。审计师们因为受到时间、精力和成本等限制，只能尽可能降低而非完全消除抽样风险，由此导致的审计失败其实不能完全归咎于审计师未勤勉尽责。

审计师专业能力不足也可能导致审计失败，但这本质上属于审计师的过错行为，并不属于故意行为。区分审计失败是由于过错行为还是故意行为其实十分重要，否则就可能造成审计机构被过度责罚。在本案例中，对信永中和处罚440万元，却只对登云股份罚款60万元，可以映射出现在对会计师事务所的经济处罚要大幅高于上市公司的普遍现象，这也能侧面反映出财务信息使用者在审计失败方面的认识差距。

4.你认为登云股份事件究竟是由于审计认知差异导致的不合理问责还是审计失败事件？为什么？

（1）若认为登云股份事件是审计失败事件，理由如下：

① 三包索赔费用。

信永中和声称已经充分关注三包索赔费用的波动情况，但是没有进一步调查波动产生的原因，也没有在审计底稿中记录获得的审计证据，违反了审计准则中分析程序的相关要求。四家公司的函证均出现问题，这是非常显而易见的问题，审计组完全有能力发现，但仍然未采取函证替代程序继续追查，这些均属于信永中和的过错行为，是可以被追责的。

② 关联方关系。

信永中和其实已经发现获取的两笔业务的发票及清单存在同名签字和相同地址的问题，存在异常关联的嫌疑，但未进一步核查。作为登云股份的重要境外关联公司，GEP公司与登云股份美国子公司存在多处信息一致，但信永中和未发现该问题，这不能完全归咎于审计固有风险或检查风险，已经可以算是审计纰漏事项。

③ 提前确认收入。

信永中和前后两年设计的抽取凭证范围出现变更，但并未在审计底稿中作出说明，抽取凭证的范围也并未完全执行，有悖于设计范围时的要求，的确违反了审计准则中有关审计证据的相关条例，是不符合审计行业规范的做法。

（2）若认为登云股份事件是审计认知差异导致的不合理问责事件，理由如下：

①证监会处罚违反了"过罚相当"原则。

证监会对于会计师事务所的罚款金额和怀集登云股份有限公司的罚款金额存在巨大差异，对信永中和罚款金额达440万元，而对登云股份仅罚款60万元。审计准则中仅要求注册会计师获取财务报表在整体上不存在重大错报的合理保证，审计师也是按照该要求完成审计工作的，但监管层在判罚时对于审计纰漏往往认为是由于审计师未勤勉尽责导致的。审计机构和企业作为承担主要责任的双方，罚款金额差距如此大，不得不让人思考是不是对审计机构处罚过重而有违"过罚相当"原则。

②审计固有风险导致的审计纰漏不应归责于审计认知差异。

在本案例中，登云股份曾故意隐瞒三包索赔费用，注册会计师作为不具有行政职权的审计人员，获取客户故意隐瞒的信息十分困难。比如，信永中和对山东富达美的股权情况进行深入核查，也只能获悉其股东为肇庆达美、段某魁和景某东，登云股份若与山东富达美串通舞弊，审计师穷尽手段追查也可能无法发现它们之间的异常关联方关系。同时，审计机构执行审计程序时，还会受到时间、成本的影响，追查能力有限，监管层判罚时应该充分考虑该情况。

5.审计认知差异是否必然存在？如何缩小监管层与审计师之间的审计认知差异？其未

来发展趋势如何？

（1）审计认知差异的存在具有必然性。

审计认知差异是不可避免的，其存在具有必然性，下面从四个方面来具体阐释审计认知差异存在的必然性：

① 主观性差异。

审计师更注重客观证据，而财务信息使用者则可能有不同的经历和认识，导致两者对于审计对象的看法有所不同。

② 经验差异。

审计师和财务信息使用者的背景和经验不同也会导致他们在理解审计对象和审计过程中的重点、难点和风险点等方面存在差异。

③ 信息差异。

在本案例中，信永中和声称客户单位刻意隐瞒三包索赔费用等信息，审计师们对于这些审计固有限制束手无策，而财务信息使用者在证监会立案调查前几乎没有途径了解到这一详情。

④ 行业规章理解差异。

审计师和财务信息使用者对于行业规章制度的理解也有可能存在差异，这会使双方对于最终的审计意见有不同理解。比如，审计准则中仅仅规定注册会计师承担的是"合理的保证责任"，并不担保审计后的会计信息完全没有错误。在本案例中，信永中和也抗辩称其已经尽职尽责，但财务信息使用者可能会对此有不同意见。

（2）缩小监管层与审计师之间的审计认知差异的措施。

① 适时更新、修订审计准则。

审计准则作为行业指导性文件，是注册会计师开展审计工作的依据。监管层应及时更新、修订审计准则，并运用简明易懂、浅白平实的语言，方便从业人员和社会大众理解使用。

② 改善审计执业环境。

审计机构在提供审计服务的过程中，需要客户单位提供资料，但因为现行审计准则并未对第三方配合取证有明确规定，审计机构的威慑力不强，所以时常出现审计机构获取资料困难、企业不配合或拖延询证函等情况。监管层可以将第三方机构不配合审计事项执行的行为纳入征信系统，或采取一定的约束措施，以督促各方更好地配合审计工作。

③ 提高审计机构的审计质量。

会计师事务所应当加强自身质量管理体系的建设，加强对经验丰富的注册会计师、财务人员等人才的招揽，提升事务所内部员工的整体职业素养。信永中和等会计师事务所可以尝试采用一体化管理，确保整个会计师事务所在一个质量体系下统一出具审计报告。按照统一的质量检查标准，对事务所出具的审计报告进行事后监督抽查，以确保审计质量的稳定性，避免因审计过错而受到行政处罚。

④ 充分利用信息技术发展改善现状。

会计师事务所可以考虑加强信息技术建设，将人工智能等技术引入审计程序中。审计程序执行的自动化程度提升，将有助于会计师事务所解放人力、降低成本、保障审计质量供给的稳定性。同时，监管层也可以考虑在审计质量复核中引入新技术，增强对于审计师们执行审计程序过程的认知和了解，提升监督管理质量。

（3）审计认知差异的未来发展趋势。

辩证思想下的发展观认为，发展的实质是从低级走向高级的过程，是事物的前进与上升，是一个逐步解决矛盾和问题的过程。因此，未来的审计认知差异应该是逐渐减少的。随着科技的发展和审计行业的变革，审计认知差异的未来发展趋势可能会呈现以下三个方向：

① 技术化应用。

随着人工智能、大数据分析等技术的应用，审计人员可以更加精准地获取和处理审计信息，从而减少人为因素的影响，减少审计认知差异的发生。

② 国际化标准。

随着全球化的发展，审计行业也越来越重视国际化标准的制定和应用，促进不同国家和地区审计认知的一致性。目前，我国会计准则和审计准则正不断趋向于与国际接轨，这有利于我国会计师事务所拓展海外业务、扩大行业影响力、加深公众对于审计行业的了解、缩小审计认知差异。

③ 专业化提升。

随着审计行业的专业化程度不断提升，审计人员的专业素养和知识水平也会得到提高，这可以减少因主观因素导致的认知差异。

三、理论依据

本案例采用的理论依据如图2-6所示。

为了有效实现本案例的目标，学生应具备下列相关知识：

（一）审计责任与会计责任

1.审计责任

审计责任通常分为职业责任和法律责任。

职业责任是指注册会计师在提供审计服务的过程中，需要遵守执业准则和职业道德的双重要求，是对注册会计师道德维度的要求。职业责任作为行业内部对注册会计师提出的执业要求，与社会公众对注册会计师的执业期望有所不同。

法律责任是指注册会计师在提供审计服务的过程中，由于未能遵循审计准则相关规定或者未能遵守职业道德，出具不符合规定的审计报告，发表不恰当的审计意见，致使财务报表信息使用者利益受损。法律责任一般分为民事责任、行政责任和刑事责任三大类。

2.会计责任

会计责任是指在职责规定范围内，会计人员需要为自己的工作内容承担的责任，在本案例中，也可以特指被审计单位财务人员需要对其所提供的财务信息及编制的财务报表负责。会计责任是会计人员职业操守的底线，如果违反了相应的行业规定和法律法规要求，同样应该承担相应的后果和责任。

启发思考题	案例情节	理论依据
思考题1：什么是审计认知差异？审计认知差异的形成来源有哪些？	案例开始，对于核心概念加深理解	审计认知差异
思考题2：审计师和监管层在审计程序和审计证据层面存在哪些认知差异？	信永中和在三包索赔费用、关联方等方面的审计程序	IPO审计风险执行差距
思考题3：财务信息使用者与审计机构对于审计结果的认识是否存在差异？体现在哪些方面？	信永中和审计登云股份的事件结果	审计认知差异
思考题4：你认为登云股份事件究竟是由于审计认知差异导致的不合理问责还是审计失败事件？为什么？	信永中和的抗辩内容	审计责任与会计责任审计认知差异
思考题5：审计认知差异是否必然存在？如何缩小监管层与审计师之间的审计认知差异？其未来发展趋势如何？	案例结束，引发学生思考	综合以上理论

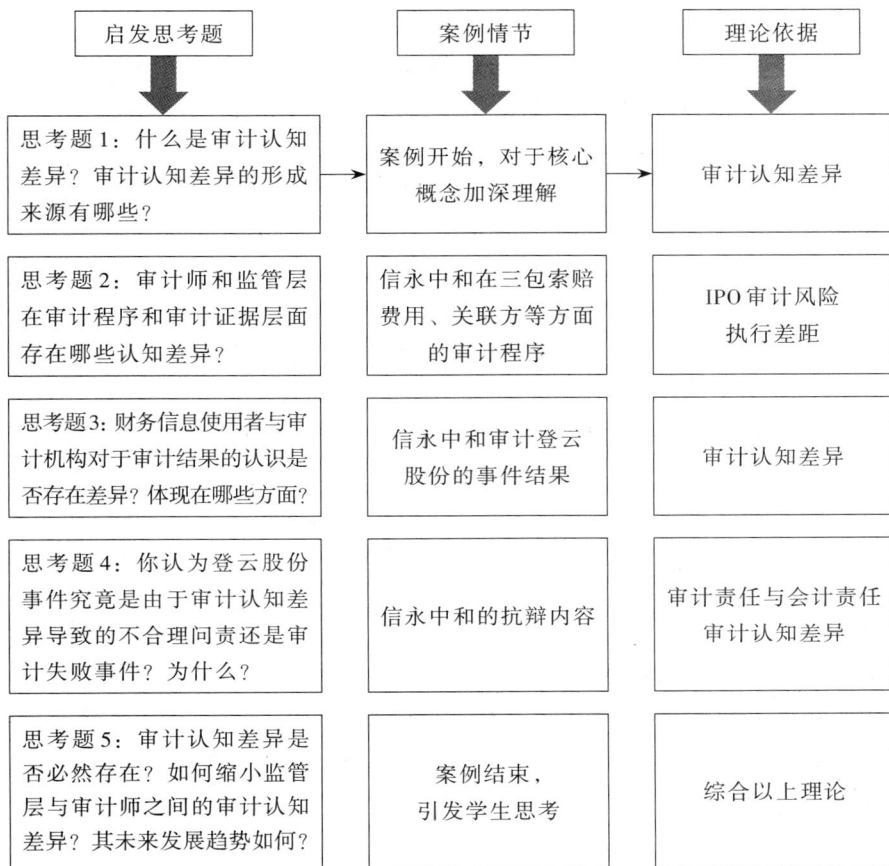

图2-6　案例理论依据

会计责任通常可以划分为内部责任和外部责任。

会计的外部责任包括保证向外提供的财务信息是真实的、公允的、准确的，尤其是对于需要向社会公众定期披露财务数据的上市公司，更需要保证没有刻意隐瞒、提供完整的财务数据。

会计的内部责任包括：

①建立健全并切实履行企业内部控制制度；

②保证会计凭证、会计账簿等会计资料和企业资产实物的完整性和安全性。

（二）IPO审计风险及成因

审计风险是指财务报表存在重大错报而注册会计师发表不恰当审计意见的可能性。与一般的年报审计业务相比，IPO审计的要求更高，委托关系更复杂，审计周期更长，审计结果也更受关注。部分申请IPO的企业为了达成"圈钱"目的，可能会采用非法手段，提供虚假财务数据，增加IPO审计难度。

1.审计主体

审计主体即执行审计程序的人员，审计人员的职业素养在很大程度上会影响审计风险的大小。审计行业其实对从业人员自身的专业知识、道德水平与职业能力实践都有着严格的要求。如果审计师专业胜任能力较弱，会导致申请 IPO 企业的舞弊行为更加难以被发现，那么向外提供的财务信息公允性和完整性都会受到挑战。注册会计师职业素养低下、失去独立性等都可能直接增加 IPO 审计的风险。

2.审计过程

审计风险其实贯穿于 IPO 审计过程的始终，审计人员在审计流程设计、审计工作执行等环节都需保持警惕。在审计工作开始之前，审计人员需要制订审计计划、设计审计程序，但可能会由于对被审计单位了解不足，或者被审计单位刻意隐瞒信息而导致审计方案设计不合理，从而给后续审计工作的执行增添难度。

在执行审计方案的过程中，会存在失察风险与失实风险。例如，审计人员可能会对被审计单位内部控制制度过度信任，遗漏影响财务报表审计结果的重要事项，失察风险便由此产生。另外，审计人员也可能会拿到被审计单位因为想要隐瞒问题而提供的伪证，审计证据的客观性和真实性会直接影响 IPO 审计结果失实风险的大小。

3.审计客体

审计客体在本案例中即为拟申请首次公开募股的企业，IPO 审计过程中会受被审单位企业财务情况、内部制度等多方面的影响，其中的主要风险有：

（1）利润操纵风险

由于证监会要求申请 IPO 的企业最近三年连续盈利，且对累计净利润和现金流量均有要求，所以当申请 IPO 的公司业绩表现不佳，但又迫切想要上市时，便容易产生利润操纵行为，即采用少计提甚至不计提资产折旧或摊销、虚增收入、虚减费用等手段，进而使 IPO 审计风险大大增加。

（2）内部控制风险

通过梳理近年来 IPO 审计被否决的企业情况，内部控制存在缺陷成为除利润操纵、关联方交易等原因之外的又一个致命因素。如果公司高管和监事会主席存在不正当的密切联系，那么监事会很可能形同虚设，导致公司内部控制存在重大缺陷；如果被审计单位缺乏合理完善的内部控制制度，而注册会计师过度信任或发现了问题却没有及时报告，必定会产生 IPO 审计风险，影响到会计信息的可靠性、完整性和有效性。

（3）会计政策及估计风险

利用变更会计政策和会计估计来粉饰财务报表，是 IPO 申请过程中最普遍采用的手段。被审计单位的会计政策是否持续一致、变动原因是否合理、会计估计是否恰当都会对审计报告的最终结果有一定的影响，所以，会计政策及估计所带来的 IPO 审计风险同样不容忽视。

四、行业现状

2010—2021 年我国共有 46 起因注册会计师及会计师事务所出具虚假财务报告而导致审计失败，接受证监会行政处罚的事件。如图 2-7 所示，证监会的处罚情况呈周期性特征，在 2014 年和 2017 年处在周期的小高峰，分别有 12 位和 13 位注册会计师被证监会予以行政处罚，2017 年有 6 家会计师事务所受到处罚，起到了一定的行业震慑作用，小高峰之后年份的处罚数量明显处在下滑态势。同时，2021年注册会计师被处罚的人数为近10年之最，高达20人，且有3家会计师事务所当年被行政处罚不止一次。

单位：次

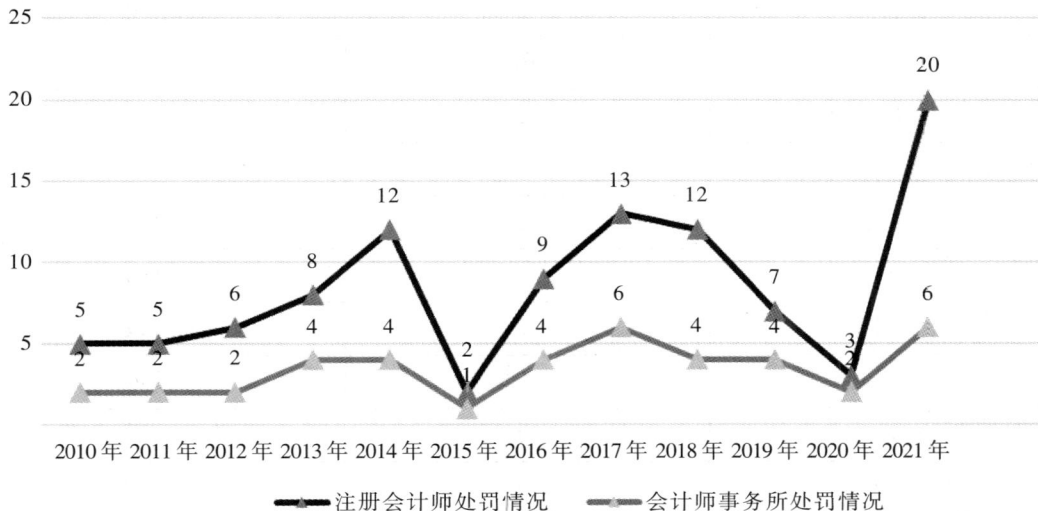

图2-7　2010—2021年会计师事务所和注册会计师受证监会处罚情况

（一）注册会计师法律责任承担现状

证监会对于注册会计师未能正确履行职业责任或者发生违法违规行为可以采用的处罚方式有五种：警告、罚款、暂停执业资格、吊销执业资格和禁入证券市场。根据行政处罚公告整理得知，证监会主要采用警告和罚款两种方式，暂停执业资格和吊销执业资格两种较为严重的处罚方式极少采用。

2010—2021年注册会计师受证监会的处罚情况见表2-3。

表2-3　　　　　　2010—2021年注册会计师受证监会处罚统计表

处罚类型	处罚次数	处罚比例
警告	40	87%
罚款	40	87%
暂停执业资格	0	0%
吊销执业资格	0	0%
证券市场禁入	5	11%

在采用罚款处罚方式的情况下，监管机构罚款金额一般在5万~10万元的范围内，10万元和5万元明显居多。最近十多年，只有两起情节严重的财务造假事件中注册会计师被处罚了20万元。

2010—2021年注册会计师罚款金额统计表见表2-4。

表2-4 　　　　　　　　2010—2021年注册会计师罚款金额统计表

罚款金额	出现次数	占比
未罚款	3	3.45%
3万元	10	11.49%
4万元	2	2.30%
5万元	22	25.29%
6万元	2	2.30%
7万元	1	1.15%
8万元	6	6.90%
10万元	39	44.83%
20万元	2	2.30%
合计	87	100.00%

（二）会计师事务所法律责任承担现状

通常情况下，在经过立案调查、审理、听证会等环节后，证监会若确认财务舞弊的事实，会计师事务所作为直接责任方无疑会受到处罚。如图2-8所示，从2010年到2021年，总共有20家会计师事务所受到证监会处罚并公示，其中不乏信永中和、立信等国内老牌知名会计师事务所，瑞华、中兴华、利安达会计师事务所被处罚的次数甚至超过5次。

单位：次

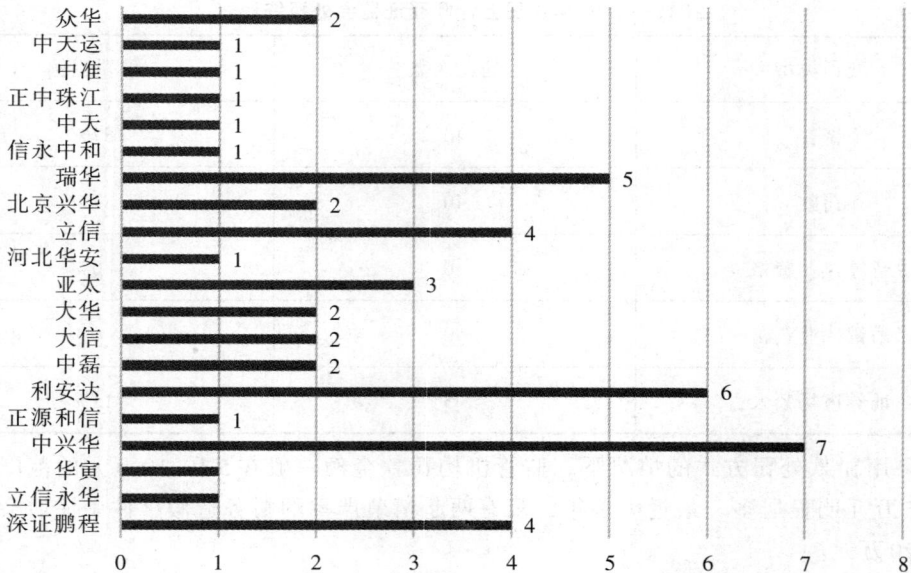

图2-8　2010—2021年会计师事务所受证监会行政处罚统计图

　　中国证监会对会计师事务所采用的行政处罚方式主要有警告、责令整改、罚没收入、罚款和撤销证券服务业务许可等。在实际中，证监会基本上采用罚没收入和罚款相结合的方式，只有对情节极其严重，给社会造成重大影响的案件才会撤销会计师事务所的证券服务业务许可。

　　2010—2021年，证监会对会计师事务所的处罚统计表见表2-5。

表2-5　　　　　　　　2010—2021年证监会对会计师事务所处罚统计表

处罚类型	处罚次数
警告	5
责令整改	14
罚没收入	47
罚款	37
撤销证券服务业务许可	2

五、延伸阅读文献

　　[1] 中国证监会. 中国证监会行政处罚决定书（信永中和会计师事务所、郭晋龙、夏斌）〔2017〕101 号［EB/OL］.［2017-12-06］. http：//www. csrc. gov. cn/csrc/c101928/c1042645/content.shtml.

　　[2] 深圳证券交易所. 怀集登云汽配股份有限公司关于收到中国证券监督管理委员会《行政处罚及市场禁入事先告知书》的公告［EB/OL］.［2017-04-28］. https：//static. cninfo.com.cn/finalpage/2017-04-29/1203425619.PDF.

　　[3] 中国证监会. 中国证监会市场禁入决定书（欧洪先、潘炜）〔2017〕17号［EB/OL］.［2017-05-31］. http：//www.csrc.gov.cn/csrc/c101927/c1042080/content.shtml.

　　[4] 中国证监会. 中国证监会行政处罚决定书（怀集登云汽配股份有限公司、欧洪先、潘炜等26名责任人员）〔2017〕60号［EB/OL］.［2017-05-31］. http：//www.csrc.gov.cn/csrc/c101928/c1042686/content.shtml.

　　[5] 佚名. 证监会VS信永中和，杀气十足！近5年来，中国资本市场罕见一幕……最后，以重罚440万结束［EB/OL］.［2017-12-19］. https：//www.sohu.com/a/211415830_313170.

　　[6] 孙岩. 业绩期望差距、事务所被约谈与审计谈判中管理层的影响策略使用［J］. 管理评论，2020，32（12）：221-233.

　　[7] 黄世忠. 审计期望差距的成因与弥合［J］. 中国注册会计师，2021（05）：66-73.

　　[8] 郑石桥. 审计目标、审计意见和审计期望差距：基于审计主题［J］. 会计之友，2015（05）：126-130.

案例3 以职业怀疑破并购中的 "瞒天过海" ①

【案例导读】

　　2007年，我国首次将"职业怀疑态度"引入审计准则，并在2010年和2013年分别对审计职业怀疑的定义和运用范围等作进一步阐述。伴随着资本市场的日益发达，审计师作为重要的信息披露和信息质量的把关人越来越重要。虽然中国注册会计师协会在2020年修订印发了《中国注册会计师审计准则问题解答第1号——职业怀疑》，再次强调审计职业怀疑的重要性和必要性，但从历次中国证监会的处罚公告中可以看出，审计师未保持必要的职业怀疑是导致审计失败的一项重要原因。本案例讲述2017年YX公司并购F医院的过程中，公司提交的并购议案于2018年1月份顺利获得证监会通过，但就在差"最后一公里"（等批文）的时候，2018年5月24日，YX公司突然发布终止并购并撤回申请文件的公告，原因是审计师坚守职业怀疑的精神在并购接近尾声时发现了F医院虚增收入数百万元，在并购过程中反复停牌复牌进而造成公司股价显著低于发行价格，经各方多次商议最终决定终止并购。通过本案例的学习，可以了解审计师应该如何保持职业怀疑态度，职业怀疑对于在并购中发现审计线索的作用、影响职业怀疑的因素、审计师职业怀疑受到阻碍时该如何应对，以及提升审计师职业怀疑能力的途径。

【关键词】

　　并购　职业怀疑　审计师　审计程序

案例正文

一、引言

　　由于主营业务面临转型及国家医疗行业蓬勃发展，YX公司计划收购F医院以转型进入以医养结合为核心的大健康产业。在并购过程中的审计师出具审计报告期间，审计师凭借职业经验和职业怀疑对F医院2017年第四季度的收入的真实性提出质疑。审计师通过将第四季度收入相关情况与前三季度进行对比发现，引起收入增加的主要原因是咨询和体检收入较之前有较大变化，这到底是偶然情况还是F医院在业绩承诺的压力下实施的造假行为呢？基于职业怀疑，审计师又做了哪些工作一步步证实F医院第四季度收入猛增并非合理现象呢？

　　随着近年来资本市场越来越发达，审计师作为信息披露和信息质量的把关人越来越重

---

　　① 本案例由唐松莲和王源共同开发。除非特别声明，本书中的案例研究对象均为上市公司，案例中引用的所有数据均来自该公司的公告。另外，本书中的所有案例只供课堂讨论之用，并无意暗示或说明某种管理行为是否有效。

要。审计师应如何保持自己的职业怀疑，从而为资本市场的投资者做好看护人？当审计师的职业怀疑受到阻碍时，又该如何应对呢？

二、YX公司

YX公司成立于1993年，于2007年8月在深圳证券交易所上市并在当年首次公开发行A股，是一家深交所中小板公司，控股股东为斯米克工业，实际控股人为李某。公司前身为一家生产精密陶瓷、卫生陶瓷、建筑陶瓷等相关配套件的高性能瓷砖生产商，在2009年成功跃进中国制造业500强。

从2014年12月起，公司为促进原有的斯米克负离子健康板经营业务进一步拓展为健康环境技术业务，投资设立了全资子公司，拟转型进入以医养结合为核心的大健康产业。

YX公司的股权结构见表3-1。

表3-1　　　　　　　　　　　　　　YX公司的股权结构

序号	股东名称	持股数量（股）	持股比例（%）
1	斯米克工业	399 795 802	46.92
2	太平洋数码	61 607 356	7.23
3	上海杜行工业投资发展公司	21 161 240	2.48
4	彭洁芳	10 364 386	1.22
5	浙江锦鑫建设工程有限公司	2 816 380	0.33
6	王星华	2 016 500	0.24
7	中央汇金资产管理有限责任公司	1 859 780	0.22
8	陈生平	1 354 114	0.16
9	项杭育	1 223 300	0.14
10	蒲毕波	1 138 415	0.13
	前十大股东合计	503 337 273	59.07
	总股本	852 150 000	100.00

通过2014—2016年的财务数据指标可以看出，尽管2014年以后，公司在不断改善业务结构，但长期以来，公司都存在主营业务收入疲软、主业经营惨淡的问题。在现阶段陶瓷企业的上市公司中，YX公司的各项财务数据都位于行业中游偏下位置，其虽然很早在瓷砖领域建立了较大的竞争优势，但由于国家宏观调控对下游房地产业的长期影响，传统建筑陶瓷行业的消费不景气，YX公司的主营业务发展与股东对业绩的高度期望仍然存在一定差距。为促进公司长久健康发展，YX公司在继续发展原有瓷砖主业的同时亟须拓展新业务，通过并购后的多元化经营产生财务协同效应，达到提高主营业务竞争力和财务能力、不依赖于政府补助、提高公司运营效率的目标。

2014—2016年YX公司财务状况见表3-2。

表3-2　　　　　　　　　　　　　　2014—2016年YX公司财务状况　　　　　　　金额单位：万元

资产负债表项目	2014年	2015年	2016年
资产总额	222 483.02	214 363.17	205 908.40
负债总额	141 122.24	132 693.45	120 827.98
净资产	81 360.78	81 669.71	85 080.42
利润表项目	2014年	2015年	2016年
营业总收入	84 539.38	68 420.22	77 788.88
利润总额	2 690.14	2 078.50	2 169.30
净利润	1 421.85	1 429.60	1 579.99
归属于母公司所有者净利润	1 436.33	1 443.41	1 702.63
现金流量表项目	2014年	2015年	2016年
经营活动产生的现金流量净额	3 524.70	2 450.20	12 500.45
投资活动产生的现金流量净额	5 566.87	3 496.10	−882.48
财务指标项目	2014年	2015年	2016年
毛利率%	30.82	32.66	35.06
资产负债率%	63.43	61.90	58.68
每股净资产（元/股）	1.86	1.25	1.00

三、YX公司为何选择并购医院

（一）瓷砖行业面临转型

YX公司的主营业务为瓷砖生产，瓷砖的消费与房地产业息息相关，但受长期以来国家对下游房地产业宏观调控的影响，瓷砖市场增长明显放缓，且受房地产周期的影响，中小型房企逐步退出行业，加剧了房地产产业集中程度。

传统建筑陶瓷行业消费受此影响长期处于低迷状态，与公司预期的经营业绩存在一定的差距。且自2011年起，公司扣非净利润连续7年为负，面临着很大的市场压力，因此，公司从2015年起寻求转型契机，实施多元化经营战略以缓冲之前受单一瓷砖主营业务经绩下滑的影响，打造新的利润增长点和突破口，提高公司的盈利能力和综合竞争力。

（二）公司谋求业务转型

受传统建筑陶瓷行业消费不振的影响，YX公司高度关注外部经济环境形势并在2015

年明确了向大健康产业进行转型的方向。公司在保持原有建筑陶瓷业务竞争优势的同时逐步向医养结合大健康产业迈进，打造企业双品牌运营战略。

其中，公司对转型大健康产业的发展战略主要分为三个方面：

（1）通过内部发展、外部并购和战略投资等方式打造一个包含预防、医疗、保健的大健康产业的终端服务链；

（2）部署全新的投资管理模式，以服务运营为重心，打造重视轻资产运行、重视运营能力的服务链平台；

（3）通过引进更成熟的运营模式和人才管理模式，打造更具竞争力和差异化的品牌服务。

（三）医疗行业蓬勃发展

我国潜在的医疗服务市场规模巨大，并且伴随着人口老龄化、乡村城镇化、消费水平提升以及基本医疗保障制度逐步完善等趋势迅速发展。相关统计资料显示，伴随着全国医疗卫生机构及医疗服务量的增加，我国卫生消费总额从2010年至2016年实现六年的持续增长，从2010年的2.00万亿元增长至2016年的4.63万亿元，但2014年中国卫生消费仅占GDP总额的5.55%，低于中高等收入国家水平。我国的医疗行业仍有较大的发展空间。

然而，中国的医疗资源分布不均，大型城市医院较县级医院资源丰富、竞争激烈。相反，民营医疗机构由于规模小且主要以基层医疗机构为主，提供的总服务量远远低于公立医疗机构，民营医院的诊疗和入院服务数量仅占全部卫生服务的不到10%，发展空间巨大。与此同时，国家颁布的分级诊疗政策将有助于促进日益完善的医疗服务回归到中小城市。因此，将目光定位县级医疗市场是YX企业实现差异化竞争和业务多元化发展的有利选择。

四、并购基本情况

（一）确定并购标的

根据2012至2016年部分上市公司公告的民营医院收购相关资料，YX公司将有意进行并购的医院与已披露的经营数据进行分析对比，经过一系列的调研和评估工作，最终确定三个并购标的：F医院、Q医院和J医院。

1.F医院基本介绍

泗洪县F医院有限公司成立于2016年，是一家集科研、教学、临床于一体的二级甲等综合医院，目前拥有职工1 000余人，已开放床位650张（含子公司），前身系江苏F集团有限公司于1995年兴办的职工医院。F医院在2016年5月29日召开全员大会，同意将F医院从非营利性医疗机构改制为营利性医疗机构，由此从民办非企业单位改制为有限责任公司。医院以"一流的技术，先进的设备，完善的管理，至上的服务，低廉的收费"赢得洪泗县及周边地区广大患者的赞誉，一度获得"先进单位""百姓信得过医院"等荣誉称号。F医院医疗设备先进、齐全，拥有一系列高、精、尖的医疗设备，具有骨科、心脏内科、胸外科、神经内科等竞争优势突出的科室。

2016年8月至2017年9月，F医院共经历了7次股权转让，2017年9月17日第七次股权转让结束后，医院的股本及股权结构情况见表3-3。截至2017年9月30日，F医院不存在实际控制人。

表3-3　　　　　　　　　　　　　F医院并购前股本及股权结构

股东	注册资本（万元）	持股比例（%）
胡道虎	54.40	29.23
识炯管理	41.46	22.27
鑫曜节能	74.03	39.77
健灏投资	1.47	0.79
东吴资本	14.77	7.94
合计	186.13	100.00

2.F医院产品及服务分布

F医院的主营业务收入包括门诊收入和住院收入。2015年、2016年及2017年1月至7月，门诊收入分别为7 151.13万元、7 870.80万元、4 895.38万元，总体呈上升趋势；住院收入分别为14 589.65万元、16 072.49万元、11 152.53万元，住院收入占比也呈逐年上升的趋势。伴随着F医院信息系统逐步完善和现代电子支付技术的迅速发展，F医院自2015年起，现金收付金额在收入中的占比逐渐下降，越来越多的患者选择在网上支付费用。

F医院产品及收入占比见表3-4。

表3-4　　　　　　　　　　　　　F医院产品及收入占比　　　　　　　　　　金额单位：万元

项目/收入	2015年		2016年		2017年1月—7月	
	金额	占比	金额	占比	金额	占比
门诊收入	7 151.13	32.64%	7 870.80	32.65%	4 895.38	30.23%
其中：医疗	4 491.77	20.50%	4 990.41	20.70%	2 954.81	18.25%
药品	2 659.36	12.14%	2 880.39	11.95%	1 940.57	11.98%
住院收入	14 589.65	66.59%	16 072.49	66.67%	11 152.53	68.88%
其中：医疗	8 045.82	36.72%	8 647.08	35.87%	6 054.98	37.40%
药品	6 543.83	29.87%	7 425.41	30.80%	5 097.55	31.48%
其他收入	167.99	0.77%	162.82	0.68%	143.84	0.89%
总计	21 908.77	100%	24 106.11	100%	16 191.76	100%

F医院2015年、2016年及2017年1月至7月医保报销和现金收付金额占收入比例见表3-5。

表3-5　　　　　　F医院2015年至2017年7月医保报销和现金收付金额占收入比例

年度（时期）	医保报销		现金收款	
	金额（万元）	占比（%）	金额（万元）	占比（%）
2015年度	7 689.62	35.1%	12 025.52	54.89
2016年度	8 076.27	33.5%	11 150.54	46.26
2017年1月至7月	5 245.72	32.4%	6 877.99	42.48

　　3.F医院主要财务数据

　　根据审计报告，F医院2015年、2016年、2017年1月—7月归属于母公司的净利润分别为2 709万元、3 030万元、1 448万元，医院的近3年净利润维持在3 000万元左右，其营业收入总体呈现稳步增长趋势。

　　F医院并购前财务状况见表3-6。

表3-6　　　　　　　　　　　　F医院并购前财务状况　　　　　　　　　　　金额单位：万元

资产负债表项目	2015年	2016年	2017年1月—7月
资产总额	50 557.18	42 822.88	42 990.87
负债总额	47 619.27	36 845.02	35 573.48
股东权益合计	2 938.21	5 968.86	7 417.39
利润表项目	2015-12-31	2016-12-31	2017-7-31
营业收入	21 908.77	24 106.11	16 191.76
利润总额	3 765.94	4 092.68	1 942.83
净利润	2 709.45	3 030.65	1 448.53
归属于母公司所有者的净利润	2 709.44	3 030.65	1 448.53
扣除非经常损益后的净利润	2 312.47	2 523.55	1 376.35
现金流量表项目	2015-12-31	2016-12-31	2017-7-31
经营活动现金流量净额	5 832.76	7 237.77	2 337.81
投资活动现金流量净额	-5 074.01	-4 489.57	-2 495.01
筹资活动现金流量净额	-539.95	-2 661.18	1 013.87
财务指标项目	2015-12-31	2016-12-31	2017-7-31
资产负债率	94.19%	86.06%	82.75%
毛利率	27.62%	26.70%	26.53%

（二）评估对价交易标的

在 YX 公司的转型并购过程中，标的资产于评估基准日 2017 年 3 月 31 日的交易价格以资产评估机构中企华出具的评估报告的评估结果为基础，由交易各方协商确定。根据对标的公司的全面评估，本次重组注入资产评估值合计为 89 974.90 万元，经交易各方商定，标的公司交易作价合计约 89 905.00 万元。F 医院、Q 医院、J 医院的资产评估增值率均处于较高水平。

F 医院标的估值及各方协商的交易价格见表3-7。

表3-7　　　　　　　　2017年3月31日F医院标的估值及各方协商的交易价格　　　　金额单位：万元

标的资产	账面值	评估值	增减值	增值率（%）	交易价格
F医院100%股权	6 529.07	64 059.22	57 530.15	881.14%	64 000.00
Q医院100%股权	977.83	13 859.48	12 881.65	1 317.37%	13 850.00
J医院100%股权	3 054.06	12 056.20	9 002.14	294.76%	12 055.00
合计	10 560.96	89 974.90	79 413.94	751.96%	89 905.00

（三）确定业绩补偿承诺

经交易各方同意，各业绩承诺主体同意对本次交易实施完毕当年起的连续三个会计年度标的公司合并报表口径下的净利润进行承诺。如果本次交易于 2017 年 12 月 31 日前实施完毕，业绩承诺期间指 2017 年、2018 年及 2019 年，各交易标的作出相应的业绩承诺。2017年并购交易完成的业绩补偿承诺见表3-8。

表3-8　　　　　　　　　　2017年并购交易完成的业绩补偿承诺　　　　　　　　　单位：万元

年份	F医院	Q医院	J医院
2017年	3 230	884	780
2018年	4 900	1 150	970
2019年	7 150	1 350	1 100

如果本次交易于 2017 年 12 月 31 日后实施完毕，业绩承诺期间是指 2018 年、2019 年及 2020 年，各交易标的作出相应的业绩承诺。2017年以后并购交易完成的业绩补偿承诺见表3-9。

表3-9　　　　　　　　　2017年以后并购交易完成的业绩补偿承诺　　　　　　　　单位：万元

年份	F医院	Q医院	J医院
2018年	4 900	1 150	970
2019年	7 150	1 350	1100
2020年	7 980	1 570	1250

五、并购中的审计师

（一）组织审计团队

作为本次重大资产重组的亲历者之一，信永中和会计师事务所（以下简称信永中和）作为国内成立最早、存续时间最长的会计师事务所之一，拥有专业人员 11 000 余人，规模化的优势保证信永中和能够按照客户的时间与质量要求提供专业服务，有能力开展各大中小企业集团的业务。除此之外，信永中和始终把诚信视作企业的生命，在执业过程中，不为外在表象所蔽，不为短期利益所惑，以坚持维护资本市场的良性发展为己任，注重企业道德文化的培养。

本次重大资产重组聘请的中介机构包括：

（1）中国国际金融股份有限公司（独立财务顾问）；

（2）上海市同理律师事务所（法律顾问）；

（3）信永中和会计师事务所（审计机构）；

（4）北京中企华资产评估有限责任公司（评估机构）。

专业的并购团队对于并购工作的内容、目标、流程、规范等清晰明确，有助于并购战略的有效执行和并购计划的如期实现。

（二）安排审计时间

2016 年 12 月 5 日，YX 公司与其年报审计师机构信永中和签订了并购审计相关协议。

2017 年 4 月 1 日，信永中和对 F 医院展开预尽调，在预尽调的过程中，审计师的主要职责是：检查 F 医院的综合性资料，如营业执照；检查 F 医院是否有资金占用的行为；检查 F 医院的财务制度是否规范；检查 F 医院的信息化业务系统是否和财务系统实现对接等。此后，信永中和进行了约 15 天的现场审计，发现了被并购方的一系列问题，并责令其进行整改。

2017 年 5 月 5 日，信永中和开展对 F 医院两年一期的审计。其中包括：对"实物"的审计，如对 F 医院的存货、固定资产等方面进行审计；对"财务"的审计，如对 F 医院因销售商品和提供劳务产生的相关债权债务等方面进行审计；对"责任人"的审计，如对 F 医院经济责任人的期间责任等方面进行审计。

2017 年 8 月 20 日，信永中和出具对 F 医院财务报表是否在重大方面按照财务报告编制基础编制并实现公允反映发表实际意见的书面文件即审计报告。

在审计过程中，问题接踵而至，整个并购过程不如事先预期的那般顺利。原本预计并购完成时间是 2017 年的 3 月 31 日，但实际并购的时间因整改事项预期推迟到 2017 年 8 月 31 日。因此，整个并购进度放缓。F 医院由于承受业绩承诺的压力可能会采取措施提前实现业绩。

随着时间的推移，YX 公司与 F 医院之间博弈的时间加长，在此期间，F 医院潜在的重大错报风险随时可能被曝出。YX 公司作为一家上市公司，它的利益不仅仅代表着大股东的利益，也代表着其他中小股东的利益。审计师在如此长时间的博弈中能否看透 F 医院存在的问题，取决于审计师能否保持职业怀疑态度并合理安排审计时间。

审计时间安排表见表 3-10。

表3-10   审计时间安排表

时间	进程
2016-12-05	与YX公司签订并购审计相关协议
2017-04-01	对F医院开展预尽调
2017-05-05	对F医院开展两年一期审计
2017-08-20	出具F医院的审计报告
2017-08-31	预期并购结束

（三）开展审计业务

审计师的职业怀疑贯穿整个审计业务流程。审计师在审计业务的所有阶段都需要保持职业怀疑。

1.接受业务

审计师接受YX公司的委托，在预审阶段前往F医院对其基本情况、产权控制关系、公司近些年来的经营状况、主要业务许可及经营资质进行检查核实，同时根据F医院近年来的相关处罚及整改情况判断F医院的主要股东、实际控制人、治理层和管理层是否诚信，在此基础上开展下一步工作。

2.识别和评估重大错报风险

审计师通过不同渠道获取F医院的相关信息，这些渠道提供的相关信息可能存在互相矛盾的情形，因此审计师需要运用职业怀疑识别和评估重大错报风险。此次项目组中有经验较为丰富的成员，他们在实施风险评估程序时，通过识别和讨论相互矛盾的信息并考虑F医院的管理层是否有意隐瞒真实状况来保持职业怀疑。

3.设计和实施审计程序，应对重大错报风险

在设计和实施审计程序阶段，保持职业怀疑意味着审计师不能单纯通过最容易获取的证据来印证管理层的"一面之词"，还需要收集更为充分的审计证据，减少因未实施严格的审计程序而导致审计失败的可能。审计师在实施实质性分析程序时发现F医院的收入异常波动，收入在某一时段猛增，审计师对这一现象保持警觉并前往现场进行跟进调查。

4.评价审计证据，形成审计意见

在形成审计意见时，审计师应就F医院财务报表是否存在重大错报得出结论，需要时刻保持质疑的态度，审慎评价各阶段收集到的审计证据。F医院由于承受业绩承诺的压力可能会提前采取措施，造成业绩平滑和业绩提前实现的情形。审计师需要考虑管理层操纵财务报表的动机和压力。

（四）实施审计程序

首先，审计师实施了解性程序，通过查看F医院以前年度的相关资料、询问管理层有关事项等对客户的经营管理情况进行初步了解。除此之外，审计师利用信息系统查看与收入有关的业务数据，并在此基础上针对可疑部分咨询相关专业人员的意见，这也属于了解

性程序。

其次，审计师实施分析性程序，对被并购方的全部经营活动进行分析评价。审计师通过分析性程序发现公司存在的问题，即公司体检收入和咨询收入异常，在此基础上进一步核查相关合同，挖掘问题的根源。为验证自身的猜想，审计师又通过现场审计对客户的生产经营活动进行实地考察，通过咨询业主坐实公司在收入方面造假的问题。

六、审计师职业怀疑能破被并购方的"瞒天过海"吗？

（一）审计师提出质疑

在并购期间，信永中和的审计师按照投行的要求出具审计报告，但在出具审计报告期间，信永中和凭借多年的职业经验发现了问题所在，即F医院2017年第四季度的利润实现过快。10月至12月作为全年时间的1/4，利润也应当实现全年的1/4左右，但是审计师发现F医院第四季度利润实现率远远高于前三季度。

F医院2017年各季度收入统计趋势如图3-1所示。

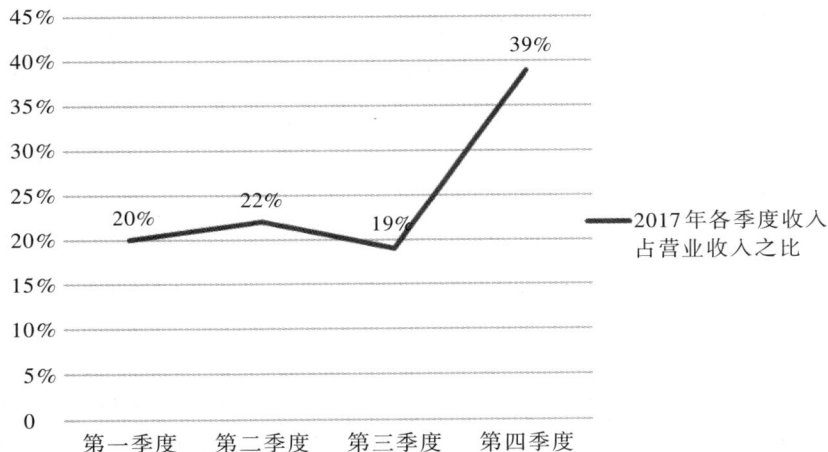

图3-1　F医院2017年各季度收入统计趋势图

审计师通过将第四季度收入情况与前三季度收入情况进行对比发现，第四季度利润异常主要是因为房产公司体检收入、学校体检收入和咨询服务收入较前三季度都有明显的增长。这引起了审计师的思考和怀疑。

审计师查看F医院以往年度有关房产公司体检收入的情况发现，以往年度的收入额相差不大，波动均在合理范围之内。但2017年各房产公司体检收入总额较往年有了大幅增长，且第四季度异常明显。审计师猜想原因可能是F医院在第四季度和某些大型房产公司建立了合作关系。

为了验证猜想，审计师进行更深入的调查，发现F医院所在县的房产公司的规模都不大。那么，F医院是如何在短短三个月的时间里实现房产公司体检收入增长四百多万元呢？

2017年各季度房产公司体检、学校体检和咨询服务收入情况见表3-11。

表3-11	2017年各季度房产公司体检、学校体检和咨询服务的收入情况			单位：万元
项目	第一季度	第二季度	第三季度	第四季度
房产公司体检	102.23	110.30	104.41	543.35
学校体检	108.48	105.79	107.33	585.03
咨询服务	110.12	101.62	108.55	589.10

由于学校体检存在季度性的客观事实，第四季度学校组织体检导致收入较前三季度有所增长貌似也是合理的。审计师经调查发现，F医院第四季度学校体检收入增加的部分与房产公司体检相同，均为四百多万元，这是否只是巧合呢？审计师根据F医院账目上的信息，随机挑选了三家学校展开调查，连续三天在学生放学之际询问学校门口的家长，得知三家学校的学生均未在第四季度进行任何体检，体检收入的真实性引起了审计师的怀疑。

除此之外，审计师注意到第四季度的咨询服务收入也存在异常，由于医院的等级并不高，相比三甲医院还有一定的差距，却能向多家医院提供咨询服务并收取大额费用。审计师走访调查发现，F医院的咨询费用远高于同水平的其他几家医院，且在第四季度又出现猛增现象，审计师不禁怀疑F医院咨询服务收入的合理性。

（二）剖析原因

（1）体检收入增加

首先，审计师通过询问F医院的财务人员得知房产公司并非给自身员工体检，而是给其业主体检。对此，审计师初步猜想可能是房产公司为加快现房销售而推出了"买房送体检"政策。

其次，审计师前往对应的房产公司开发的小区，发现房屋已经基本售罄，且大多数房屋在2013年、2014年就已交房，而统计资料却显示体检这一业务收入发生在2017年，审计师故排除"买房送体检"这一假设。审计师由此提出新的猜想，即"物业送体检"。

为验证这一猜想，审计师及其助理前往相应的小区，在一天中三个不同的时间段内随机询问年龄段不同的20个小区业主是否存在"物业送体检"的情况，得到的答案一律为"否"。审计师随后将这部分收入剔除，发现第四季度房产公司的体检收入和前三季度大致相同，这也说明F医院的房产公司体检收入存在造假行为。

由于增加的收入有一部分来自学校，学校体检的对象均为小学生，审计师在开展调查的过程中无法从学生口中得知相关有用信息，便也无法证实医院是否存在虚构体检收入的行为。因为F医院和学校完全可能签订"两份合同"，一份用于应对审计师的调查，另一份在不履行义务的情况下直接用来虚增收入。

基于对合同和体检收入异常的怀疑，审计师及助理咨询YX公司的财务总监和项目组的其他成员，向其说明目前存在的问题，财务总监明确表明要将此事查清楚，在未查清楚之前将这部分利润从并购业绩中剔除。鉴于收入的增加会与存在的体检报告这一依据相对应，审计师寄希望于F医院的HIS系统，审计师从该系统中随机抽样，发现每个体检对象都有体检报告，这与审计师之前从业主处了解到的情况相矛盾，一方面业主表明没有在该医院体检，另一方面医院却存在该业主的体检报告。

审计师一番查看之后未发现可疑的地方，随后向项目的合伙人说明相关情况，合伙人表示：针对此类情况，我们调查的重点并非是否存在体检报告，而是查看体检报告上的指标，查看不同人群的体检报告是否存在差异性。审计师重新对第四季度的体检报告随机抽取50份，如项目合伙人所述，这五十份体检报告90%以上的指标都是一模一样的，这与常识相违背。房产公司和学校体检收入增加的破绽逐渐浮出水面。

（2）咨询服务收入增加

审计师在调查过程中发现F医院存在与咨询服务相关的合同，却没有对应的收入入账，甚至没有任何提供咨询服务的历史记录。审计师随机前往与F医院签订过咨询服务合同的一家骨科医院，院方表示其确与F医院签订了相关合同，但F医院承诺院方不需要支付任何费用，咨询收入异常增加背后的原因逐渐被挖掘出来。

（三）审计师与并购多方进行沟通

审计师在证实F医院的收入存在造假问题后，即刻返回向YX公司说明相关情况。虽然并购结束近在咫尺，审计师本可以选择隐瞒此事，但为了公司的长久发展和中小股东的利益，审计师还是毫不犹豫地告知此事，YX公司管理层向审计师这一行为表示肯定和鼓励。由于并购不如预期，反反复复地停牌、复牌已让公司的股价受到超出预期的影响，但公司目前所做的各种努力均是为了向大健康产业转型，实现公司的长久健康发展。当下虽出现了较为棘手的问题，YX公司表示依然希望通过重新商议收购相关事宜收购F医院，审计师在与管理层商议后欲将其意向转达给F医院的相关负责人。

参与此次并购的投行和财务顾问等都期望此次并购可以如期完成，由此获得的不菲的收入可以作为自身的重要业绩之一。两方曾暗中向审计师表明，前期一切都进行得比较顺利，并购结束指日可待，若在关键时候将此事公布于众，意味着前功尽弃。他们表示只要审计师装作无事发生，这件事情便不会有其他人知晓，每个人都能从中得到丰厚的报酬，他们对审计师的行为表示不解，审计师意识到自己和中介机构的关系开始僵化。

审计师将搜集到的证据一一摆在F医院负责人的面前，在铁证如山的证据面前，F医院的负责人无奈地摇了摇头。审计师向F医院说明YX公司依然希望可以并购F医院，只是需要再重新商议相关事宜，若F医院也有此意向的话，希望F医院提供真实的财务信息，加快并购进度。F医院表示管理层会针对此事开会商讨，尽快给出答复。在审计师离开之时，负责人喊住审计师说："你可能还是太年轻了，其实多一事不如少一事，这是在给自己增加工作量。"审计师表示这是自己的职责，并不能只为自己考虑。

审计师向会计师事务所领导说明此事，会计师事务所对审计师的行为给予肯定和支持。会计师事务所表示，作为审计师要严格按照审计准则的要求执行程序，对不合理或舞弊迹象保持职业怀疑和应有的谨慎。虽然审计师揭示了F医院的秘密可能会影响此次业务收入，但是信永中和会计师事务所上下始终把诚信视作企业的生命，在执业过程中不为短期利益所惑，以坚持维护资本市场的良性发展为己任。信永中和会计师事务所表示将根据并购双方的商议结果再做下一步计划。

（四）审计师将真相公布于众

尽管审计师面临重重压力，但最终依旧将真相公布于众。2018年5月，YX公司重大资产重组标的方之一F医院的股东代表向公司提议终止并购，且由于本次重大资产重组时间较长，反反复复地停牌、复牌造成YX公司目前股价已显著低于发行价格，本次重大资产重组进展也并未达到各方预期，同时由于近期医疗行业市场政策变化较大，F医院与YX公司在未来业务发展等重大事项上存在较大分歧，经多次沟通后无法达成一致。

YX公司本次重大资产重组的重要目的之一就是寻求业务转型，缓解传统瓷砖业务业绩下滑的压力，加快在大健康产业领域的布局，实现公司多元化发展，培育新的利润增长点和突破点。但基于种种原因，YX公司本次的并购目的已经难以实现，为保护上市公司及中小投资者的利益，经公司董事会慎重考虑并与各方协商，决定终止本次发行股份购买资产并募集配套资金暨关联交易事项，并向中国证监会申请撤回申请文件。本次重大资产重组就此告一段落，同时YX公司就之前对Q医院和J医院掌握的资料开展下一步计划，商讨后续是否继续并购Q、J两家医院。并购交易时间见表3-12。

表3-12   **并购交易时间表**

时间	事件
2016-12-22	股票停牌
2017-03-01	公司披露并购事项公告，转型并购标的为三甲医院
2017-06-21	披露完整的并购预案
2017-07-05	股票复牌
2018-01-17	并购交易获得中国证监会审核通过
2018-05-24	公司董事会审议通过终止并购议案，交易终止

【政策思考】

2023年，为贯彻落实《中共中央办公厅 国务院办公厅关于进一步加强财会监督工作的意见》《国务院办公厅关于进一步规范财务审计秩序促进注册会计师行业健康发展的意见》（国办发〔2021〕30号）的要求，适应新时代高质量发展和全面建设社会主义现代化强国对注册会计师行业诚信建设提出的要求，增强行业诚信观念，提升执业质量，营造守法经营、诚信服务的行业文化，财政部制定了《注册会计师行业诚信建设纲要》。《注册会计师行业诚信建设纲要》指出，要对行业诚信建设体系进行谋划布局，并从诚信标准建设、诚信教育、诚信文化建设、诚信信息采集和信息监控体系建设等六个方面规划推行行业诚信建设。此外，各国都制定了相应的审计准则和规范，明确要求审计师在工作中应遵循的原则和行为规范。

审计师作为公众利益的守护者，其职业怀疑和职业道德的要求能够确保他们对财务信息的客观性和真实性进行审计，并保护投资者、债权人等利益相关方的权益。若审计师未凭着职业怀疑态度对F医院收入存在的异常现象进行挖掘，F医院极有可能在并购后出现业绩下滑，这无疑会对广大投资者和债权人造成严重的利益损害。在本案例中，审计师首先发现公司整体利润实现过快，由此初步怀疑收入快速增长的合理性，针对发现的体检和咨询收入的异常增加进一步核查体检报告以及与咨询收入相关的合同的真实性，并挖掘问题的根源。

为验证自身的猜想，审计师又通过现场审计对客户的生产经营活动进行实地考察，通过咨询业主坐实F医院在收入方面造假的问题。审计师时刻保持职业怀疑并遵守职业道德能够揭示公司潜在的违规行为，维护经济秩序和投资者信心，促进可持续发展。此外，作为资本市场的看门人，审计师更应严格遵守职业道德要求，践行诚信、廉洁、公正的原则，为将来有志于投身这个行业的后辈做好表率，共同推动社会诚信意识的提升，促进法治建设和社会稳定。

中国注册会计师协会在2020年发布了《中国注册会计师审计准则问题解答第1号》，再次强调审计职业怀疑的重要性和必要性。从历次中国证监会的处罚公告中可以看出，审计师未保持必要的职业怀疑是导致审计失败的一项重要原因。审计师肩负着维护公众利益和社会正义的责任，应努力保持职业怀疑和职业道德，认真做好每一次审计工作，为社会的发展和进步作出自己应有的贡献。审计师在保持职业怀疑和职业时难免会面对各种诱惑和压力，需要具备较强的自我约束力。

本案例中，审计师受到被并购方、投行、律师等其他中介的压力或威胁，选择寻求同行的帮助，与利益冲突方多次商讨，始终坚守职业原则，保持独立、客观和诚信的态度，不被干扰和影响。坚守职业怀疑和职业道德是对审计师素养的全面考验。除遵守相关政策、法律规定和职业准则外，我们更要不断提升自己的专业技能和道德品质，成为更加优秀和可信赖的审计师。

案例使用说明

一、教学目标

本案例通过介绍审计师在并购接近尾声时发现F医院收入造假并最终导致YX公司并购失败这一事实，对审计师保持职业怀疑的重要性进行分析，旨在引导学生了解审计师职业怀疑、审计程序等相关概念和内容，了解在并购过程中审计师应该如何保持职业怀疑，探讨影响审计师职业怀疑的情形，以及审计师在各种情形下应如何应对，同时反思职业怀疑会不会给审计师带来压力。会计、审计行业在目前的环境中已经受到很多人的质疑，面对来自社会的期望与压力，审计师又可以从哪些方面进行努力？

二、思考题与分析要点

1.审计师职业怀疑的内涵是什么？如何保持职业怀疑？

（1）审计师职业怀疑的内涵。

"职业怀疑"这一概念早期出现在美国的审计准则中。美国审计准则委员会发布的

《第53号审计准则》为提高审计师的独立性以及对舞弊错报的审查能力，要求审计师保持适度的职业怀疑。我国的审计准则于2007年正式引入了"职业怀疑"的概念，它是指审计师执行审计业务时保持怀疑的一种态度，包括财务质疑的思维方式，对可能表明存在由于错误或舞弊而导致的错报的迹象保持警觉，以及对审计证据进行审慎评价。

第一，职业怀疑要求审计师始终秉持质疑的精神，摒弃"存在即合理"的传统逻辑思维，时时刻刻抱着批判和质疑的精神寻求真相。在本案例中，虽然体检存在季度性，但审计师还是针对F医院第四季度体检收入的增加提出质疑，并一步步验证F医院的体检收入增加是否合理。

第二，职业怀疑要求审计师对引起疑虑的情形保持警觉。审计师前往房产公司开发的小区，通过询问业主先后排除了"买房送体检"和"物业送体检"的两种可能性，随后在F医院的HIS系统中查看是否存在业主的体检报告。

第三，职业怀疑要求审计师审慎评价审计证据。虽然审计师获取了看似可以说明收入增加的证据，但并未止步于此，而是通过审慎评价所获取的审计证据发现不同年龄段的人群的体检报告指标几乎一样，就此坐实F医院收入造假的行为。

第四，职业怀疑要求审计师客观评价管理层和治理层。由于审计时间超出预期，F医院的管理层和治理层面对业绩承诺的压力可能会通过不正当的手段改善F医院目前的经营状况，因此审计师不能依赖以往对管理层和治理层形成的判断，要高标准地要求自己时刻保持独立性。

（2）如何保持职业怀疑。

职业怀疑与整个审计过程密切相关，审计师应该在审计业务的所有阶段都保持职业怀疑。

① 接受审计任务。

审计师应仔细考虑F医院的管理层、治理层是否可靠，在之前是否受到过处罚；同时对F医院的基本情况、经营情况和有关资质进行严格核查，并在此基础上开展下一步工作。

② 识别和评估重大错报风险。

审计师应从多方面收集与F医院相关的信息，运用职业怀疑识别这些来源不同的信息是否相互矛盾。审计师通过询问业主得知并不存在"买房送体检"和"物业送体检"两种情形，但这又与每个小区业主都存在体检报告的事实相违背。针对这些相互矛盾的信息，审计师应对已获取的审计证据表明可能存在未识别的重大错报风险的情形保持警觉，并作出下一步调查。

③ 设计和实施审计程序应对重大错报风险。

审计师保持职业怀疑意味着不能够仅相信公司管理层的一面之词，要有自己的思考和判断，充分考虑各方面的审计证据。即使F医院向审计师出示了与咨询收入有关的合同，但审计师坚持前往与F医院签订过合同的医院，发现两者签订的是"虚假合同"而非真实合同。

④ 评价审计证据，形成审计意见。

审计师要采取质疑的思维方式审慎评价审计证据，形成正确的审计意见。

2.职业怀疑对发现审计线索的作用和审计师在保持职业怀疑时的审计程序是什么？

（1）职业怀疑对发现审计线索的作用。

①识别和评估重大错报风险。

在识别和评估重大错报风险的时候，审计师保持职业怀疑有助于设计恰当的风险评估程序，有针对性地了解被并购方的审计环境，充分考虑错报发生的可能性。例如，审计师在并购过程中发现 F 医院的收入增长明显异常，将收入作为重大错报风险点，为接下来进一步核实收入提供方向。

②控制测试。

控制测试是指用于评价内部控制在防止或发现并纠正认定层次重大错报方面的运行有效的审计程序，包括询问、观察、检查、重新执行等。F 医院的原始数据经过 HIS 系统呈现为财务数据，其作为实质性测试的审计证据是否准确有效呢？审计师基于职业怀疑发现 F 医院第四季度收入大幅增加的情况，首先查看 F 医院的会计原始凭证，发现原因是体检收入和咨询收入较往年有大幅提升，随后前往房产公司开发的小区询问业主是否存在"买房送体检"或"物业送体检"的行为。在两种情况均不存在的情况下，审计师检查医院 HIS 系统是否存在与收入增加相对应的体检报告，结果发现虽然存在体检报告，但不同年龄段的人群的体检报告指标几乎相同，由此判断 F 医院的 HIS 系统并不有效。

控制测试流程图如图 3-2 所示。

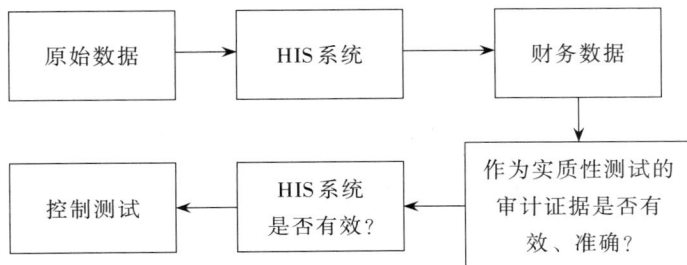

图3-2　控制测试流程图

③实质性测试。

实质性测试是指，为取得直接证据而运用检查、监盘、观察、查询及函证、计算、分析性复核等方法，针对各类交易、账户余额、列报的具体细节（如时间、金额）进行测试，以得出审计结论的过程。审计师基于职业怀疑发现 F 医院第四季度的咨询收入相比同水平医院存在异常，通过询问与 F 医院签订合同的骨科医院得知，双方仅仅通过签订合同用以虚增 F 医院的收入，并未按照合同要求提供相应的服务，揭示 F 医院咨询收入异常增加的背后原因。

（2）审计师在保持职业怀疑时的审计程序。

审计师在选择审计程序时，要考虑两个方面的问题：一是审计程序的有效性，即制定的审计程序能够有效地证实特定审计目标；二是审计程序的经济性，即执行这些程序所需要的成本要合理。

在本案例中，按照不同的审计目的，审计程序可以分为三类：一是了解性审计程序；

二是分析性审计程序；三是现场审计程序。

①了解性审计程序。

了解性审计程序是指运用审计的基本技术方法，如检查、询问、观察等，了解客户的经营情况和财务状况。在本案例中，审计师在预尽调阶段检查了F医院的营业执照等综合性资料；F医院是否有资金占用的情况；F医院的资产所有权有无瑕疵；F医院的财务制度是否规范等。这些都是审计师在并购过程中基于职业怀疑采取的了解性审计程序。

②分析性审计程序。

分析性审计程序是指在了解公司的基本情况后，运用函证、监盘、检查等方法对客户的经营活动进行分析评价。在本案例中，审计师发现了F医院的收入增加十分可疑，又从学校体检收入增加、房产公司体检收入增加和咨询服务收入增加三方面进行分析，探究增加的收入是否合理。

③现场审计程序。

现场审计程序是指审计师针对有疑问的地方进行实地查看，审核相关资料，听取有关人员的情况介绍和解释说明等。在本案例中，审计师去房产公司开发的小区随机询问部分业主，探究是否真的存在买房送体检等情况，最终证实并购方体检收入增加存在异常。

3.影响审计师职业怀疑的因素有哪些？

影响审计师职业怀疑的因素如图3-3所示，具体可以分为个体特征、心理认知能力、职业道德和组织环境。

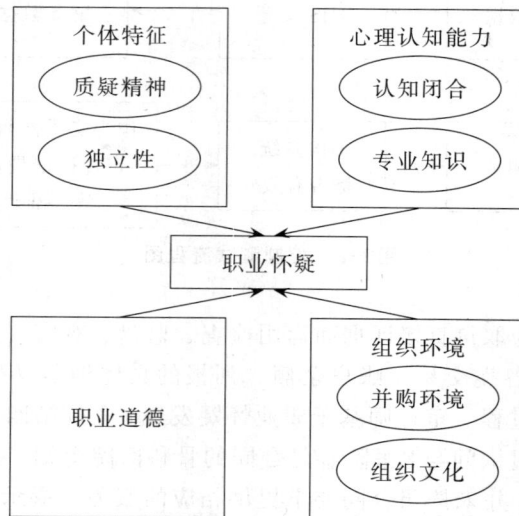

图3-3　影响审计师职业怀疑的因素构成图

（1）个体特征。

审计师的个体特征主要分为质疑精神及独立性两个方面。

质疑精神作为职业怀疑心态的重要组成部分，表现为猜忌、积极质疑、提出论断等。质疑精神作为职业怀疑的影响因素已经得到了会计准则、认知心理学和社会心理学的广泛支持。审计师通过查看F医院的收入发现第四季度较前三季度的收入出现大幅增长的现象，并对此提出质疑，怀疑F医院是否在业绩承诺的压力下实施造假行为使业绩提前实现。保持质疑精神有助于审计师发现问题所在，并在此基础上逐步调查，验证猜想是否合理。

审计师的独立性是指审计师在作出无偏见判断决策时不受外界压力或其他因素的影响。具备职业怀疑的审计师不会轻易接受他人的说法，会识别出他人提供的证据中的矛盾和谬误，并进行额外的调查，直至满意为止。在本案例中，审计师受到来自其他中介机构的压力，但始终没有选择妥协，一直挖掘F医院收入增加背后的原因，在调查过程中又深处"业主并未接受过体检"和"存在业主体检报告"两者矛盾的困境中，继而展开调查，查看各业主的体检报告指标是否相同，最终找出了矛盾存在的原因。

（2）心理认知能力。

审计师的心理认知能力主要分为认知闭合需求、审计专业知识两个方面。

认知闭合需求是保持怀疑态度的必要条件之一。认知闭合需求会影响审计师对舞弊风险的评估和错报的识别。具有较低认知闭合需求的审计师对管理层声明往往不愿妄下结论，对应的职业怀疑水平也较高。在本案例中，审计师并未听信公司管理层的一面之词，虽然F医院确实存在与其他医院签订的咨询合同，但审计师并未将此作为咨询收入增加的直接依据，而是通过前往对方医院展开调查进而发现F医院存在签订"两份合同"的行为。

工作经验丰富、专业知识储备充分又经过事务所系统培训的审计师往往能够保持较高的职业怀疑水平。在本案例中，审计师通过咨询项目组中经验丰富的成员而受到启发，挖掘出不同体检报告的体检指标相同的事实，若审计师团队缺乏相应的专业知识和经验，将难以发现收入增加的背后原因。

（3）职业道德。

Shaub（1989）认为，审计师对职业道德的关注能够提升其职业怀疑水平。拥有较高职业道德水平的审计人员往往能严格要求、规范自己的行为，做到依法审计、实事求是地处理问题。尽管审计师受到来自其他机构的多方压力，但始终保持职业怀疑，逐步挖掘F医院收入异常增加的原因。若审计师缺乏职业道德，只在乎个人利益，将极有可能降低自身的职业怀疑水平，对收入的异常增加未给予应有的重视。

（4）组织环境。

组织环境因素主要分为并购环境和企业文化两个方面。

若审计时间安排紧，审计任务重，审计师也有可能选择降低审计怀疑水平，更加依赖内部审计师的片面之词。由于F医院要对审计师发现的问题进行整改，整个并购的进度已超过预期，加之投行和财务顾问对审计师施压，审计师极有可能为完成任务而降低职业怀疑水平。即使F医院收入存在问题，为尽快完成并购和维系与其他中介机构的关系，审计师也可能会选择当作无事发生。

事务所的组织文化对审计师的价值观念和思想意识会产生重要影响，事务所对职业怀疑的重视程度也会影响审计师的个人行为，优秀的事务所组织文化所营造出来的诚信、谨慎执业的工作氛围有助于审计师在执行审计工作时保持合理的职业怀疑。信永中和始终把诚信视作企业的生命，在执业过程中不为短期利益所惑，优秀的事务所组织文化有助于培养审计师坚守职业怀疑的品质。

4.哪些情形会阻碍审计师保持职业怀疑？审计师又该如何应对？

（1）缺乏质疑精神和独立性不足。

审计师由于更愿意获取容易取得的审计证据，可能不会保持职业怀疑对已有的审计证据的相互矛盾或不合理之处提出质疑。若审计师根据F医院的财务数据相信F医院的收入增加是合理的而未提出质疑，便不会查证F医院的收入增加纯属造假。为保持职业怀疑，审计师要坚持自己的思考和判断，不能为完成审计任务而轻易相信已取得的审计证据，要时刻保持质疑精神，为审计质量负责。

（2）认知闭合需求较低。

审计师可能会对管理层产生不恰当的信任，导致审计师未能识别最明显的异常。同时，审计师为了避免与管理层发生冲突和分歧也可能无法保持职业怀疑。这种情况下，审计师不应盲目信任管理层的一面之词，而应广泛听取公司内普通员工的意见，针对存疑的问题可以向上级汇报，求助有经验的合伙人进行判断和沟通。审计师经调查发现房产公司不存在"买房送体检"和"物业送体检"的行为，却又存在对应的体检报告，由此向项目合伙人求助，最终发现体检报告指标几乎相同的现象。因此，审计师要不断加强专业知识学习，在实践中逐渐积累经验，在工作中时刻保持职业怀疑。

（3）追求个人利益。

在并购过程中，审计师可能会选择做一个利己主义者，只顾自身利益，即使发现F医院的收入存在问题，也选择不揭示。若审计师一味追求自身利益最大化，会阻碍审计师保持职业怀疑。由于F医院的一系列整改行为已经使并购进程超过预期时间，审计师面临时间短、任务重的难题，若审计师此时只顾在并购结束时得到相应的报酬而不顾其他中小股东的利益，相信失信取得的收入远远超过诚信带来的收入，将影响审计师职业怀疑的水平。在这种情形下，审计师要坚守应有的职业道德，拒绝侥幸心理，向有较高职业道德水准的前辈学习，维护资本市场持续健康发展。

（4）所处组织环境恶劣。

审计师和项目组的其他成员在存在分歧的情况下，可能被灌输"多一事不如少一事"的思想，未能保持充分的职业怀疑，忽略审计质量的重要性。在本案例中，投行和财务顾问都期望此次并购能够如期完成，由此获得不菲的收入，因此无形中给审计师带来巨大的压力，这种情形可能会导致审计师为妥协而降低职业怀疑水平，对收入异常增加视而不见。在这种情形下，审计师应该顶住压力，提前与被审计单位进行有效沟通，快速、靶向性地找准问题切入点，重点审计容易出现重大错报风险的项目。同时，项目组成员之间要相互协调、资源共享，共同探讨疑难问题，抓住审计重点一查到底，维护公司中小股东的利益。

5.如何在会计师事务所层面和审计师个人层面提高审计师的职业怀疑能力？

（1）会计师事务所层面。

①加强培训。

审计师能否保持职业怀疑与其胜任能力相关，会计师事务所需要定期为审计师提供适当的培训，使审计师具备从事相关业务所必需的知识、技能和能力。通过培训有助于转变审计工作人员的审计观念和工作纪律作风，并在培训过程中分享和吸取审计工作经验，促进审计工作人员业务能力的提升。审计是信永中和的培训课程之一，信永中和对不同级别的专业人员设有不同的培训课程，重视对员工各类应知应会的知识和规程、职业道德、情绪管理及抗压能力的培训，同时每年各分部对培训工作进行总结，汇总问题和建议，致力于提升事务所的培训管理水平，进而提升审计师的专业技能和职业怀疑能力。

②培育以质量为导向的文化。

若会计师事务所一味强调收入而忽视培育以质量为导向的文化，在很大程度上会降低审计质量，削弱审计师对职业怀疑的保持。会计师事务所可以通过培训、谈话、考核等方式帮助审计师建立质量至上的意识。信永中和在建所之初，即提出了"走正道、树品牌、靠实力、立公信，以服务国家、服务社会为己任"的建所宗旨，宁可收入少一些、压力多一些，也决不违背职业操守、弄虚作假，把质量放在第一位。审计师在良好的事务所文化氛围下，将以更严格的标准要求自己，在审计工作过程中针对可能存疑的问题，顶住压力，坚持职业怀疑。

③实施有效监控。

会计师事务所需要制定合理、有效的监控程序，并广泛积极地应用于事务所内部，若监控到因审计师未保持恰当的职业怀疑而产生的缺陷，会计师事务所应当及时分析其产生的原因并采取适当的补救措施。信永中和一直将审计质量风险管理视为事务所发展壮大的基石，不断地完善自身的质量控制体系。信永中和在承接业务上设有评价系统，在计划实施上建有监控系统，在业务过程中有严格的复核制度，有利于保证审计质量。

（2）审计师个人层面。

①就财务报表存在重大错报的可能性同项目组其他成员进行讨论。

在识别和评估重大错报风险时，项目组需要对财务报表是否存在重大错报进行讨论，分析可能出现重大错报的领域以及应该采取何种措施应对重大错报风险。通过项目组内的讨论可以实现项目组成员的信息共享，避免因缺乏职业怀疑而忽略审计中应重点关注的问题。基于对合同和体检收入异常的怀疑，审计师和项目组的其他成员进行讨论，在没有查明原因之前将对应部分的利润从并购业绩中剔除。一个人的能力是有限的，通过和项目组其他成员进行讨论有助于集中大家的智慧，避免审计师因缺乏职业怀疑而忽视潜在的重大错报风险，进而在并购后曝出一系列影响阻碍公司发展的问题。

②针对存疑问题积极咨询。

对于存在质疑和有争议的事项，审计师可以向项目组中较有经验的成员咨询，这样做有助于跳出自己的思维定式，发掘解决问题的其他途径。虽然审计师怀疑F医院关于房产公司和学校体检的收入大幅增加存在异常，但存在对应的体检报告作为依据，审计师一时陷入疑惑中。审计师向项目组成员说明有关情况后，项目组成员指出调查的重点并非是否存在检查报告，而是体检报告上的指标是否因人而异，最终调查结果与项目成员所述一致，房产公司和学校体检收入异常增加的背后原因也就浮出水面。

③不断积累职业经验。

当某种现象引起审计人员的怀疑时，牢固的知识和丰富的经验能让审计人员迅速找到切入点，从蛛丝马迹中发现问题所在。因此，审计师要多强化审计实践，通过实践总结出来的方法和手段是提高审计师职业怀疑能力的有效途径。同时，审计人员在工作实践中受时间、审计项目等因素的影响，不可能涉猎每个行业和领域，这要求审计师不断学习他人的经验。此次并购项目组中有职业经验比较丰富的成员，了解医疗行业并购的相关事宜，能够为审计师提供有针对性的建议，审计师也可以通过此次并购积累一定的职业经验，如此反复积累有助于提升审计师的职业怀疑能力，使其快速找到可能存在异常的部分和环节。

三、理论依据

本案例理论依据框架如图3-4所示。

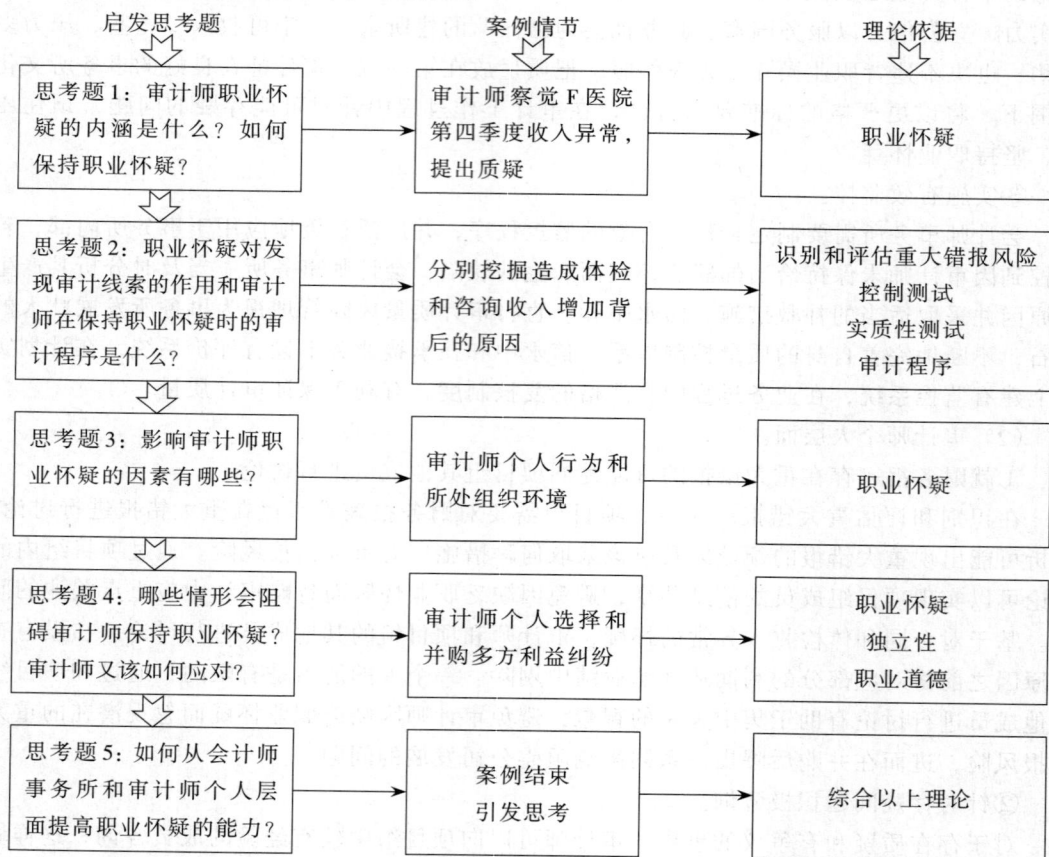

启发思考题	案例情节	理论依据
思考题1：审计师职业怀疑的内涵是什么？如何保持职业怀疑？	审计师察觉F医院第四季度收入异常，提出质疑	职业怀疑
思考题2：职业怀疑对发现审计线索的作用和审计师在保持职业怀疑时的审计程序是什么？	分别挖掘造成体检和咨询收入增加背后的原因	识别和评估重大错报风险 控制测试 实质性测试 审计程序
思考题3：影响审计师职业怀疑的因素有哪些？	审计师个人行为和所处组织环境	职业怀疑
思考题4：哪些情形会阻碍审计师保持职业怀疑？审计师又该如何应对？	审计师个人选择和并购多方利益纠纷	职业怀疑 独立性 职业道德
思考题5：如何从会计师事务所和审计师个人层面提高职业怀疑的能力？	案例结束 引发思考	综合以上理论

图3-4 案例理论依据框架

四、行业现状

（一）行业背景

我国医疗服务体系以公立医院为主，但由于对医疗卫生投入不足、资源配置低下，我国医疗服务存在"供不应求、分配不均"的问题。鼓励社会力量提供医疗服务是满足人民群众多层次、多元化医疗服务需求的有效途径，是深化医改、改善民生、提升全民健康素质的必然要求。在此背景下，国家陆续出台了一系列医改新政，鼓励社会资本参与投资医疗服务产业。

在医改政策的支持下，我国医疗服务市场已开始受到金融投资者和产业投资者的关注，民营医院数量增长迅速，根据《中国卫生和计划生育统计年鉴2016》，2005年到2015年我国民营医院数量年均复合增长率达21.8%，目前民营医院的服务量尚未达到医改规划预期，未来仍有较大的发展空间。民营医疗机构主要以基层医疗机构为主，大多规模很小，提供的总服务量远远低于公立医疗机构。为突破困境，民营医院谋求规模化、集团化、信息化发展路径是其内在要求与必然趋势。兼并收购是社会资本在较短时期内实现民营医院规模化、集团化较理想的一种途径。

（二）制度背景

党的二十大报告指出，推进健康中国建设要把保障人民健康放在优先发展的战略位置。经济要发展，健康要上去，人民的获得感、幸福感、安全感都离不开健康。因此，需要大力发展健康事业，为广大老百姓的健康服务。同时，党的二十大报告指出，为民造福是立党为公、执政为民的本质要求，必须坚持在发展中保障和改善民生，鼓励共同奋斗创造美好生活，不断实现人民对美好生活的向往。对此，需要采取更多惠民生、暖民心举措，着力解决好人民群众急难愁盼问题，健全基本公共服务体系，提高公共服务水平。其中一个重要举措就是健全社会保障体系。医保部门作为重要的民生部门，更要坚持人民至上，践行以人民为中心的重要思想，紧盯解决医疗保障不平衡、不充分的发展问题。我们要全面贯彻落实党的二十大精神，持续深化医疗保障制度改革，健全多层次医疗保障体系，加强医保信息化、标准化建设，构筑更加稳固的医疗保障防护网，加快医疗保障事业高质量发展。

五、延伸阅读文献

［1］黄世忠. 回归本源 守住底线——审计失败的伦理学解释［J］. 新会计，2019（10）：6-11.

［2］廖飞. 审计师的职业怀疑：内涵界定与实践运用框架［J］. 会计之友，2015（24）：119-121.

［3］刘明辉，毕华书. 论审计职业怀疑的合理边界［J］. 会计研究，2007（08）：76-80；96.

［4］韦玮，洪范，朱大鹏. 上市公司财务造假、审计师职业怀疑与审计失败——以康得新为例［J］. 财会研究，2020（07）：64-67.

第二章　审计方法案例

案例4　分析性程序在华熙生物中的应用①

【案例导读】

4-1 案例 4
教学视频

近些年，随着"颜值经济"的蓬勃发展，以提升颜值而兴起的消费产业逐渐引起了投资者的关注，华熙生物作为玻尿酸原料行业的龙头企业，为实施差异化战略，挺进功能性护肤品市场，而随之而来的连年大幅增长的营业收入和销售费用也引起了会计师事务所的高度重视。

本案例以华熙生物公司为例，首先通过分析性程序方法，研究华熙生物的跨界经营事件，主要运用趋势分析法对华熙生物近五年的财务报表进行横向分析，对比同一项目不同时期的金额，并计算不同项目同一时期的占比指标。结合横向、纵向的有关数据分析，对华熙生物公司的财务报表的重大错报风险进行评估。然后，利用比率分析法，计算企业财务指标，并与具有行业代表性的公司和行业平均指标进行对比，进而评估企业可能存在重大错报风险的项目。最后，提出更高效地运用分析性程序的启示建议。

通过本案例的学习，可以明确分析性程序的内涵与使用步骤；了解如何评估重大错报风险，确定风险点；思考如何降低审计风险、检查风险，获得审计证据；评价审计结果合理性并提出审计意见。

【关键词】

报表分析　分析性程序　重大错报风险　华熙生物

案例正文

一、引言

随着我国社交网络和自媒体的不断发展，人们对于颜值的追求愈演愈烈，"颜值经济"生态圈不断丰富和完善。围绕颜值而发展起来的消费产业也引起了投资者的持续关注，"轻医美"消费风带来的合规医疗美容产品也同样需求旺盛。

华熙生物凭借玻尿酸原料的广阔市场空间，业绩增速非常亮眼，市占率也遥遥领先。为使企业进一步获取竞争优势，华熙生物执行差异化战略，将重点放在产品力及营销力

---

① 本案例由唐松莲老师和王尧共同开发。除非特别声明，本书的案例研究对象均为上市公司，案例中引用的所有数据均来自该公司的公告。另外，本书的所有案例只供课堂讨论之用，并无意暗示或说明某种管理行为是否有效。

上，研发新型医美产品，并通过多方平台和自媒体宣传"带货"，增加收入及利润，但随之产生的以销售费用、研发费用为主的各项庞大费用引起会计师事务所的关注。因此，华熙生物的收入和费用增加、资产增长、销售及其研发费用等都成为审计师年报审计的重点。那么，如何采用分析性程序来应对华熙生物的审计风险呢？

二、公司经营及行业情况

（一）华熙生物

华熙生物科技股份有限公司（简称"华熙生物"）成立于2000年，作为A股市场的"医美三剑客"之一，其经营范围广泛，覆盖医药、化妆品、食品保健等多个领域，建立了直达C端的多元化产业链。目前，华熙生物在国内的透明质酸研发、生产、销售上一家独大，又凭借微生物发酵和交联两大核心技术平台打入国际市场，成为全球最大的透明质酸生产销售企业。面对医美这条优质赛道，华熙生物在"四轮驱动"的战略规划下，强势助力原料、医疗终端、功能性护肤品、食品四大主营业务全面共进。此外，为应对同业竞争，华熙生物以技术为主要驱动力，支持产品研发升级，结合互联网发展的时代特性，联合多方医美平台构筑新的产业链模式，实现全产业的互利共赢。

（二）医美行业

医疗美容简称"医美"，是指以人体美学理论为基础，运用审美、心理与医疗技术相结合的手段，对人体美进行修饰和再塑，或对一些损容性疾病加以治疗，在保证功能完整的基础上增进其形态之美感的医学范畴。

2010年是我国医美行业由兴起向快速发展过渡的重要节点。根据中国整形美容协会官网2021年2月发布的《2021中国塑形行业发展白皮书》，2020年中国医美市场规模约为1 900亿元；2020年行业增速有所放缓，但后期会逐步回暖。

我国医美市场规模如图4-1所示。

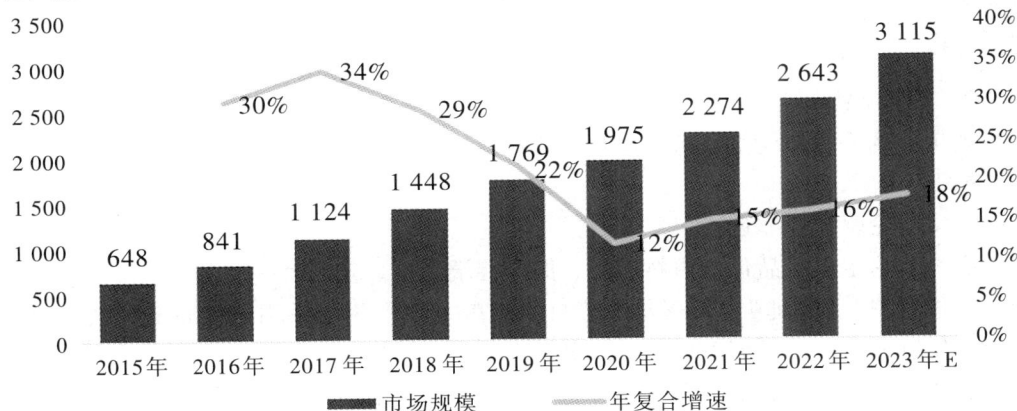

图4-1 我国医美市场规模①

---

① 美团医美医疗. 中国身体塑形市场行业发展白皮书 2021〔EB/OL〕.〔2021-02-03〕. http://capa.org.cn/prev/upload/files/2021/2/d37c63a192d0573a.pdf.

中国是全球最大的玻尿酸生产国和出口国，而我国医美行业的发展重心集中在轻医美市场，也就是非手术类医美市场。尤其是在注射类医美项目玻尿酸/肉毒素市场中，产品差异化较大。

从市场规模来看，2017—2018年，我国医美市场年复合增速达到28%，但在2020年，年复合增长率下跌至8%，不过相较于全球医美市场的增速，我国仍保持高速增长状态。2020年，中国医美市场规模预计达1 549亿元，到2023年预计突破3 500亿元。从消费趋势来看，2020年第二季度，线上交易总额同比2019年第二季度增长达112%，且热玛吉、皮秒激光等高客单价的轻医美项目销量在第二季度实现大幅增长。

2017年至2023年预期（2023E）中国与世界医美市场的规模对比如图4-2所示。

单位：10亿元

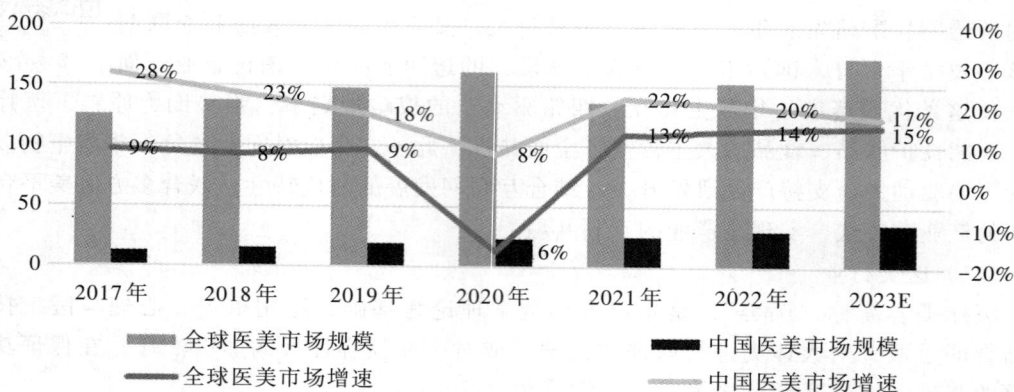

图4-2　2017—2023E中国与世界医美市场规模对比

（三）华熙生物股权结构

华熙生物股权结构集中，实控人赵燕持股58.93%。截至2022年第四季度，公司前5大股东分别为华熙昕宇、国寿成达、JP Morgan Chase Bank、Fortune Ace Investment、中金佳泰贰期，占比分别为58.93%、7.16%、6.69%、1.61%、1.49%。其中，华熙昕宇持股比例最高，为公司控股股东。赵燕作为公司实控人，通过华熙昕宇间接持有公司58.93%的股份。股权结构集中，有利于公司战略执行和稳定发展。

4-3 华熙生物股权结构图

华熙生物的发行人为7家境内控股子公司、6家境外控股子公司、1家境外联营公司、1家分公司。

（四）"四轮驱动式"运营

华熙生物的主要产品包括原料产品、医疗终端产品、功能性护肤品、功能性食品，旗下拥有"润百颜""夸迪""米蓓尔"等自主品牌。华熙生物采用"四轮驱动式"经营模式，使价值链上的价值活动更加丰富，更有利于价值创造。

研发技术水平是医美型企业的重要竞争力。在研发能力方面，华熙生物作为目前世界最大的透明质酸原料供应商，微生物发酵生产透明质酸技术全球领先，其拥有两大核心技术、四大自主研发平台。截至2021年6月30日，华熙生物在研项目共计160项，已申请专利408项，其中已获授权专利126项。

市场营销是华熙生物的另一个运营重点。公司建立了"坚持以线下渠道销售为基础，以线上渠道销售为主导"的营销模式。华熙生物有自己的销售渠道，与多家国际医药公司、化妆品公司、保健食品公司达成战略合作。华熙生物的医疗美容终端产品销售注重品牌构建，建立了专业的医学市场支持团队，协助市场拓展。功能性护肤品的销售渠道包括线上渠道和线下渠道，线上渠道以天猫、京东、唯品会等几大平台为主。

华熙生物通过与微博、抖音等国内主要社交平台建立良好的合作关系，在平台上推广产品的同时，对用户需求和行为进行挖掘和管理，关注用户对产品的使用感及建议，通过团队运营管理，将内容运营和直播结合，加速销售转化。通过在平台上直播、发帖等方式，达到介绍企业产品以及输出企业文化的目的，不断积累优质粉丝，提升用户黏性，从而提高产品利润率。

从2021年开始，华熙生物公司积极布局线下渠道，其中，润百颜开设实体店3家，夸迪发展线下加盟店超过200家。华熙生物在2022年上半年打造区域性地标店铺，发展商场专柜，构建实体店伙伴生态多角度发力，从一线高端市场向大众市场迈进，进而拓展到全国市场，提升品牌力。

（五）各端口战略布局

在原材料端，自2000年华熙生物通过发酵法技术生产透明质酸开始，通过多年的产品研发和技术优化，现已拥有领先全球的微生物发酵技术和寡聚透明质酸的酶切技术，在超大分子与超小分子透明质酸原料市场占寡头地位。此外，华熙生物构建的透明质酸生物合成技术和产业化体系，极大地提高了发酵水平及生产规模，生产率和产能都达到较高水平，并降低了单位生产成本，且透明质酸原料市场销售占比位于全球首位，可见其原料端的销售市场优势。

比较原料产品在2018年与2022年主营收入的占比数据发现，原料产品在整体营业收入中的占比缩减，优势在减弱，这主要是由于原材料市场趋向饱和，华熙生物很难在现有规模上再次拔高市场占有率。

华熙生物2018年和2022年的主营收入占比如图4-3所示。

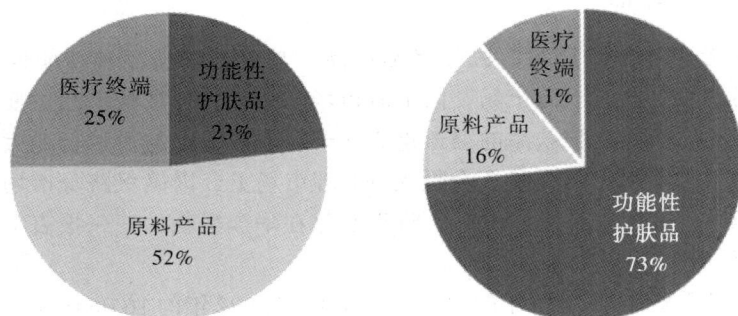

图4-3　华熙生物2018年（左）和2022年主营收入占比（右）

我国2017—2021年的医美市场规模处于高速发展时期，增长率达到134.84%，并且预计未来三年复合增速会提高到15%以上，潜在市场非常大。相较于华熙生物领衔的原料市场，在B端市场仍然有较大的施展空间，所以华熙生物与全球顶尖医美企业合作，试图打破透明质酸产品在中低端市场的桎梏。如今我国医美消费群体走向多元化，医美更加普遍化，这说明透明质酸注射作为我国非手术"轻医美"的主流将转为日常需求，但华熙生物营销渠道中的直销模式占比偏低，经销流程成本高，利润受到很大局限。

得益于消费者需求（C端）的刺激，华熙生物功能性护肤品的毛利率基本能稳定在80%，华熙生物曾表明C端业务依靠市场广度，不断涉足新产品线，2021年即推出多款功能性产品，还布局母婴产品、宠物食护等新应用领域，通过线上渠道营销、线下开设专柜和实体店的销售模式，全面打开C端市场。对比爱美客只着重企业需求（B端）的战略，华熙生物在盈利方面绝对更胜一筹，而同为主打功能性护肤品的贝泰妮，其销售费用同样不断攀升。与此同时，华熙生物在2020年到2021年两个节点之间，销售费用也有明显增长，在销售费用的拖累下，华熙生物的利润正在被逐步蚕食。

2018—2022年，同行业销售费用增幅情况如图4-4所示。

单位：亿元

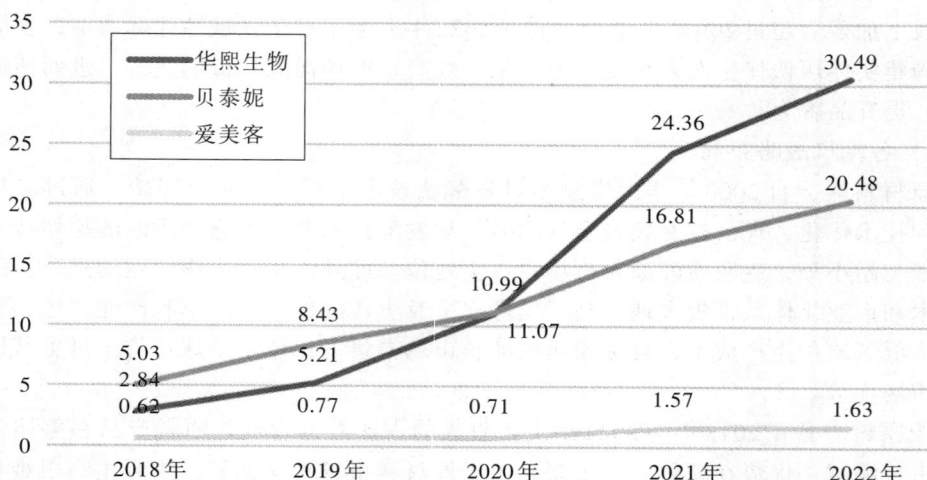

图4-4　2018—2022年同行业销售费用增幅情况

三、重大错报风险评估

华熙生物为形成玻尿酸原料、医疗终端产品、功能性护肤品和功能性食品"四轮驱动"的业务格局，减少原有上游市场，向下游市场转型。与玻尿酸产品主要通过线下美容院等实体销售不同，功能性护肤品的渠道重心在于线上收入，缺少了行业大爆款和渠道优势的助力，华熙生物不得不将大量资金投入到C端市场上，以确保跻身市场前列。审计项目成员在了解华熙生物所处市场情况后，将重心放在华熙生物的三张报表上。

（一）资产负债表

华熙生物的货币资金从2018年的8.54亿元增长到2022年的16.06亿元，应收账款和应收票据从2018年的2.24亿元增长到2022年的4.48亿元，存货从2018年的1.77亿元增长到2022年的11.62亿元，实现了同比增长；而交易性金融资产从2020年的7.23亿元增长到2021年的8.47亿元，后又下降为5.31亿元；其他流动资产在2019年和2021年之间存在异常增长，三年数额分别为8.17亿元、6.05亿元和1.02亿元。

华熙生物流动资产类项目分析见表4-1。

表4-1　　　　　　　　　　　华熙生物流动资产类项目分析　　　　　　　　　单位：亿元

项目　　　　　年份	2018	2019	2020	2021	2022
货币资金	8.54	22.02	13.90	18.07	16.06
应收票据及账款	2.24	3.73	3.77	4.01	4.48
预付账款	0.17	0.37	0.45	0.88	1.72
交易性金融资产	—	—	7.23	8.47	5.31
存货	1.77	3.15	4.77	7.09	11.62
其他流动资产	0.14	8.17	6.05	1.02	0.43
其他应收款	0.10	0.07	0.35	0.29	0.52
流动资产合计	12.96	37.51	36.52	39.83	40.14

华熙生物的固定资产净值从2018年的3.76亿元增长到2022年的18.99亿元，在建工程从2018年的0.86亿元增长到2022年的8.30亿元，无形资产从2018年的1.63亿元增长到2022年的4.75亿元，商誉和递延所得税资产分别从2018年的0.73亿元和0.21亿元增长到2022年的2.47亿元和3.03亿元。

华熙生物非流动资产类项目分析见表4-2。

表4-2　　　　　　　　　　　华熙生物非流动资产类项目分析　　　　　　　　　单位：亿元

项目　　　　　年份	2018	2019	2020	2021	2022
固定资产原值	5.95	7.23	9.40	20.19	24.48
累计折旧	2.18	2.63	3.13	4.10	5.49
固定资产净值	3.76	4.60	6.27	16.09	18.99
在建工程	0.86	1.72	6.18	5.17	8.30
无形资产	1.63	3.86	4.27	4.67	4.75
商誉	0.73	0.73	0.75	0.67	2.47
递延所得税资产	0.21	0.43	0.93	2.46	3.03
其他非流动资产	0.35	0.35	1.81	4.46	5.59
非流动资产合计	7.74	12.01	20.53	35.20	46.59

华熙生物的流动负债在2018—2019年从2.91亿元上涨到3.66亿元，同比增长25.77%；在2019—2020年从3.66亿元上涨到5.53亿元，同比增长51.09%；在2020—2021年从5.53亿元上涨到14.01亿元，同比增长153.35%；在2021—2022年从14.01亿元上涨到16.44亿元，同比增长17.34%。

华熙生物的应付账款在2018—2019年从0.61亿元上涨到0.95亿元，同比增长55.73%；

2019—2020 年从 0.95 亿元上涨到 1.97 亿元，同比增长 107.37%；在 2020—2021 年从 1.97 亿元上涨到 6.44 亿元，同比增长 226.90%；在 2021—2022 年从 6.44 亿元上涨到 8.17 亿元，同比增长 26.90%。其中，2020—2022 年之间的应付账款数值增长幅度较大，应付账款的完整性、存在性认定重大错报风险较大。

华熙生物的应付职工薪酬 2018—2019 年从 0.81 亿元上涨到 1.37 亿元，同比增长 69.14%；2019—2020 年从 1.37 亿元上涨到 1.44 亿元，同比增长 5.11%；2020—2021 年从 1.44 亿元上涨到 3.04 亿元，同比增长 111.11%；2021—2022 年从 3.04 亿元上涨到 3.12 亿元，同比增长 2.63%。其中，2020—2021 年增幅明显，主要是由于公司扩展销售业务，雇佣大量销售人员，并给予优秀职工奖金而导致的。

华熙生物负债类项目分析见表 4-3。

表4-3　　　　　　　　　　　华熙生物负债类项目分析　　　　　　　　　　　单位：亿元

项目 ＼ 年份	2018年	2019年	2020年	2021年	2022年
应付账款	0.61	0.95	1.97	6.44	8.17
应付职工薪酬	0.81	1.37	1.44	3.04	3.12
应交税费	0.72	0.58	0.72	2.12	1.10
其他应付款	0.25	0.57	0.69	0.51	0.70
流动负债	2.91	3.66	5.53	14.01	16.44

（二）利润表

2020—2021 年，华熙生物营业收入同比增长 87.93%，营业成本同比增长 122%，但净利润只增长了 20%，其收入的发生、确认等存在重大错报风险，其费用发生、准确性以及截止等认定存在重大错报风险。

华熙生物利润表项目分析见表 4-4。

表4-4　　　　　　　　　　　华熙生物利润表项目分析　　　　　　　　　　　单位：亿元

项目 ＼ 年份	2018年	2019年	2020年	2021年	2022年
主营业务收入	12.63	18.86	26.33	49.48	63.59
增长率		49.33%	39.61%	87.92%	28.52%
营业成本	2.54	3.84	4.89	10.85	14.63
增长率		50.18%	27.34%	121.88%	34.84%
营业利润	5.24	6.99	7.57	9.06	11.36
增长率		33.40%	8.30%	19.68%	25.39%

华熙生物自 2020 年以来，费用率/毛利率有所下降，2021 年降为 62.82%，在 2022 年又升到 69.31%，而同行业的上海家化的费用率/毛利率从 2018 年的 89.14%% 下降到 2021 年的 83.50%。

华熙生物成本端分析见表 4-5。

表4-5 华熙生物成本端分析 金额单位：亿元

项目 年份	2018年	2019年	2020年	2021年	2022年
销售费用	2.84	5.21	10.99	24.36	30.49
管理费用	1.70	1.82	1.62	3.03	3.93
财务费用	-0.23	-0.12	-0.01	0.00	-0.49
研发费用	0.53	0.94	1.41	2.84	3.88
费用率	55.97%	57.26%	54.50%	49.04%	53.36%
费用率/毛利率	70.03%	71.88%	66.95%	62.82%	69.31%
对比上海家化	89.14%	92.54%	90.90%	83.50%	82.46%

将华熙生物的盈利指标与同行业对比，进一步评估其费用发生重大错报的风险。

2021年，华熙生物的营业收入实现87.9%的高增长率，远高于行业平均水平15.1%。华熙生物与同行业公司的营收增速的对比如图4-5所示。

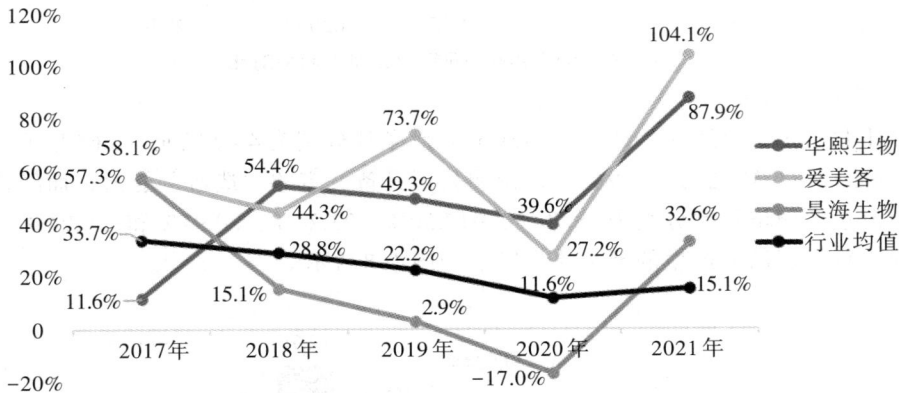

图4-5 华熙生物与同行业公司营收增速对比

华熙生物近5年的净利率均值为26.38%，远低于爱美客的年均66.85%。华熙生物与同行业公司的净利率的对比如图4-6所示。

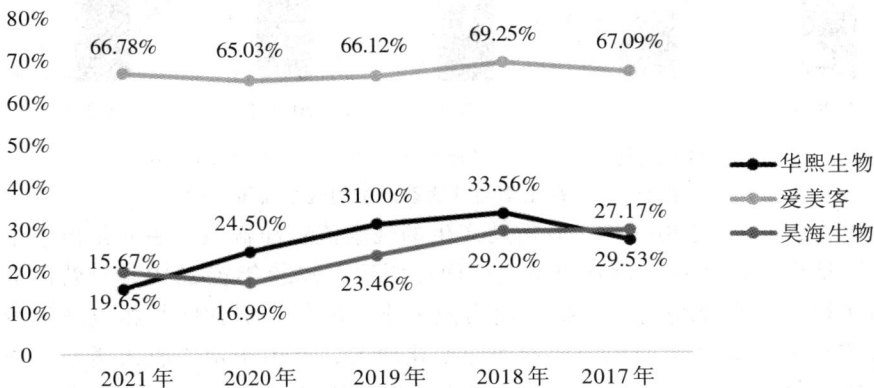

图4-6 华熙生物与同行业公司净利率对比

与同行业其他公司对比可以发现，华熙生物的毛利率处于较高水平，在80%左右浮动，低于平均毛利率接近90%的爱美客，高于昊海生物以及行业均值。华熙生物与同行业公司的毛利率对比如图4-7所示。

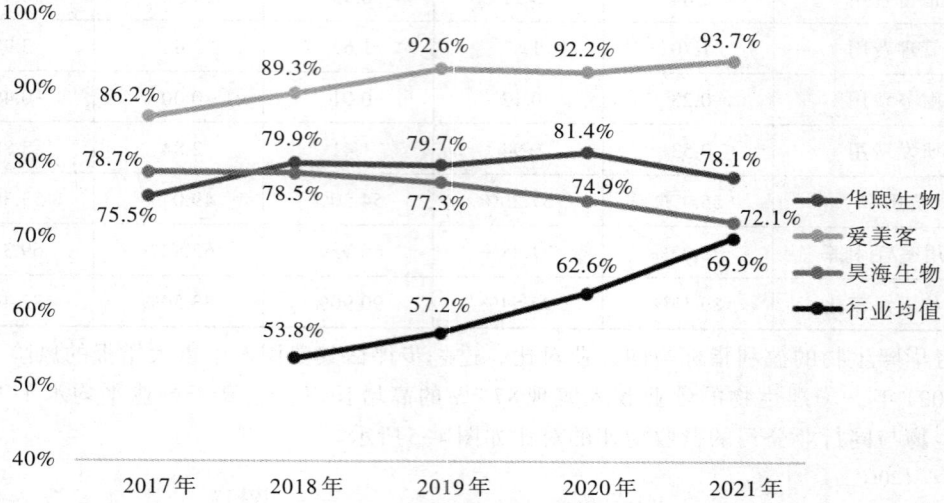

图4-7　华熙生物与同行业公司毛利率对比

（三）现金流量表

华熙生物近5年的经营活动产生的现金流量净额分别为4.42亿元、3.65亿元、7.05亿元、12.76亿元和6.35亿元，均大于0，说明公司具备一定的"造血"能力；而经营活动产生的现金流量净额增长率分别为28.79%、-17.50%、93.24%、80.97%和-50.24%。

华熙生物经营活动产生的现金流量净额如图4-8所示。

单位：亿元

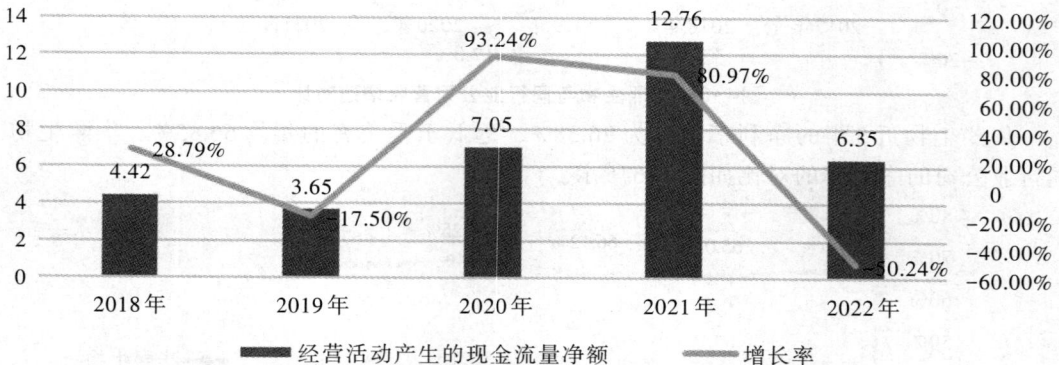

图4-8　华熙生物经营活动产生的现金流量净额

华熙生物2019年较2018年经营活动产生的现金流量净额减少主要是由于本报告期内职工薪酬、推广费用及各类运营费用支出增加所致；2020年较2019年经营活动产生的现金流量净额增加，主要是由于本报告期内销售收入增长、贷款回款相应增加所致；2021年较2020年经营活动产生的现金流量净额变化较大，是由于销售收入增长、贷款回款相应增加所致；2022年较2021年经营活动产生的现金流量净额减少的主要原因是购买商品、接受劳务支付的现金、支付职工的现金以及支付与经营活动有关的现金增加。

华熙生物购建固定资产、无形资产和其他长期资产支付现金见表4-6。

表4-6　　　　　　　　购建固定资产、无形资产和其他长期资产支付现金　　　　　　　单位：亿元

项目 　　　　　　　　　　　　　时间	2018年	2019年	2020年	2021年	2022年
销售商品、提供劳务收到的现金	14.23	18.25	27.86	53.12	67.13
经营活动现金流入小计	14.92	18.87	29.79	55.18	70.58
经营活动现金流出小计	10.49	15.22	22.74	42.41	64.23
经营活动现金流量净额	4.42	3.65	7.05	12.76	6.35
收到其他与投资活动有关的现金	7.26	0.03	87.53	50.40	34.77
投资活动现金流入小计	7.56	0.06	87.91	50.72	35.11
购建固定资产、无形资产和其他长期资产支付的现金	1.68	4.50	7.63	7.84	6.96
支付其他与投资活动有关的现金	1.90	8.03	93.49	51.38	33.72
投资活动现金流出小计	7.90	12.53	101	60.62	43.47
投资活动产生现金流量净额	−0.35	−12.47	−13.09	−9.90	−8.36
筹资活动现金流入小计	10.95	22.89	0.24	1.84	2.27
筹资活动现金流出小计	10.10	0.65	1.84	2.55	3.98
筹资活动现金流量净额	0.85	22.24	−1.60	−0.71	−1.71

四、关键审计事项分析

经过不分昼夜、不辞辛苦的审计工作，华熙生物存在的异常点终于浮出水面。"明明营业收入逐年递增，利润却未见起色。这也不是个别现象，这是医美行业面对的必然挑战"王经理试图找出根本原因，"过去华熙生物只关注如何扩展产品和市场的多样性，却忽视成本的管控。"

若仍然采取原来的成本模式，继续使用昂贵的资源，而忽视创造便利资源的机会，成本费用高、利润低的问题将会持续存在，在保证收入增长的同时保证高水准的利润率，需要对各方面成本是否实质存在进行考察。

王经理提出了关键考察点：结合细节测试，通过分析性程序对华熙生物的收入、销售费用、存货等方面开展工作。于是，王经理带领团队开启了实施阶段的工作。

（一）主营业务收入

华熙生物2018—2022年的总收入分别为12.63亿元、18.85亿元、26.32亿元、49.47亿元和63.59亿元。收入来源主要是销售透明质酸原料、医疗终端产品、功能性护肤品三部分。

2018年，华熙生物销售原料收入约为6.51亿元，占营业收入的51.52%；2022年销售

原料收入的占比约为15.41%。2018年功能性护肤品收入约为2.9亿元，占营业收入的22.93%；2022年的功能性护肤品收入增至46.07亿元，占营业收入的72.45%。

华熙生物2018—2022年的收入状况见表4-7。

表4-7 华熙生物2018—2022年的收入状况 金额单位：亿元

项目＼时间	2018年		2019年		2020年		2021年		2022年	
原料产品	6.51	51.52%	7.61	40.36%	7.03	26.69%	9.05	18.32%	9.80	15.41%
医疗终端	3.13	24.84%	4.89	25.92%	5.76	21.89%	7.00	14.09%	6.86	10.79%
功能性护肤品	2.9	22.93%	6.34	33.61%	13.46	51.12%	33.19	67.11%	46.07	72.45%
其他	0.06	0.51%	0.01	0.01%	0.06	0.02%	0.23	0.48%	0.86	1.35%
其他业务	0.03	0.20%	0	0%	0.01	0.01%	0	0%	0	0%
总计	12.63	100%	18.85	100%	26.32	100%	49.47	100%	63.59	100%

（二）销售费用的评估

华熙生物的销售费用极高，远超其他费用之和。另外，华熙生物近5年的销售费用率与同行业的另两家公司相比，维持在较高水平，但在2021年后有下降趋势，2022年的销售费用率降为38.50%，如图4-9所示。

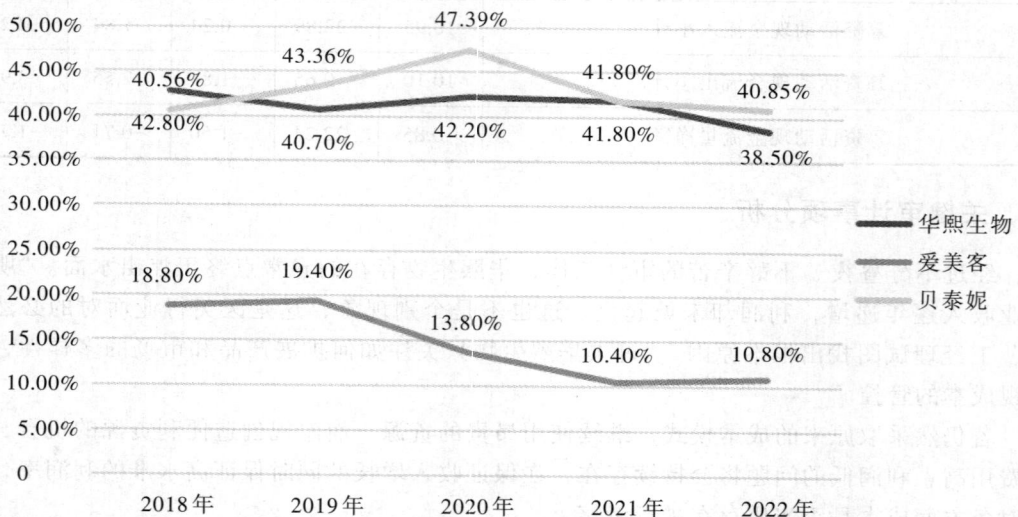

图4-9 2018—2022年同行业公司销售费用率

华熙生物较高的销售费用率主要是高额的职工薪酬和线上推广费用造成的。一方面，华熙生物的销售业务扩展，销售人员增加，导致职工薪酬增长，同时功能性护肤品销售收入大幅提升又使销售人员业绩奖励增加。另一方面，通过分析销售费用的构成可知，高销售费用率与华熙生物的高额线上推广服务费有关。2022年的数据显示，其本期线上推广服务费较上期同比增长166.15%，占营业收入的53.91%。2022年职工薪酬同比增长103.28%，市场开拓费同比增长67.83%，广告宣传费同比增长114.74%。

华熙生物2022年销售费用构成见表4-8。

表4-8　　　　　　　　　　　华熙生物2022年销售费用构成　　　　　　　金额单位：亿元

项目	本期	上期	同比增长	本期占比
线上推广服务费	13.13	4.93	166.33%	53.91%
职工薪酬	4.61	2.27	103.08%	18.92%
市场开拓费	2.13	1.27	67.72%	11.05%
广告宣传费	2.69	1.25	115.2%	8.76%
总计	22.56	9.72		

从财务数据来看，华熙生物在销售费用增长的同时，2021年实现总营业收入增长87.93%，有突破性的增长，公司的线上推广服务主要用于功能性护肤品的销售。

在2021年，华熙生物功能性护肤品实现了33.19亿元的营业收入，同比增长146.57%；营业成本为6.98亿元，同比增长186.2%。线上推广服务费从2020年的4.93亿元增长到2021年的13.13亿元，而同期的广告宣传费和职工薪酬分别从2.25亿元和2.27亿元上涨到2.69亿元和4.61亿元。

华熙生物的功能性护肤品经营趋势及销售费用变动趋势如图4-10所示。

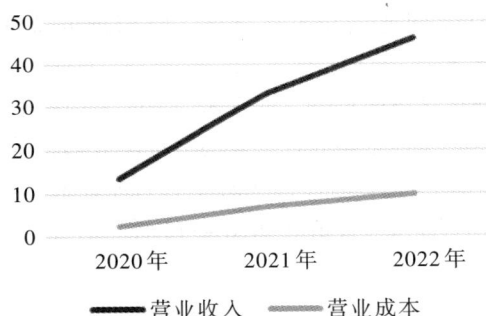

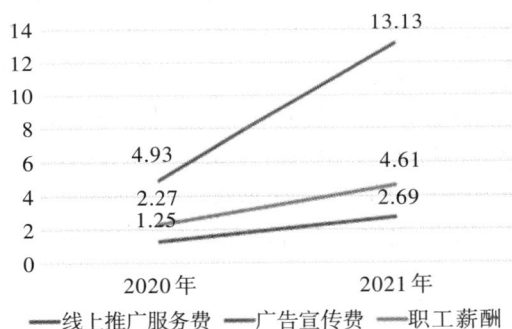

图4-10　华熙生物功能性护肤品经营趋势（左）及销售费用变动趋势（右）

在非财务数据方面，华熙生物为满足销售业务扩展的需要，2021年销售人员增加了595人，导致职工薪酬增长，同时销售收入大幅提升，功能性护肤品业绩增长迅速，销售人员业绩奖励增加。

（1）为持续挖掘终端产品线上销售渠道，保持店铺及产品的曝光度和获客量的持续增长，华熙生物一方面增加对天猫、抖音等各电商平台的推广投入，另一方面通过直播、短视频、搜索引擎等进行推广。在爆品孵化方面，仅润百颜品牌爆品就被将近250位关键意见领袖（Key Opinion Leader，KOL）和超150位关键消费领袖（Key Opinion Consumer，KOC）联合宣传推广，并实现了超2亿次总曝光以及300万次总互动。

（2）2021年1—6月，华熙生物充分利用天猫、京东、唯品会、抖音、微信生态以及线下等丰富的销售渠道，逐步构建了健康的、可持续增长的销售生态，线上渠道销售收入占比居高。

（3）2021年1—6月，华熙生物充分利用天猫、京东、唯品会、抖音、微信生态的"双十一"（2021年10月25日—2021年11月1日）活动，主要功能性护肤品品牌"天猫润百颜旗舰店"直播销售额稳居新锐美妆总榜第一，实现全渠道销售额3.25亿元，同比增速超280%；夸迪位居天猫国货美妆品牌销售排行榜第四，全渠道销售额超过5.3亿元，天猫平台销售额同比增长超500%；BM肌活明星单品位居天猫"双十一"期间爽肤水类目美妆国货销售排行榜第一；米蓓尔在"双十一"首日位居涂抹面膜类目国货销售排行榜第一，旗舰店总销售额同比增长近360%。

2021年华熙生物的功能性护肤品各渠道销售占比见表4-9。

表4-9　　　　　　　2021年华熙生物的功能性护肤品各渠道销售占比

品牌	天猫渠道	经营渠道	其他（垂直）渠道
润百颜	53.54%	32.72%	13.74%
夸迪	60.48%	5.03%	34.49%
米蓓尔	49.03%	29.63%	21.34%
BM肌活	80.73%	12.97%	6.30%

（三）存货价值的激增

华熙生物的存货主要是原材料（透明质酸）和产品备货，2018—2019年同比增长78%，2019—2020年同比增长51%，2020—2021年同比增长49%，存货账面价值持续增长，而到2022年存货价值有些许下降，为6.71亿元。

医美部分属于线下消费，且医美产品在一线城市渗透率较高，近年来，华熙生物在华东、华南、北京等地区的产品销售受阻，造成存货积压，华熙生物和爱美客的存货价值都有增长，而华熙生物的存货价值增长得尤为明显，从2017年的1.4亿元增长到2021年的7.09亿元。

华熙生物和美客的制成品存货跌价准备计提情况和周转情况如图4-11所示。

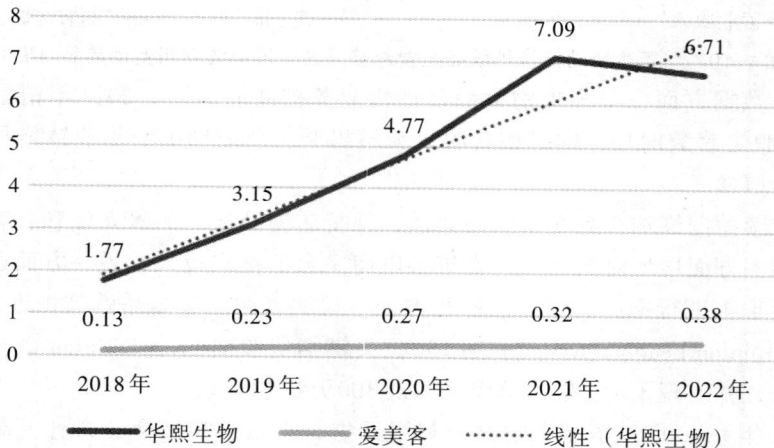

图4-11　华熙生物和美客的制成品存货跌价准备计提情况和周转情况

2021 年，华熙生物存货的账面价值为 7.09 亿元，随着公司业务规模的增长以及护肤品品类的不断丰富，存货账面价值增长较大。

华熙生物存货账面价值持续增长分析见表 4-10。

表4-10   **华熙生物存货账面价值持续增长分析**   单位：亿元

项目 时间	2018 年	2019 年	2020 年	2021 年
存货账面价值	1.77	3.15	4.77	7.09
存货增长率	26.43%	77.97%	51.43%	48.64%
营业收入增长率	54.41%	49.28%	39.62%	87.93%
存货周转率	1.60	1.56	1.24	1.83
同行业平均水平	3.73	3.73	3.87	4.25

【政策思考】

实施审计工作是我国进行市场经济调节、经济合规监控以及发展社会事业基础的重要方式，而审计人员的职业能力是能否顺利实施有效审计工作的主要前提条件，这体现了审计人员在审计工作方面的胜任能力。

在 2012 年的全国审计工作会议上，刘家义对审计人员的核心价值观进行了概括，将其系统地归纳为"责任、忠诚、清廉、依法、独立、奉献"。2022 年，中国注册会计师协会在此基础上进行延伸，将注册会计师行业人才胜任能力体系归纳为"政治能力、职业道德、专业胜任能力、国际化能力和实务经历"，概括了审计职业对审计师胜任能力的要求。

在分析华熙生物审计案例的过程中，将分析性程序的运用过程与审计胜任能力相结合，从审计师"政治能力、职业道德、专业胜任能力、国际化能力和实务经历"的胜任能力体系标准角度出发，分析案例中审计师的胜任能力。

华熙生物一直秉持着"坚持、坚守、创新、担当"的企业价值观，深度推进企业 ESG建设，积极履行社会责任，彰显大企担当。华熙生物作为原料玻尿酸的龙头企业，却大胆跨越主营市场，多方位发展产品，不断创新自身品牌价值和产品影响力，显然具有"敢于冒险、不断奋进"的斗争精神和创新精神。

案例使用说明

一、教学目标

通过研究华熙生物的跨界经营事件，结合分析性程序方法，运用趋势分析法对华熙生物近五年的财务报表进行横向分析，对比同一项目不同时期的金额，计算不同项目同一时期的占比指标。结合横向、纵向的有关数据分析，对华熙生物公司财务报表的重大错报风险进行评估。此外，利用比率分析法计算企业财务指标，并与同行业具有代表性的公司和行业平均指标进行对比，进而评估企业可能存在重大错报风险的项目。

本案例达到以下教学目标：

1.理解分析性程序、重大错报风险等相关概念和内容，了解审计师如何对出现异常的企业评估重大错报风险、确定风险点，掌握分析性程序在审计工作中的应用。

2.思考在环境不确定的情况下，审计师如何更合理地运用分析性程序提高审计效果和效率。

二、思考题与分析要点

案例分析思路如图4-12所示。

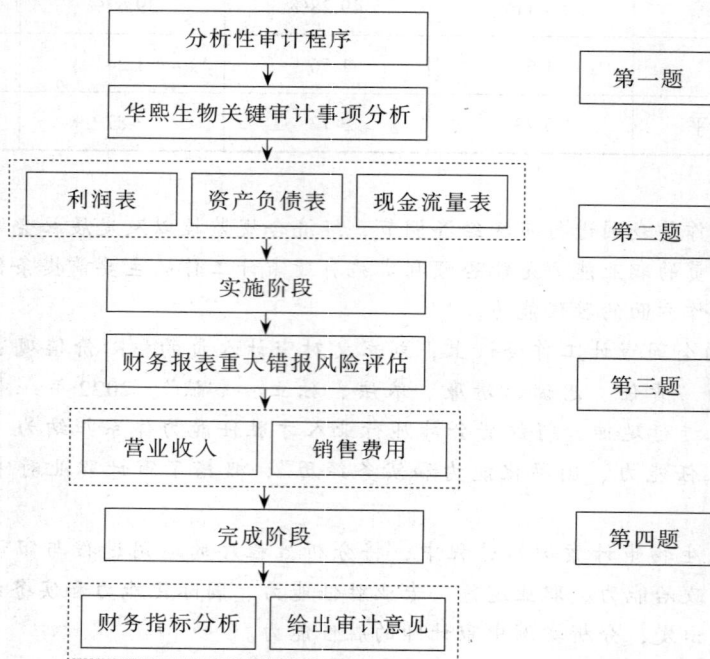

图4-12 案例分析思路

案例思考题有以下分析要点：

1.结合华熙生物的案例谈谈如何理解分析性程序的内涵及步骤。

在计划阶段，审计师将以评估报表重大错报风险为基础，结合华熙生物所处行业以及公司经营现状鉴别报表的合法性和公允性。

（1）确定业务收入。华熙生物在2022年的主营业务收入高达63.59亿元，其中占比最高的功能性护肤品的销售额为46.07亿元，占主营业务收入的72.45%。一方面，该业务涉及比例过大，另一方面该项收入入账的确认条件较为复杂，对财务报表披露的影响较大，所以认定其为关键审计事项。

（2）评估销售费用。华熙生物2018—2022年的销售费用逐年递增，2022年的销售费用高达30.49亿元，销售费用率虽有略微下降，但依然为38.50%，而销售费用包括平台宣传费、销售人员奖金等，审查销售费用去向以及判断销售费用是否合理具有一定难度，所以认定其为关键审计事项。

分析性程序流程如图4-13所示。

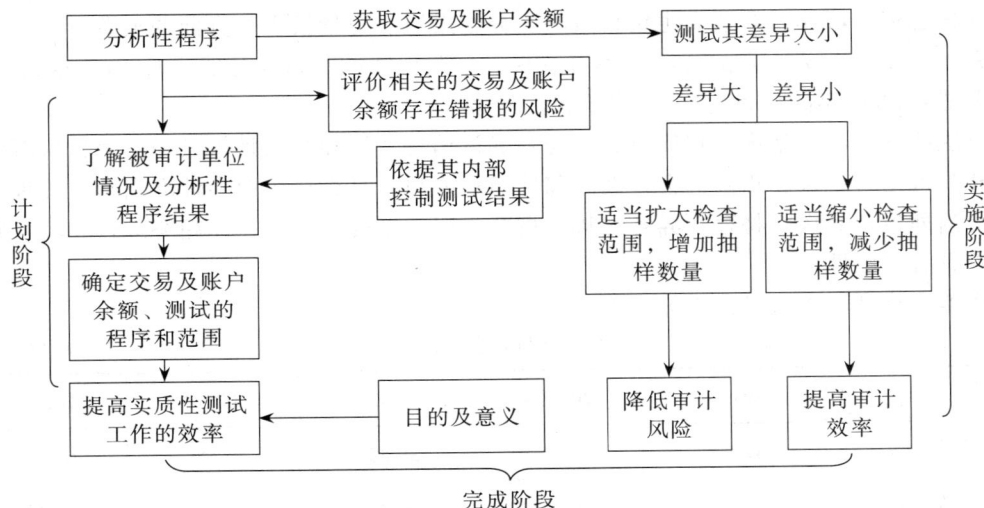

图4-13　分析性程序流程

在实施阶段，用趋势分析法对华熙生物近五年的关键财务数据进行比较，找出存在明显上涨或骤跌的地方，或者用比率分析法将华熙生物的主要财务指标与同行业公司进行对比，从而评估企业可能存在的重大错报风险。

在完成阶段，对华熙生物财务报表整体中可能存在的其他重大错报风险提出意见，并考虑是否需要追加审计程序。

2.思考在审计计划阶段如何使用分析性程序评估重大错报风险、确定风险点。

在计划阶段，审计师会采用趋势分析法，对华熙生物近五年的数据进行横向对比，并发现存在异常的指标，推测重大错报风险。

趋势分析法流程如图4-14所示。

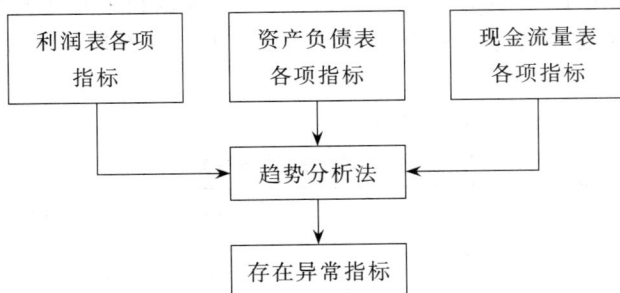

图4-14　趋势分析法流程图

（1）利润表重大错报风险评估。

结合案例正文，华熙生物近五年的管理费用、研发费用、财务费用等支出占主营业务收入的比例较小，并且变动较小，五年内没有存在较大幅度的上涨或骤减情况，因此存在重大错报风险的可能性较低。

华熙生物销售费用的变动幅度较大，从2018年开始，销售费用连续增加，从2.84亿元上涨到2022年的30.49亿元。这一异常变化存在较大的重大错报风险，应该探讨、查明原因。销售费用的升高可能说明华熙生物没有把握好企业的市场定位，没有正确地识别或追求其核心消费群体，导致发生销售策略、分配渠道、力量投入等方面的浪费。

另外，主营业务收入的变动也不可忽视。华熙生物的主营业务收入从2018年的12.63亿元上涨到2022年的63.59亿元，增长幅度异常。

对这两项问题实施审计程序时，首先要确认销售费用和收入是否已经发生，所有销售费用和收入是否记录在正确的会计期间和恰当的账户，是否按企业会计准则在财务报表中作出恰当列报；其次是将存在异常趋势的指标与同类型的企业的指标趋势进行比较，判断其是否具有一般性。

华熙生物利润表项目分析见表4-11。

表4-11 　　　　　　　　　　　华熙生物利润表项目分析　　　　　　　　　金额单位：亿元

项目 ＼ 时间	2018年	2019年	2020年	2021年	2022年
主营业务收入	12.63	18.86	26.33	49.48	63.59
投资收益	0.10	0.01	0.34	0.21	0.12
财务费用	−0.23	−0.13	−0.01	−0.01	−0.49
销售费用	2.84	5.21	10.99	24.36	30.49
管理费用	1.70	1.82	1.62	3.03	3.93
研发费用	0.53	0.94	1.41	2.84	3.88
销售毛利率	79.92%	79.66%	81.41%	78.07%	76.99%

（2）资产负债表重大错报风险评估。

资产负债表的评估内容主要分为资产存在的异常和负债存在的异常。由资产负债表中资产类的数据可以看出华熙生物的存货增长突出——从2018年的1.77亿元增长到2022年的11.62亿元。存货增加可能意味着企业产品销量太差、存在质量问题，或发生产品积压等，应调查其原因。

华熙生物流动资产类项目分析见表4-12。

表4-12 　　　　　　　　　　　华熙生物流动资产类项目分析　　　　　　　　　　单位：亿元

项目 ＼ 时间	2018年	2019年	2020年	2021年	2022年
货币资金	8.54	22.02	13.90	18.07	16.06
应收票据及账款	2.24	3.73	3.77	4.01	4.48
预付账款	0.17	0.37	0.45	0.88	1.72
交易性金融资产	—	—	7.23	8.47	5.31
存货	1.77	3.15	4.77	7.09	11.62

项目 \ 时间	2018年	2019年	2020年	2021年	2022年
其他流动资产	0.14	8.17	6.05	1.02	0.43
其他应收款	0.10	0.07	0.35	0.29	0.52
流动资产合计	12.96	37.51	36.52	39.83	40.14
资产总额	20.71	49.72	57.17	75.04	86.82

3.思考在审计实施阶段如何运用实质性分析程序来降低审计风险、检查风险，获取审计证据。

该阶段的目标是帮助审计人员获取相关、可靠的审计证据。在此阶段，审计人员需要提供保证，因此会更多地运用合理性测试、比率分析等准确度较高的分析性方法。对华熙生物审计实施阶段主要从以下方面进行：

（1）对销售费用实施实质性分析程序。

华熙生物的销售费用由线上推广服务费、职工薪酬、市场开拓费和广告宣传费所组成，见表4-8。相较于上期销售费用，本期销售费用主要增长的是线上推广服务费，而华熙生物为打开功能性护肤品市场、持续挖掘终端产品线上销售渠道、保持店铺及产品的曝光度和获客量的持续增长，在增加天猫、抖音等各电商平台的推广投入的同时，通过新媒体营销方式推广公司产品及品牌。

另外，如图4-15所示，作为主打功能性护肤品市场的贝泰妮，其销售费用同样不断攀升，说明用多平台推广的方式打开功能性护肤品市场的大门是该行业企业的正常手段和方式。

单位：亿元

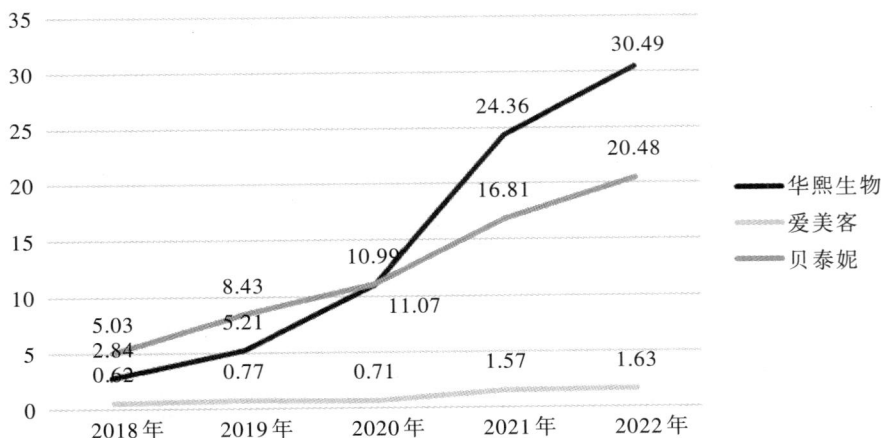

图4-15 2018—2022年同行业销售费用增幅情况

（2）对营业收入实施实质性分析程序。

将华熙生物2022年基期的营业收入和营业成本分别与上两期数据进行比较，对于出现的重大差异分析其发生的原因。

华熙生物2020—2022年收入状况见表4-13。

表4-13　　　　　　　　　　华熙生物2020—2022年收入状况　　　　　　　　　　单位：亿元

项目　　　　时间	2020年		2021年		2022年	
原料产品	7.03	26.69%	9.05	18.32%	9.80	15.41%
医疗终端	5.76	21.89%	7.00	14.09%	6.86	10.79%
功能性护肤品	13.46	51.12%	33.19	67.11%	46.07	72.45%
其他	0.06	0.02%	0.23	0.48%	0.86	1.35%
其他业务	0.01	0.01%	0	0%	0	0%
总计	26.32	100%	49.47	100%	63.59	100%

　　可以看出，华熙生物的收入主要由原料产品、医疗终端产品、功能性护肤品组成。原料产品和医疗终端产品都呈正常增长趋势，而造成营业收入大幅增长的原因是功能性护肤品销售收入的增长，其中最明显的是从2020年的13.46亿元增长到2022年的46.07亿元。华熙生物与主营业务收入相关的成本和销售费用都呈现上升趋势，说明三者可能有相关性。由此可见，营业收入存在重大错报风险的可能性较低。

　　华熙生物经营活动的部分指标如图4-16所示。

单位：亿元

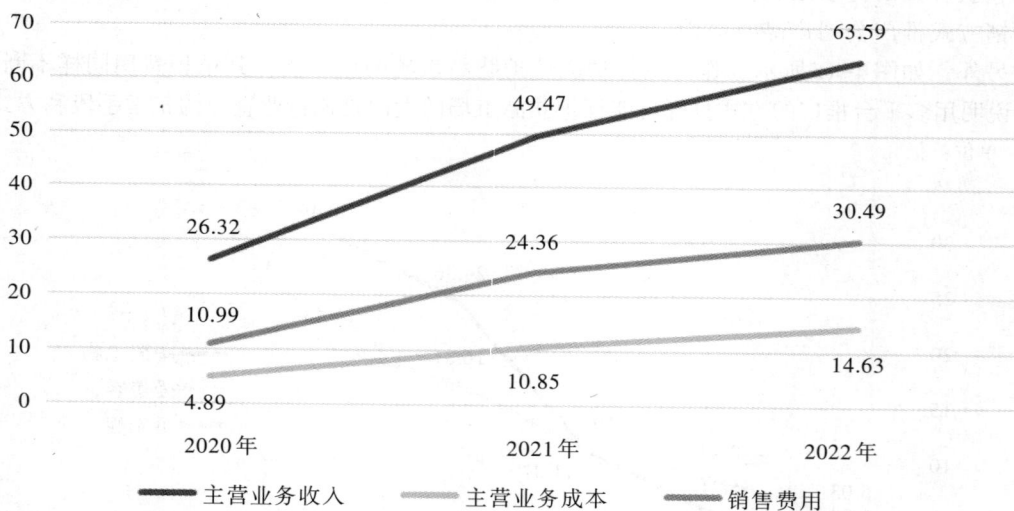

图4-16　华熙生物经营活动的部分指标

　　4.思考在审计完成阶段如何运用分析性程序评价审计结果的合理性并确定审计意见。

　　根据上述分析，我们了解到医美行业正处于蓬勃发展中，而在红海行业中的华熙生物，在2022年共实现了63.59亿元的营业收入和9.61亿元的净利润，每年都能保持正向平稳的增长，这说明公司业务的整体发展态势较好。但华熙生物依然存在一定的重大错报风险，主要体现在营业收入、销售费用、存货方面，外部审计人员在审计过程中应当注意这几个方面。在对审计主体进行审计的过程中，一方面需要与医美行业的数据进行对比，另一方面也要综合多种分析性程序，如在判断某一项目是否存在重大错报风险时，要结合该项目的特点执行审计程序。

三、理论依据

为了有效提高本案例的教学效果，学生应该掌握下列相关知识（本案例理论依据框架如图4-17所示）。

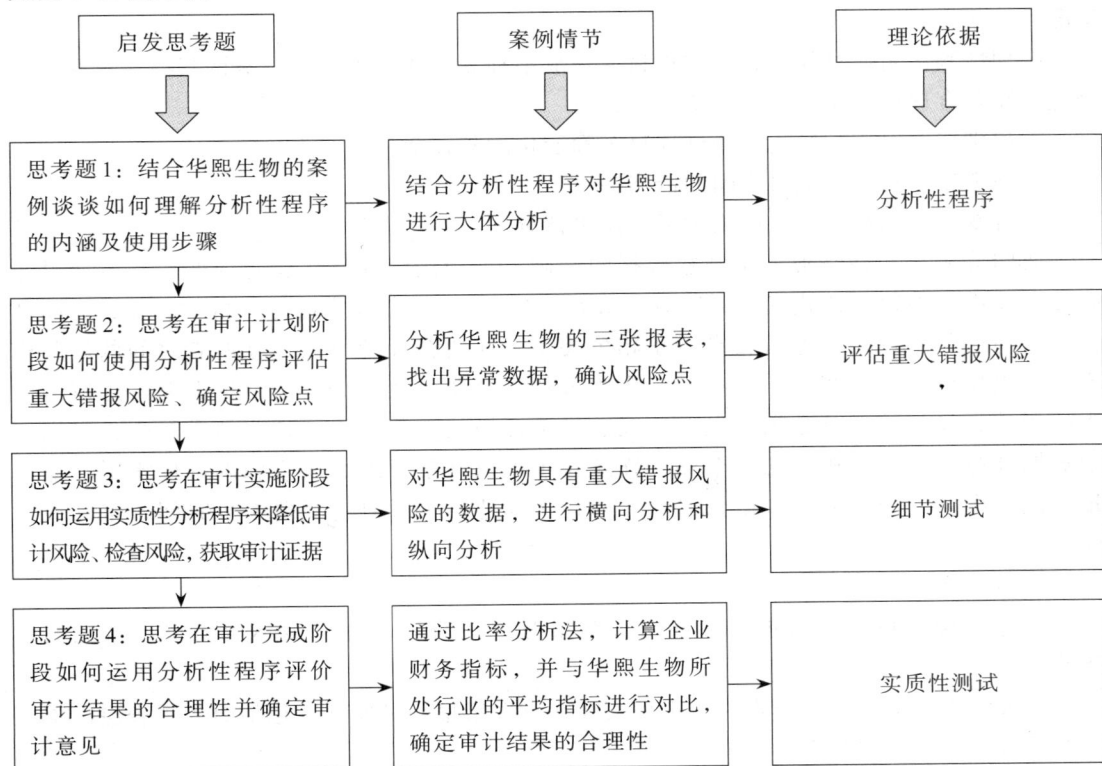

图4-17　案例理论依据框架图

（一）分析性程序的概念

分析性程序是指通过研究财务数据之间和财务与非财务数据之间看似合理的关系，对财务信息作出评估，包括把记录的金额和审计师的预期进行比较，从而评估账户余额或其他数据与审计师的预期相比是否合理。

（二）分析性程序的常用方法

分析性程序常用的方法包括趋势分析法、比率分析法、合理性测试法和回归分析法。

趋势分析法是通过对比两期或连续数期的财务或非财务数据，确定数据增减变动的方向、数额或幅度，以掌握有关数据的变动趋势或发现异常的变动。趋势分析法具体包括：对若干期资产负债表项目的变动趋势进行分析；对若干期利润表项目的变动趋势进行分析；对若干期资产负债表或利润表项目结构比例的变动进行分析；对若干期财务比率的变动趋势进行分析；对特定项目若干期数据的变动进行分析。趋势分析法适用于被审计单位处于稳定的经营环境的情况。

比率分析法是结合其他有关信息，将同一报表内部或不同报表间的相关项目联系起来，通过计算比率，反映数据之间的关系，用以评价被审计单位的财务信息。例如，应收账款周转率反映赊销销售收入与应收账款平均余额之间的比率，这一比率变小可能说明应收账款回收速度放慢，需要计提更多的坏账准备，也可能说明本期赊销收入与期末应收账款余额存在错报。比率分析法适用于财务报表项目之间关系稳定并可直接测试的情况。

合理性测试是通过彼此相关的项目或造成某种变化的各种变量，测试某项目金额是否合理。简单合理性测试法包括三个步骤：

①识别能够引起和影响被测试项目金额变化的各种变量；

②确定变量与被测试项目间的恰当关系；

③将变量结合在一起对被测试项目作出评价。

回归分析法是在掌握大量观察数据的基础上，利用统计方法建立因变量与自变量之间回归关系的函数表达式（即回归方程式），并利用回归方程式进行分析。例如，产品销售收入与广告费用之间通常存在着正相关关系，注册会计师可以建立两者之间的回归模型，并根据模型估计某一年度产品销售收入的预期值。回归分析法理论上能考虑所有因素的影响，如相关经营数据、经营情况、经济环境的变化等，其预测精度较高，只用于中短期预测。回归分析法的一个突出优点在于可以计量预测的风险和准确性水平，能够量化注册会计师的预期值。但注册会计师在选择适当关系时将耗费大量时间，审计成本较高。

（三）审计风险

审计风险是指当财务报表存在重大错报时，注册会计师发表不恰当审计意见的可能性。

重大错报风险是指财务报表在审计前存在重大错报的可能性，包括财务报表层次重大错报风险和认定层次重大错报风险。

检查风险是指存在某一错报，该错报单独或连同其他错报是重大的，但注册会计师在执行相应的降低审计风险至可接受水平的审计程序后未发现这种错报的可能性。

（四）实质性程序

实质性程序是指用于发现认定层次重大错报的审计程序，实质性程序包括对各类交易、账户余额和披露的细节测试以及实质性分析程序。细节测试适用于对各类交易、账户余额、披露认定的测试，尤其是对存在或发生、计价认定的测试。对在一段时期内存在可预期关系的大量交易，注册会计师可以考虑实施实质性分析程序。

四、行业现状

华熙生物作为透明质酸原料的龙头企业，其2021年的全球市场占有率高达39.74%。公司以透明质酸原料生产起家，后陆续将业务扩展到医疗终端产品、功能性护肤品、功能性食品等领域，目前已经形成"四轮驱动"的战略格局。尤其是功能性化妆品业务快速增长，旗下的润百颜、夸迪等品牌的知名度快速提升。多领域发展为公司打开了巨大的市场空间。在申万行业分类中，华熙生物被归为"医美耗材"行业，该行业的上市公司只有两家：华熙生物、爱美客。华熙生物的营收远高于爱美客，但由于销售净利率只有15.67%，远远低于爱美客的66.12%，所以公司的归母净利润也低于爱美客。主要原因是：虽然公司被归为"医美耗材"行业，但营收主要由功能性护肤品业务贡献，而公司在进行护肤品品牌推广的前期，需要大量的费用投入，侵蚀了大量利润，所以净利率很低。

华熙生物同业对比见表4-14。

表4-14 华熙生物同业对比 金额单位：亿元

股票名称 \ 指标	总市值	营业收入	销售毛利率	销售净利润率
华熙生物	632.53	49.48	78.07%	15.67%
爱美客	1 231.50	14.48	93.70%	66.12%

下面选取爱美客、贝泰妮、珀莱雅、上海家化四家与华熙生物业务相同的企业，收集其2018—2022年的净利润来作进一步对比。其中，爱美客的净利润增幅最大，从2018年的1.16亿元增长到2022年的12.68亿元，另外三家也都保持稳定的净利润上升趋势；而华熙生物从2019年到2022年的净利润一直在6.45亿元~7.76亿元之间浮动，虽不稳定，但也保持较高的净利润，说明企业依旧在所处行业有一定地位。

2018—2022年各医美企业净利润情况见表4-15。

表4-15 2018—2022年各医美企业净利润情况 单位：亿元

企业 \ 时间	2018年	2019年	2020年	2021年	2022年
华熙生物	4.24	7.01	6.45	7.76	6.67
爱美客	1.16	2.98	4.33	9.58	12.68
贝泰妮	1.55	2.63	4.13	5.44	8.64
珀莱雅	2.01	2.87	3.66	4.52	5.57
上海家化	3.90	5.40	5.57	4.30	6.49

五、关键要点

1.掌握在审计过程中分析性程序的步骤。

2.掌握分析性程序各阶段的使用方法和审计目标。

3.了解在不确定的环境下，审计师如何更有效地结合分析性程序进行审计工作。

六、延伸阅读文献

[1] 乔唯琪. 华熙生物四轮驱动多元化发展 [J]. 企业管理，2023（12）：67-71.

[2] 梁力军、张莉、刘丽娜. 审计重要性、重要性水平与审计风险辨析 [J]. 财会月刊，2020（19）：101-105.

案例5 知否，知否，应是函证未做好①

【案例导读】

5-1 案例5
教学视频

根据证监会通报的2018年度审计机构基础审计程序（函证）专项检查情况，会计师函证情况令人担忧！其中，函证控制不到位的问题最为突出。未对部分账户实施函证，也未记录不予函证的理由，在未回函、回函不符、回函异常或不可靠时未采取措施获取进一步的审计证据等问题也较为突出。本案例为财务报告审计中的函证程序案例，试图让学生在真正意义上对函证的本质有所了解，并可以正确运用函证程序。

【关键词】

审计程序 函证过程 回函

案例正文

一、案例背景

FG公司主要从事鞋履、商务休闲装等的生产及销售，曾经颇具知名度。2013年12月，FG公司在中国香港主板上市。上市之后，公司业绩就出现颓势，2017年上半年，FG公司总营收仅为4.08亿元，亏损1 088.73万元。

FG公司历年总营收与净利润走势如图5-1所示。

单位：亿元

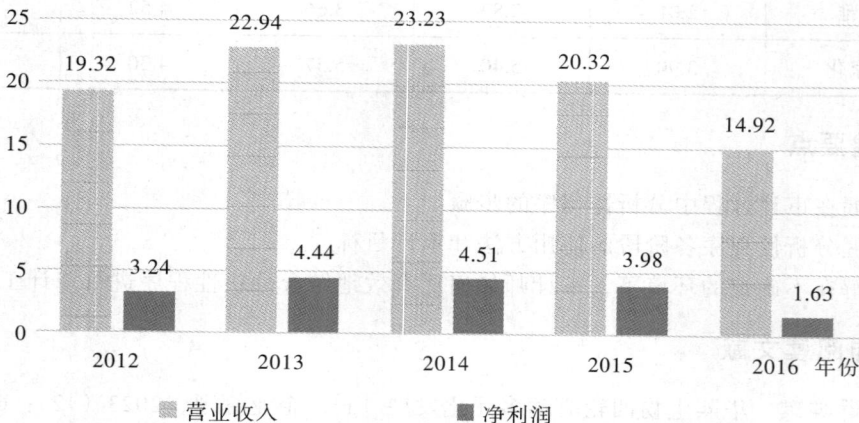

图5-1 FG公司历年总营收与净利润走势

① 本案例由刘桂良、雷建洪、郭云萍、李梦茹共同开发，依据证监会相关处罚结果整理。除非特别声明，本书的案例研究对象均为上市公司，案例中引用的所有数据均来自该公司的公告。另外，本书的所有案例只供课堂讨论之用，并无意暗示或说明某种管理行为是否有效。

2015 年 4 月 22 日，FG 公司发行了"14FG"债券，本金金额为 8 亿元，期限为 5 年，前 3 年票面利率为 6.3%。该债券附第 3 年年末发行人上调票面利率选择权和投资者回售选择权，回售兑付日为 2018 年 4 月 23 日。债券远未到期，违规担保就东窗事发。2016 年 9 月 13 日，FG 公司因需核查对外担保情况，债券停牌，风险初次显现。后来的信息证实，违规担保的对象主要包括其母公司 FG 集团及其关联方，构成关联方交易。2017 年 1—7 月，FG 公司发生担保履约，银行存单被划转用于归还被担保人的借款，金额共计 16.15 亿元。

2018 年 2 月底，风险的盖子被进一步揭开，FG 公司证实：公司资金拆借金额（含担保已被银行划扣履约的金额）合计至少为 42.29 亿元；加上相关资产减值等因素，公司至少存在 49.09 亿元资产可能无法收回。截至 2017 年年底，FG 公司可动用的活期存款及流动资金不足 1 亿元。2018 年 2 月底，公司再次发生担保履约，银行存单及其产生的利息被划转，用于归还被担保人的借款及利息，金额合计为 1.58 亿元。市场知悉 FG 公司的违规担保事宜是在 2016 年，但相关问题早在 2014 年就已经发生。

此外，FG 公司也存在掩盖股改业绩承诺款未真实履行的情况，虚构付款 33 482 万元购入面值 34 705 万元的银行承兑汇票。并且，FG 公司存在票据贴现、票据置换及用票据支付预付款的交易，导致 2016 年年度财务报表中虚增资产占资产总额的 62%，虚增营业收入和利润分别占营业收入总额和利润总额的 10% 和 90%。BB 事务所在对应收账款等项目进行函证时对函证过程失去控制，严重违反审计准则的规定，造成审计重大失误。

BB 会计师事务所是世界上最大的专业服务机构之一，在全球超过 140 个国家或地区设有分支机构，在国际上享誉颇久。BB 会计师事务所在中国提供的服务包括：审计、内部审计、信息风险管理、税务、财务咨询。BB 会计师事务所于 2015 年、2016 年担任 FG 公司的审计工作，于 2017 年 3 月 17 日辞任。

除了 BB 会计师事务所外，"14FG"债券能顺利发行也离不开券商、评级机构的"帮忙"。"14FG"债券的保荐人、主承销商、债券受托管理人为 GJ，该债券的评级机构为 DJ。DJ 出具的 2014 年 FG 公司的主体信用等级为 AA，债券信用等级为 AA。2017 年 8 月，DJ 在发现 FG 公司存在未披露对外担保的情况下，仍将其债券信用等级维持在 AA。在 FG 公司违规担保受到证监会等相关单位的警示后，DJ 才开始下调其债券评级，逐步将其由 AA 调到 CC 级。CC 级大致可以理解为在企业破产或重组时债券可获得的保护较小，基本不能保证偿还债务。

在 FG 公司债券事件中，受损的不仅仅是债权人。自 2015 年 3 月以来，FG 公司港股股价下跌 47%，市值蒸发 38 亿港元，股票投资者也惨遭"血洗"。

二、函证程序实施情况

（一）银行存款函证情况

BB 事务所在审计 FG 公司 2014 年和 2015 年财报时称"我们相信，我们已获取充足、适当的审计证据，作为我们审计意见的基础"，给出了标准无保留意见的审计报告，并没有提及担保事宜。

FG 公司主要以银行存款质押的方式对外提供担保，被担保方主要为母公司 FG 集团及数家商贸公司。银行存款是审计师审计的重点，最有效、直接的审计方法是函证。BB事务所对FG公司2014年及2015年的银行存款的审计工作底稿显示，其对部分银行的FG公司定期存款"是否被质押、用于担保或存在其他使用限制"事项未实施函证，也未在审计工作底稿中说明未函证的理由。

2017年3月中旬，BB会计师事务所辞任FG公司的年报审计工作，并披露了FG公司存在对外担保的情形，FG公司债券已经停牌，且FG公司在2016年9月的公告中已经披露因公司下属子公司存在向关联方提供担保的情形，将延迟发布2016年中期业绩。在截至2016年6月30日的中期审阅期间，BB事务所发现首次有资料显示FG公司的一家附属公司可能曾将其存款质押给相关银行，为本公司关联人士借取的贷款提供担保。

（二）应收账款函证情况

BB会计师事务所在对FG集团实施应收账款函证时，是与FG集团总部安排的FG集团工作人员一起填写询证函快递单并寄出，而FG集团各子公司的询证函则由审计人员填制好，由子公司在各地自行寄出。审计人员要求FG集团将发函的快递底联全部寄回并由FG集团转交BB事务所，或由FG集团子公司直接寄回BB事务所总部。

函证结果在BB会计师事务所2015年年报审计工作底稿中显示，通过传真取得的9家不同单位的询证函回函上所记录的时间最早为2016年某日下午3：44，最晚为同日下午3：49，中间间隔仅5分钟。针对询证函回函（均系传真件）时间高度集中的情况，会计师未对回函情况实施核验、分析识别等追加审计程序。

同时，BB会计师事务所收到的6家单位的询证函回函，有4家盖章为非"鲜章"，2家为"鲜章"，还存在供应商名单与盖章公司名单不符等情况；数家供应商回函的邮寄信息相同；不同地区的供应商回函由同一快递员收件；存在大量回函的快递单连号或号码接近、发函与回函快递单号接近的情形。BB会计师事务所未设计和实施追加审计程序予以核验，审计工作底稿中亦没有更多的说明。

BB会计师事务所审计工作底稿未按拟定的选样标准进行发函。审计项目组对应收账款函证发函的选取标准为：10万元以上全部发函，10万元以下随机抽取。但在实施函证程序的过程中，审计人员未严格执行拟定的发函标准，对部分10万元以上的供应商未进行函证。原拟定的涉及FG集团总部的发函清单共有供应商228家，实际发函54家。原先拟定的发函清单计划向200家供应商发函，但发函快递单统计实际发函97家。

审计工作底稿中保留的函证发出快递单和回函快递单均不完整，事务所选取的某产品的31个客户进行函证，函证的发出快递单留存25份，缺失6份，缺失占比19.35%，而其对应的6家公司均存在销售业务虚假的情形。回函快递单缺失8份，占比25.81%，其对应的7家公司存在销售业务虚假的情形。事务所在函证时未按照审计准则的要求核实被询证者的姓名等信息的真实性，函证发出后未采取与客户电话联系等方式对函证进行跟踪确认。

（三）应收票据函证情况

证监局调查发现与FG公司应收票据置换业务相关的较大资金往来账户，存在当期开立、当期销户，大额交易发生额仅一收一付，且金额同为6 200万元等异常现象。BB事务所实施的审计程序仅为获取销户申请书一项，未获取银行对账单，也未实施函证等进一步的审计程序以证明相关资金的真实性和准确性。

此外，FG公司虚构付款33 482万元购入面值34 705万元的银行承兑汇票；存在通过票据贴现、票据置换及用票据支付预付款等行为，而上述票据均无前手的背书记录；提供的票据复印件的票面信息、票面样式、印章位置与银行提供的不一致，相关票据在承兑银行查无相应票号。BB会计师事务所在审计中并未实施查询票据承兑银行并获取银行确认函的审计程序，在审计工作底稿中也未说明未执行该项审计程序的原因。

证监会有关人士表示，在FG公司债券发行审计与年度财务报告审计过程中，函证程序运用不当，致使对投资者构成极大误导，证监会本着"一个都不能少"的原则，不仅对BB事务所提出警示和处罚，也对同行业会计师事务所在执业过程中应当重视"函证"这一基本程序进行再次提醒。

三、函证结果判断争辩：谁来买单？

1.BB会计师事务所未函证FG公司的银行存款的债券担保情况。

BB会计师事务所收到证监会警示函的消息公布后，针对BB事务所未函证FG公司的银行存款的债券担保情况，多位网友表达了自己的看法，主要分为两类。

一类观点认为：

"在2014—2015年审计年度，BB会计师事务所已经强制要求全部项目的银行存款函证使用共享中心发函，并使用统一的模板和收发流程，即使在极特殊的情况下收发函证也会使用统一模板，哪个项目组有时间自己做模板，银行回资信证明也怪项目组吗？"

"事务所不是有保留发函扫描件吗？证明发函时有函证相关信息，只是银行要求按自家格式回函，找出来交至证监会，让证监会和银监会①沟通才是有效办法啊！"

"统一的函证模板上都有质押担保情况的条目，银行用自己的模板回函，没有说明情况，也能将责任归咎于事务所吗？"

这类网友认为真实情况可能是BB会计师事务所函证了银行存款的质押担保情况，只是银行习惯用自己的模板回复。考虑到早年的银行回函模板并没有质押担保说明，使用银行模板的确可能出现没有回复银行存款质押担保的情况，并且银行配合事务所再出一份函证的可行性比较低，因此银行回函制度也要承担或多或少的责任，BB会计师事务所并不是全责。

另一类观点则认为：

"本次处罚的关键在于'未在审计工作底稿中说明未函证的理由'，不能只关注银行自有模板的问题。"

"这是明显的审计范围受限，既没有跟进，也没有采取任何替代程序。"

"发函模板也不是万能的，这么大额的定期存款应该再做点审计程序，往年说不定就质押了，以前的审计报告可能就有，发函模板如果不填这栏而直接显示斜杠或者无，银行不会仔细看的。"

这类观点认为无论是不是银行回函模板有问题，作为注册会计师，面对如此巨额的银

---

① 2018年，中国银行业监督管理委员会（简称"银监会"）改为中国银行保险监督管理委员会。

行存款，在确定被审计单位有无质押担保情况时，至少要追加审计程序并在审计工作底稿中作出说明，但是 BB 会计师事务所并没有这样做，因此 BB 会计师事务所被处罚是合情合理的。

2.BB 会计师事务所对 FG 公司的应收账款、应收票据实施的函证程序。

针对 BB 会计师事务所对 FG 公司的应收账款、应收票据实施的函证程序，网友们也看法不一。

一部分网友这样说：

"对 FG 集团进行审计时，时间那么紧，利用子公司的人员帮忙也是不得已的，如果时间充裕就不会如此了。"

"有的 10 万元以上的供应商本来信誉就很好，长期合作，也不用全部发函，这样还提高了工作效率。"

"FG 集团的询证函是集团人员与审计人员一起填写的，审计人员也可以有效控制询证函，不一定是失去独立性。况且，回函快递单丢失也不是审计人员的错，如果是快递员弄丢了，审计人员也没有办法。"

"应收票据有异常现象，是因为审计人员的审计方法是抽查，况且审计是提供合理保证，有个别重大错报没有查出来，只要审计程序都做了，就是可以免责的。"

相反，另一部分网友认为：

"如果发函时间紧，一开始审计程序就不用制定那么低的发函标准，少做函证，多做替代程序，独立性是万万不能丢的。"

"审计人员和集团人员一起填询证函也可以，但是填完后审计人员要进行核对，检查金额、地址、联系方式，并且一定要由审计人员独立寄出，不能让 FG 公司的人寄出去。"

"函证是实质性程序的一种，如果未收到被询证方的回函，注册会计师应当实施替代审计程序"。

更有甚者认为，替代程序不能提供注册会计师需要的审计证据："在这种情况下，如果未获取回函，注册会计师应当确定其对审计工作和审计意见的影响。BB 会计师事务所却并未按规定执行。"

"虽然审计是提供合理保证，但这不能减轻审计人员没有实施应实施的审计程序而导致未发现重大错报的责任。"

"BB 会计师事务所根本没有按照审计准则的要求对函证加以控制。首先，对于短时间内的集中回函没有注意，试想哪有这么巧合的事情？其次，函证程序不合规，事务所应当对函证全过程予以控制，从制作函证、发函到收回函证的全过程根本不能让被审计单位参与。BB 会计师事务无可辩驳地应当承担审计责任。"

"在选择函证项目时，除了需要考虑金额较大的项目外，还需要考虑风险较高的项目。BB 会计师事务所针对当期开立、当期销户的银行账户，应当予以关注，即便这个账户涉及的资金金额并不重大，但其风险较高。"

BB 会计师事务所此次审计究竟失败在何处，以及是否应承担责任引起了业界的广泛讨论。

四、结语

由BB会计师事务所收到证监会警示出发，我们回顾了BB会计师事务所对FG公司的审计程序实施过程以及专家与公众的不同意见，同时整理了不同类型的函证审计不规范案例。请思考以下问题：

（1）BB会计师事务所未对FG公司存在银行存款抵押的情况进行审计，是银行的责任还是审计师的责任？审计师是否履行了审计准则？函证银行回函证据的适当性如何？

（2）在审计函证的过程中，如果未收到回函或回函不符，应采取什么措施？

（3）审计师如何分析函证回函结果？

（4）审计师如何有效控制函证过程？

【政策思考】

审计工作主要承担的是综合性的经济监督职能，涉及国民经济和社会发展的各个主要领域。注册会计师不仅需要掌握审计准则、会计准则与财务制度，还要具备财政、税收、金融，以及与被审计单位业务流程相关的知识，这样才能对被审计单位的经营成果作出公正、恰当的评价，公允地发表审计意见。所以，审计工作人员需要培养自身的专业胜任能力，与时俱进，不断适应日益复杂的职业环境变化。

在本案例中，审计人员的专业能力主要体现在函证程序上。首先，BB会计师事务所的函证程序范围不全面，缺失对银行存款是否被质押与担保情况的函证程序。其次，BB会计师事务所在函证程序缺失后没有进一步追加审计程序，没有获得充分、适当的审计证据。审计人员没有保持职业怀疑态度，也没有对审计程序充分执行、充分考虑，这都体现了审计人员缺乏一定的实务经历和职业技能。拿到回函后，应该先进行确认和分析，核对回函发件人和发件地址是否正确、回函时间是否合理，检查回函信息是否完整等。如果审计人员发现回函不符，应当考虑与被询证者联系，要求对方作出回应或再次寄发询证函；如果未能得到被询证者的回应，应实施替代程序。但BB会计师事务所显然缺乏这些考虑，事务所内部从业人员的专业技能还有待锤炼。

其实，审计行业从业人员提升胜任能力，不是某个注册会计师或某个会计师事务所的事情，是行业建设的重要课题。审计人员应该有意识地积极接受职业再教育，参加各种讲座、行业分享会进行强化学习，以有效提升胜任能力、完善知识体系、交流业务经验，推动注册会计师行业的高质量发展。

案例使用说明

一、教学目标

本案例旨在巩固学生的审计理论与实务知识，培养学生多角度分析问题的能力。一方面，引导学生进一步思考函证审计的作用与流程，尤其是遇到回函不及时或者回函不符情况的处理方法。另一方面，学生可以通过案例分析，进一步理解函证审计方法的选择与运用，以及对审计范围、审计证据的确认。

二、思考题与分析要点

1.BB会计师事务所未对FG公司存在银行存款抵押的情况进行审计，是银行的责任还是审计师的责任？审计师是否履行了审计准则？函证银行回函证据的适当性如何？

（1）BB会计师事务所未对FG公司存在银行存款抵押的情况进行审计，属于审计师的责任。

首先，对银行存款抵押情况的审计，是会计师事务所进行审计的一部分，而BB会计师事务所的函证程序范围不全面，缺失对银行存款是否被质押与担保情况的函证程序。

其次，BB会计师事务所在函证程序缺失后没有进一步追加审计程序，没有获得充分、适当的审计证据。

再次，即使是银行没有使用事务所的模板，选择使用银行自己的回函模板，审计师收到回函之后对于银行存款"是否被质押、用于担保或存在其他使用限制"的回函情况的缺失也应采取措施，验证回函信息的真实性，审计人员的责任不因银行回函的情况而减轻。

最后，BB会计师事务所的审计人员没有在审计过程中保持应有的职业怀疑，没有对获取的审计证据持审慎态度。

（2）审计师没有严格履行审计准则。

首先，BB会计师事务所仅通过公司使用共享中心KDC发函，使用统一的模板和收发流程，并未针对不同公司的情况作出合理的调整。

其次，回函模板不一致的银行回函中只有银行存款余额的结果，并没有关于银行存款的担保、抵押的相关信息，BB事务所对此没有进行二次函证或追加审计程序。

最后，审计师也没有在审计工作底稿中注明未对银行存款担保、抵押情况进行询证，未写明不进行审计的理由。

（3）函证银行回函证据不可靠、不充分。

首先，函证信息不全面；其次，银行改动函证模板，隐藏信息；最后，审计师未保持应有的谨慎态度。

2.在审计函证的过程中，未收到回函或回函不符，应采取什么措施？

当未收到回函或回函不符时，注册会计师应当考虑与被询证者联系，要求对方作出回应或再次寄发询证函，如果未能得到被询证者回复，注册会计师应实施替代程序。需要特别强调的是，替代审计程序的抽证应具有针对性、连续性和系统性的特点，与其他一般性的抽凭测试有着明显的区别，以便能够从总体上对被抽查账户记录的真实性和完整性作出推断。

必须特别注意第1312号准则第二十条的规定："如果审计师认为取得积极式函证回函是获取充分、适当的审计证据的必要程序，则替代程序不能提供审计师所需要的审计证据。在这种情况下，如果未获取回函，审计师应当按照第1502号准则的规定，确定其对审计工作和审计意见的影响。"从该条规定可以看出，如果审计师依据职业判断认为，对应收账款及银行存款等项目取得积极式函证回函是获取充分、适当的审计证据的必要程序，即判断这些报表项目对财务报表很重要，且与银行存款等项目相关的重大错报风险可能很高，则属于第1312号准则第十二条、第十三条所规定的应当实施函证的情形。在这种情况下，即使审计师确实寄发了询证函，但只要被询证者未回函或回函不完整，审计师不应该再使用替代审计程序（此为日常实务中的常见错误），因为替代审计程序已不能为审计师提供相关报表项目所需要的充分、适当的审计证据。此时，应当按照《中国注册会计师审计准则第1502号——在审计报告中发表非无保留意见》的规定，确定其对审计工作和审计意见的影响。

3.审计师如何分析函证回函结果？

首先，收到回函时，审计师应核对回函发件人和发件地址是否正确、回函时间是否合理。其次，检查回函信息是否完整，尤其是银行询证，不仅应包括某一截止时点有余额的账户，还应包括存款、借款、托管证券、应付票据已结清的账户。因为，有可能存款账户已结清，但仍有银行借款或其他负债存在；也有可能借款账户已结清，但仍有未付利息。最后，检验签章，复函方应根据实际情况分别在"数据证明无误""数据不符及需加说明事项"处签署单位公章，并由经办人员签名或盖章，不能以单位内部公章代替单位公章。

如果上述步骤任一点出现不符，应首先向函证对象进行询问，接着进行二次函证，必要时应采取谨慎原则进行替代程序，并在工作底稿中进行说明。

对函证结果应进行验证，询证函若有差异，审计师要进行差异分析，寻找差异原因，作进一步核实，并要求被审计单位作必要的调整。若审计师就同一审计目标向多位被询证人进行函证，则应在收到回函后，编制"函证结果汇总表"作为综合性的审计证据和审计工作底稿，并记录对函证结果作出的评价。审计师应将函证的过程和结果记录在工作底稿中，工作底稿中应说明每种形式的函证发出数和回收数。询证工作底稿要齐备，包括：询证的名单、寄发询证函的邮费单据复印件、回函时间、回函份数、回函结果等。

4.审计师如何控制函证过程？

在实施函证审计程序时，审计人员应从思想上重视审计风险，具备较强的风险意识，以准确识别、评估及应对审计风险，将审计风险控制在可接受的低水平。同时，审计工作底稿中应记录函证过程和函证结果，便于后续核查。询证函可以根据审计目标的不同设计不同的询证内容，无须拘泥于函证模板，询证函经被审计单位盖章后，由注册会计师直接发出。在实际审计工作中，审计人员应当认真履行审计程序，进行控制测试和实质性测试，在进行实质性测试时，可以结合对控制测试的分析，调整具体的重要性水平，加大对控制较弱环节的审计。

审计师需要依据对回函质量的分析判定是否要执行替代审计程序。对于某些事项，在发出询证函后，需要实施替代审计程序，以防止函证失败而无法获得真实有效的审计证据。最后收回的询证函若有差异，审计师对此要进行差异分析，寻找差异原因，作进一步核实，并要求被审计单位作必要的调整。肯定式函证还应进一步说明函证的账户金额比例、没有答复和回函认可金额的比例；对否定式函证，应说明回函中表示有争议的金额比例。通过对这些数据的汇总和比较，审计师能够评价执行这些审计程序所取得的证据是否充分、可靠。

函证过程中存在着很多审计风险，因此审计师应采取措施控制函证过程：

（1）向项目组强调保持职业怀疑的必要性。

审计师针对函证发出、回复、收到等各个环节中存在的异常情况都要保持应有的职业怀疑。例如，BB会计师事务所通过传真取得的9家不同单位的询证函回函上所记录的时间，最早为2014年4月17日下午3：44，最晚为同日下午3：49，间隔仅5分钟。针对询证函回函（均系传真件）时间高度集中的异常现象，审计师应当给予应有的关注。

（2）提供更多的督导。

对于财务报表层次重大错报风险较高的审计项目，审计项目组的高级别成员，如项目合伙人、项目经理等经验较丰富的人员，要对其他成员提供更详细、更经常、更及时的指导和监督，并加强项目质量复核。比如，FG公司为掩盖股改业绩承诺款未真实履行的情况，虚构付款33 482万元购入面值34 705万元的银行承兑汇票，BB会计师事务所未完成到票据承兑银行对票据真实性进行查询并获取银行确认函的审计程序，审计工作底稿中也未说明未执行该项审计程序的原因。项目合伙人或者项目经理应当对此重大错报风险较高的项目予以监督、复核。

（3）在选择拟实施的进一步审计程序时融入更多的不可预见因素。

审计师可以通过以下方式提高函证的不可预见性：对某些未测试过的低于设定的重要性水平或风险较低的账户余额和认定实施函证程序；调整实施函证的时间，使被审计单位不可预期；采取不同的审计抽样方法，使当期抽取的函证样本与以前有所不同等。

（4）对拟实施审计程序的性质、时间安排或范围作出总体修改。

财务报表层次的重大错报风险很可能源于薄弱的控制环境，如果控制环境存在缺陷，注册会计师在对拟实施审计程序的性质、时间安排和范围作出总体修改时应当考虑：在期末而非期中实施更多的审计程序；通过实施实质性程序获取更广泛的审计证据；增加拟纳入审计范围的经营地点的数量。

（5）针对特别风险实施实质性程序。

如果认为管理层面临实现盈利指标的压力而可能提前确认收入，注册会计师在设计询证函时不仅应考虑函证应收账款的账户余额，还应考虑询证销售协议的细节条款（如交货、结算及退货条款）。注册会计师还可考虑在实施函证的基础上针对销售协议及其变动情况询问被审计单位的非财务人员。

三、延伸阅读文献

［1］杨俊峰，刘慧诗，底萌妍. 函证失败的原因及对策研究——基于2012—2021年证监会行政处罚的分析［J］. 财务与会计，2022（22）：35-38.

［2］李莫愁. 审计准则与审计失败——基于中国证监会历年行政处罚公告的分析［J］. 审计与经济研究，2017，32（02）：56-65.

［3］沃巍勇，罗联玥. 浅析函证不当导致审计失败的原因及其应对措施［J］. 中国注册会计师，2018，（05）：81-83.

第三章 审计循环案例

案例6 跨循环舞弊，审计如何破？[①]

【案例导读】

本案例以广受关注的万福生科财务舞弊事件为主线，结合万福生科业绩造假的六大步骤，展示了审计师在被审计单位跨循环审计舞弊时面对的挑战。案例从中磊会计师事务所对万福生科的风险评估阶段出发，对主审注册会计师在销售与收款循环、采购与付款循环和货币资金循环审计中实施的审计程序进行阐述，最后以舞弊事件曝光后，证监会对事务所和签字注册会计师的处罚结束。通过本案例的学习，一是引导学生思考在风险评估阶段如何了解被审计单位及其环境，熟悉函证程序的实施过程和控制；二是帮助学生理解注册会计师在审计时如何保持独立性、职业怀疑和胜任能力。

6-1 案例6 教学视频

【关键词】

跨循环舞弊　财务舞弊　审计循环　万福生科

案例正文

一、引言

2012年万福生科案发后，财务数据自查不可避免地被要求追溯到IPO阶段。2013年3月，万福生科发布重大事项披露公告，承认其在2008—2011年IPO报告期内财务数据造假，累计虚增收入7.4亿元、虚增净利润1.6亿元，并成功蒙混上市。

舞弊行为暴露后，所有人的目光都集中到中磊会计师事务所（简称中磊所）身上，大家都在好奇中磊所为何没能查出万福生科的造假行径？其实，中磊所及其注册会计师在评价万福生科舞弊风险时，认为其管理层为满足上市要求和借款融资需求，有粉饰财务报表的动机和压力。在已识别出包括营业收入、应收账款、预付账款等在内的重大错报风险领域的情况下，中磊所及其注册会计师未实施有效的进一步审计程序。

证监会对此开出了"史上最大罚单"，万福生科董事长及财务总监被终身市场禁入，二十余位高管遭到罚款；相关中介机构不但被罚没此案收入，还被处以两倍罚款；签字注

[①] 本案例由唐松莲和李湘仪共同开发，改编自中国管理案例中心的案例。除非特别声明，本书的案例研究对象均为上市公司，案例中引用的所有数据均来自该公司的公告。另外，本书的所有案例只供课堂讨论之用，并无意暗示或说明某种管理行为是否有效。

册会计师被撤销从业资格、终身市场禁入。虽然中磊所收到处罚，但是通过同业并购，旗下所有员工和客户都被带入新公司，实现"金蝉脱壳"。最令人震惊的是随之曝光的极其完善的造假链条：通过贷款融资、虚构采购方和销售方、虚增业务、成本倒算制下的试算平衡、虚增预付账款套现的"六部曲"，实现资金的体外循环。

如此瞠目结舌的造假行径，使得审计被推向风口浪尖，审计人员的独立性和专业胜任能力遭到严重质疑。我们不禁思考，面对跨循环舞弊行为，审计人员应该如何破解？

二、扬帆起航

1995年，36岁的龚永福在自己的家乡湖南省常德市桃源县创办万福大米厂。在那个粮食供应紧缺的年代，龚永福靠着倒卖国家储备库的陈化粮赚取了第一桶金。2003年，他引进"大米淀粉糖加工"技术，设立湘鲁万福公司，主要从事稻米精深加工品的生产和销售，主要产品为大米淀粉糖、大米蛋白粉、米糠油类、食用米类四大系列产品。

6-2 万福生科
事件时间表

2009年10月，湘鲁万福进行股份制改革，整体变更为万福生科（湖南）农业开发股份有限公司，注册资本为5 000万元，法定代表人为龚永福。上市公司在常德一直是稀缺资源，当地政府也希望通过企业的上市为当地创造更多的收益和税收。在当地政府的扶持下，2011年9月，万福生科得以成功登陆深交所创业板，成为湖南常德第三家上市公司。

三、进驻万福生科

在IPO报告期内，万福生科一直委托中磊会计师事务所进行审计工作，由于中磊所比较了解公司的情况，所以万福生科仍旧将此次IPO项目的审计工作委托给中磊所。中磊所考虑到近几年万福生科的项目均由注册会计师王越和黄国华负责，两人对万福生科的实际情况较为熟悉，因此委命两人为万福生科IPO项目的主审计师。

6-3 万福生科
相关资料

（一）总体审计安排

在承接该项目之后，主审计师马上召开会议对项目进行研讨，对人员和审计资源进行分配。王越表示，项目的审计、验资费用为103.3万元，公司上市融资关系重大，因此我们必须高效、高质地完成这个项目。主审计师通过职业判断决定采用现代风险导向审计方法，审计依据是企业会计准则、企业会计制度、审计准则和审计业务约定书。本次审计业务是对万福生科的财务报表，包括2008年12月31日、2009年12月31日、2010年12月31日和2011年6月30日的资产负债表，2008年、2009年、2010年和2011年1—6月的利润表、现金流量表、股东权益变动表以及财务报表附注进行审计，并且出具合理的审计报告供报表使用者运用。

本次审计的现场审计工作开始于2011年6月15日，审计期限约为20个工作日，现场审计结束后，整理资料出具报告的时间大概确定为2011年7月下旬，同时审计人员还要完成工作底稿以及存档。由于IPO审计风险高、耗时长，所以针对本项目配备两名注册会计师、一名注册税务师，另外配备六名普通的审计人员，随时协商审计中需要的审计资源，争取做到高效率地完成该项目。

（二）了解并分析企业内外部环境

在承接了万福生科IPO项目后，主审会计师立刻带领审计小组对公司的经营环境进行了解。

1. 行业状况

万福生科主营稻米精深加工业务，生产所需主要原料为稻谷、碎米。稻谷是我国第一大粮食作物，由于农业产业政策的结构调整与产业化进程的加快，我国稻谷自2003年起已连续六年增产丰收，相对于玉米、大豆等谷物，国内稻谷产区遍及全国，历年产量波动性较小；万福生科地处湖南、湖北等我国南方稻谷主产区，历年的稻谷供应相对充足。万福生科拥有20多万吨仓储能力并建立了规模较大的粮食经纪人队伍，粮食收购能力较强。此外，在2010年左右，大米加工行业的碎米加工率仅有7%，但是万福生科的碎米加工率可达到行业均值的4.7倍。

然而，从2009年开始，受自然条件、气候因素的影响，稻谷出现了大幅减产，全国大米加工企业因为原材料供应不足爆发了大面积的停产危机，开工率仅为30%~40%。此外，全球粮食价格波动也较为剧烈，粮食在储存过程中容易因保管不善而发生变质，且很可能面临重大意外灾害。

2. 经营活动

2008—2010年，万福生科的营业收入分别为2.28亿元、3.28亿元和4.34亿元，增长率达到了43.86%和32.32%，在行业出现较大波动的背景下，收入增长可能存在重大错报风险。公司主要产品销售价格的变动情况主要与上游主要原材料价格的波动及市场供求关系等因素有关。在报告期内，受上述因素影响，万福生科主要产品的价格呈缓慢上涨的趋势，相应产品收入的提高主要得益于产品销量的大幅提升。

2008—2010年，由于产品销售数量增加导致业务收入增长的金额分别为9 464.58万元、8 642.27万元、10 512.95万元，对当年主营业务收入增长的贡献率分别为69.27%、86.36%、100.83%。其中，又以淀粉糖类产品和大米产品的贡献较多，淀粉糖类产品的销售数量对公司主营业务收入增长的贡献率为43.74%、26.90%、45.73%，大米类产品销售数量对公司主营业务收入增长的贡献率为31.35%、25.69%、58.05%。

公司与大客户之间关系良好，大多是长期合作对象，多次成为IPO报告期前五大客户的有东莞市常平湘盈粮油经营部、津市市中意糖果有限公司、湖南省傻牛食品厂、怀化小丫丫食品有限公司等。公司前五大客户的销售额占主营业务收入的24%到37%。

公司生产所需的原材料主要为稻谷（早籼稻、晚籼稻）、碎米等。碎米的采购对象主要是大米加工企业和粮食经纪人，并常年采取收购的方式。稻谷的采购渠道主要有竞拍、粮食经纪人和农户送货上门三种途径。2008—2011年，公司粮食经纪人合计采购量占当期采购量的比例分别为91.67%、91.55%、88.07%、63.77%，可能存在因供应商类型集中带来的经营风险。

3. 被审计单位对会计政策的选择和运用

在查阅了公司的财务制度后，注册会计师了解了万福生科对于重大和异常交易的会计处理方法以及会计政策的变更等方面的情况，注意到公司账面价值有超过一亿元的存货，但2008—2012年从未计提过存货跌价准备。覃学军解释称，公司聚集了数十位原国家粮食系统的专业人士，结合公司实际情况，改良实施了地槽通风（降温除湿）、环流熏蒸（治虫）等先进的仓库管理技术，保证公司的原材料得到了很好的储备。但是，主审计师并没有完全认同这一说法，并计划通过增加分析程序、聘请外部专家来检验这一解释的合理性。

4.被审计单位的目标、战略以及相关经营风险

在与万福生科管理层及治理层沟通后，注册会计师获悉其目标、战略以及相关经营风险。中磊会计师事务所认为万福生科管理层为满足上市要求和借款融资需求，有粉饰财务报表的动机和压力，在营业收入、应收账款、预付账款等科目存在重大错报风险。

5.被审计单位财务业绩的衡量和评价

中磊会计师事务所获取了万福生科的关键业绩指标毛利率，将其与竞争对手的业绩比较后发现：万福生科的核心产品淀粉糖的毛利率也明显高于其他可比上市公司。在上游原材料稻谷价格温和上涨、下游产成品糖浆价格稳中有降的背景下，万福生科的毛利率呈现高度稳定状态，这引起了注册会计师的注意。财务总监覃学军解释称，淀粉糖毛利高是因为使用大米作为原材料，大米的价格与其他企业所使用的玉米的价格相比较为稳定，所以公司毛利率相对稳定。万福生科与糖业竞争对手的毛利率情况如图6-1所示。

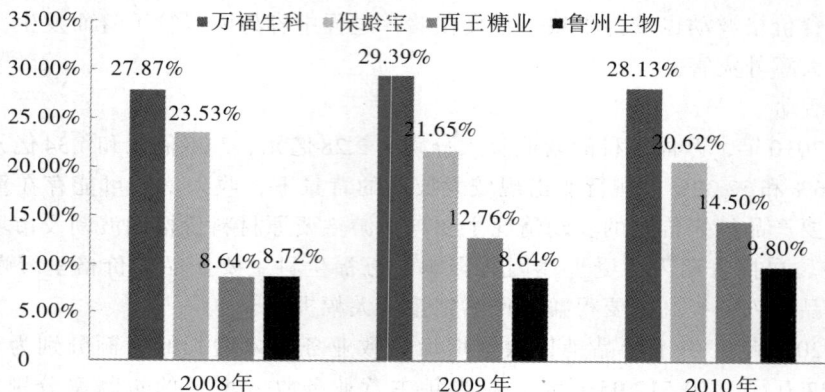

图6-1　万福生科与糖业竞争对手的毛利率情况

除此之外，万福生科的另一主要产品食用米的毛利率高于大米加工的龙头企业两倍多。主审计师根据多年的审计经验判断，万福生科在行业中不具有明显领先地位却有显著高于同业的业绩表现，存在虚增业绩的重大错报风险。万福生科与米业龙头企业的毛利率情况如图6-2所示。

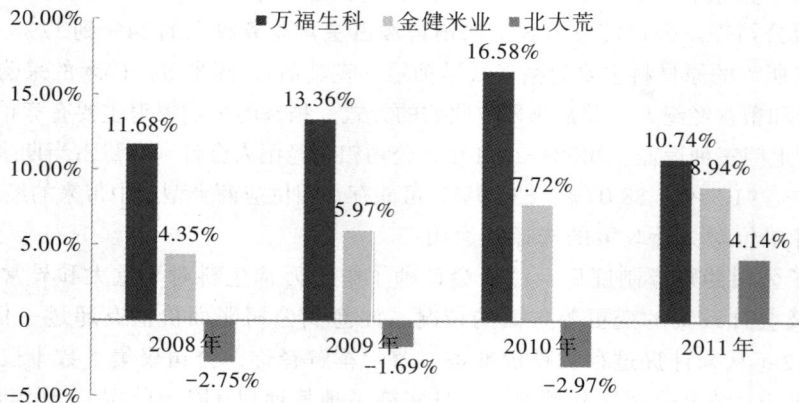

图6-2　万福生科与米业龙头企业的毛利率情况

6.被审计单位的内部控制

中磊会计师事务所获取并阅读了万福生科的内部控制手册，从控制环境、风险评估过程、信息系统与沟通、控制活动以及对控制的监督等五个方面了解内部控制，然后进行穿行测试。注册会计师在执行审计程序后认为，万福生科的内部控制制度设计合理，执行恰当，ERP自动化控制系统得到一贯执行。

（三）评估重大错报风险

主审计师根据对万福生科内外部环境以及内部控制的了解和分析，初步认为万福生科的营业收入、应收账款、银行账款、预付账款、存货等科目存在重大错报风险和特别风险，并确定具体审计程序。万福生科存在的重大错报风险见表6-1。

表6-1　　　　　　　　　　　万福生科重大错报风险

重大错报风险	涉及报表项目及认定	审计程序方案	具体审计程序
万福生科毛利率高于行业平均，收入增幅与行业环境差异较大	营业收入的发生、完整性、准确性、截止	综合性方案	函证、分析程序、现场走访主要客户
部分往来账项数额较大	银行存款的存在、完整性；应收账款的存在、完整性、计价和分摊；	实质性方案	对数额较大的往来款项进行函证
主要通过粮食经纪人采购，供应商类型高度集中	预付账款的存在、完整性	实质性程序	函证、现场走访主要粮食经纪人
存货账面价值超过2亿元，报告期内没有计提过跌价准备	存货的存在、完整性、计价和分摊	综合性方案	检查、观察、存货监盘、存货计价测试

（四）确定重要性水平及制订具体审计计划

主审计师考虑到此次审计为IPO审计，以及对万福生科的风险评估，结合职业判断，以万福生科的经常性业务的税前利润为基准，确定本次审计项目的财务报表整体重要性水平为2010年主营业务收入4.32亿元的0.5%，即216万元。由于中磊会计师事务所已连续审计万福生科4年，以前年度审计调整较少，所以主审计师将实际执行的重要性水平定为财务报表整体重要性的75%，即162万元，明显微小错报的临界值为财务报表整体重要性的5%，即10.8万元。

在审计计划的制订过程中，主审计师大致安排了各审计人员的工作内容及截止时间，在口头上提到了一些需要重点关注的风险以及对应的审计程序：对于主营业务收入和应收账款，要询证发生额并扩大函证的样本量，还要现场走访前五大客户；对于预付账款，要扩大凭证检查的样本量；对于银行存款，需向往来款项较多或交易频繁的账户所在地分行函证，必要时还可现场走访；对于存货，需要实施监盘和计价测试，可以考虑请有关专家指导工作。

四、入场审计

（一）销售与收款循环

审计人员查阅公司客户往来数据后，决定对万福生科2010年和2011年上半年的前五大客户实施函证，对于其他客户则抽取了40个样本进行函证。审计人员考虑到时间紧迫，根据万福生科提供的地址及公司名称填写好营业收入和应收账款的函证后，就发出了询证函。之后，审计人员一直忙于其他工作，忘记通过电话、传真、邮件或者实地走访的方式来确认对方单位信息的真实性，导致一些函证直接回到了万福生科的手中。

审计人员在一周内陆续收到了4家大客户和20家其他客户的回函，将回函显示的发生额和万福生科提供的银行存款对账单进行对照，查看是否存在跨期项目。审计人员发现回函数额与账面金额非常接近，最多的也仅相差10万元，万福生科解释称是银行汇款到账时间差所致，审计人员认为这一解释合理，且差额在可接受的范围内，就没有再进行现场走访。

因为中磊会计师事务所已连续审计万福生科4年，所以主审计师选择信任以往年度的审计数据，不再对2008年和2009年的收入和应收账款进行函证，而是让审计人员对被审计单位的销售合同进行检查，并对凭证进行抽样。审计人员在公司前五大销售商中抽取了所有金额超过100万元的合同，核查其金额和日期是否与会计记录一致，合同上是否存在签章，并按照销售与付款流程核查了抽取项目的所有销售相关单据，发现均没有太大的问题。

（二）采购与付款循环

审计小组获取了供应商的相关清单、采购清单等材料后，发现公司的应付账款和预付账款逐年增加，且截至2011年6月30日，应付账款前四名均为机械设备或在建工程的供应商；IPO报告期前3年的预付款项主要是原材料采购款，而在最近一期中设备和工程预付款占主要地位。

审计人员在粮食供应商中随机选取了40个样本进行函证，而在设备供应商中选取了前3位和另外随机抽取的10个样本发出询证函。审计人员根据采购合同上的地址信息填写好询证函后，通过邮政服务寄送。两周之后，仅有28家供应商寄送了回函，审计人员接受了询证的结果，但是没有注意到部分回函发出地址相近、时间相同，且是由同一个邮局发出，信封的编号都是连续的。

对于没有收到回函的供应商，审计人员执行了替代程序：首先检查预付账款明细账和存货明细账，核实已收到存货的就核销预付账款；其次，查找购货合同等原始凭证和会计凭证，检查凭证资料是否正确、应付账款的构成与采购额度是否相符、借方发生额与货币资金流出是否相符。检查结果基本符合预期，于是审计人员就将精力投入到其他审计程序中。

（三）货币资金循环

正当注册会计师要对银行存款进行函证时，财务总监说："银行存款这种存放在公立的第三方平台的资金一定是真实准确的，你们时间有限，这个流程就省了吧。"注册会计师想到往年很少在银行存款方面出现问题，这次应该也没什么大问题，就没有对万福生科2008年、2009年年末的银行存款进行函证，仅仅检查了往来频繁的账户的银行回单与银行对账单是否一致。

对于2010年和2011年上半年的银行存款，审计人员抽取了10家银行进行函证。银行的回函率达到了70%，基本符合审计要求，审计人员对其余三家银行实施了替代程序，检查往来款项中的100万元以上（包括100万元）的银行回执单等原始凭证与万福生科出示的银行对账单是否相符，并检查了相关购销合同是否存在，结果没有出现重大错报。

（四）对审计策略的复核与评估

通过对万福生科进行了解，以及对实施一系列审计程序获得的审计证据进行分析，注册会计师认为对其重大错报风险的评估大体准确，没有其他未发现的重大错报。并且，注册会计师经过实施一系列审计程序，综合评价万福生科的整个审计过程和审计结果，认为审计小组在制定审计策略时确定的重要性水平是合适的，不需要重新调整。

（五）出具审计报告

执行必要的审计程序后，注册会计师认为万福生科财务报表在所有重大方面按照企业会计制度的规定编制，公允反映了万福生科2011年6月30日、2010年12月31日、2009年12月31日及2008年12月31日的财务状况，以及2011年1—6月、2010年度、2009年度及2008年度的经营成果和现金流量，出具了标准无保留意见的审计报告。

五、东窗事发

（一）罚款与市场禁入

2013年7月10日，12 756名万福生科虚假陈述案适格投资者与平安证券达成和解，补偿金额约1.79亿元。10月8日，证监会对中磊会计师事务所、万福生科开出最终处罚决定书。一方面，万福生科涉嫌欺诈发行股票和违法信息披露，罚款30万元；董事长龚永福、财务总监覃学军各处以30万元罚款，终身市场禁入；其余19名高管分别处以5万元至25万元的罚款。另一方面，相关中介机构未能勤勉尽责，对保荐机构平安证券给予警告，没收保荐收入2 555万元，并处以5 110万元罚款，暂停三个月保荐资格，对保荐代表人处以30万元罚款，撤销证券从业资格；对审计机构中磊会计师事务所没收98万元审计收入，处以196万元罚款，撤销证券从业许可，对签字会计师处以1万元罚款，终身市场禁入。

6-4 证监会处
罚决定

（二）以假乱真"六部曲"

处罚结果出来之后，万福生科的财务造假手段也逐渐浮出水面，如图6-3所示。

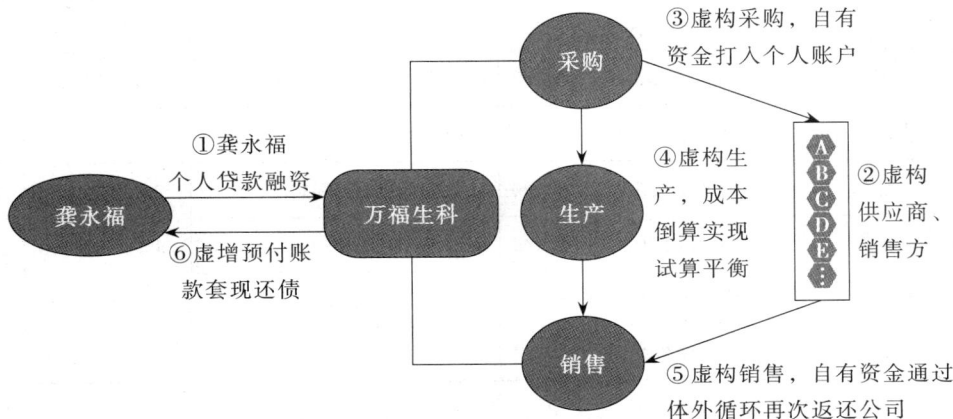

图6-3 万福生科业绩造假示意图

①龚永福以个人名义融资，将融资到的钱作为贷款打入万福生科的账户。

②借用多个农户的身份证办理银行卡，由万福生科实际控制，伪造成公司的"供应商"和"销售方"。一些账户所有人根本不是粮食经纪人，而是万福生科公司的职工或职工的远房亲戚等，而另一些农户甚至根本不知道万福生科为他们开立了银行账户。例如，万福生科虚构了一个桃源县农信社银行账户，在2008年以该银行账户虚构资金发生额2.86亿元，其中包括虚构收入回款约1亿元。

③虚构采购业务，将自有资金转至体外，在财务账套中确认预付账款以及原材料采购，并附上虚假的购销合同、入库单、检验单、生产单、销售单、发票等凭证。

④虚构生产环节，倒算成本项目实现试算平衡。造假过程全部按预算计划，采用成本倒算制：财务人员先设定预算年收入和利润，根据预计虚增后的各产品销售收入、毛利率及生产消耗率直接倒算生产成本（联系BOM表理解成本"制造"过程：销售收入×毛利率→销货成本，生产消耗→生产成本→预算人工费、辅料等消耗费→原材料、存货等），达到产销平衡。在执行过程中，由财务总监覃学军总体策划，统一分配任务，过程就像流水线，每个参与人员只需完成各自的部分，然后移交给下个环节负责人，等全部流水线结束后，整套假账也顺理成章地产生。

⑤虚构销售收入，通过银行柜台，将控制的个人账户中的资金逐笔分拆，存入万福生科的账户，并作销售收入处理，同时冲减应收款。对此，必须有银行回单和对账单作为凭证。在面对审计机构的时候，万福生科伪造银行回单。但是，利用自有资金进行体外循环的漏洞在于：把款项打回之后，银行的回单上会显示付款人名称，如果是个人账户的回款，就很容易露馅。为了掩盖这个问题，万福生科私刻若干个银行业务章，伪造了大量的银行回单，从而使银行流水能够跟销售合同和采购合同上的客户名称对应起来。

在"营业收入"科目中，万福生科虚构了大量的供应商及主要客户。万福生科2012年年中报表更正前后前五名客户的变化见表6-2。

表6-2　　　　　　　万福生科2012年年中报表更正前后前五名客户的变化

更正前			更正后		
客户名称	主营业务收入（元）	占营收比例	客户名称	主营业务收入（元）	占营收比例
东莞市常平湘盈粮油	16 941 956.70	6.28%	东莞市常平湘盈粮油	16 941 956.70	20.58%
湖南祁东佳美食品	14 156 118.40	5.25%	佛山市南海亿德粮油贸易行	6 340 000.00	7.70%
湖南省傻牛食品厂	13 803 865.90	5.12%	湖南祁东佳美食品	2 228 011.60	2.71%
津市市中意糖果	13 419 520.80	4.97%	津市市中意糖果	1 187 250.00	1.44%
怀化小丫丫食品	13 406 406.70	4.97%	焦作市菲爱特农业发展	906 944.00	1.10%
合计	71 727 868.50	26.59%	合计	27 604 162.30	33.53%

万福生科在2012年年中报表的更正公告中便展示了伪造的前五大客户及交易额。原先排名第三和第五的湖南省傻牛食品厂和怀化小丫丫食品有限公司，在更正后的前五大客户名单中"消失"。受2008年三聚氰胺事件的影响，傻牛食品厂的效益严重下滑，一年的

营业额不足百万元，显然无法采购以千万元计算的麦芽糖浆。根据万福生科2012年年报，当年其将东莞市常平湘盈粮油经营部、佛山市大沥广雅粮油站、中山民生粮食有限公司、东莞樟木头华源粮油经营部等四家客户的销售额并入佛山市南海亿德粮油贸易行名下。据调查，佛山市南海亿德粮油贸易行的实际控制人黄德义与万福生科控股股东有亲属关系，属于关联方交易。

⑥虚增预付账款，套现还债。在这个过程中形成的体外循环资金缺口，包括购销之间的差额、税费成本等，全靠龚永福在上市前的个人融资款来填补。上市后，龚永福迫于巨大的偿债压力，从上市公司套现以偿还之前的账外个人负债，最终通过巨大的在建工程规模来逐步消化其套取上市公司资金后的大窟窿。实际上，这些计入在建工程的设备供应款根本就没有打给供应商（法人），而是打给了自然人。

就这样，资金实现了"贷款转入→采购转出→销售转入→预付转出"的体外循环。依靠这个流程，万福生科在上市前的2008—2010年累计虚增4.6亿元的营业收入和1.13亿元的利润，并成功挂牌上市。

万福生科2008—2010年虚增收入、扣非净利润情况如图6-4所示。

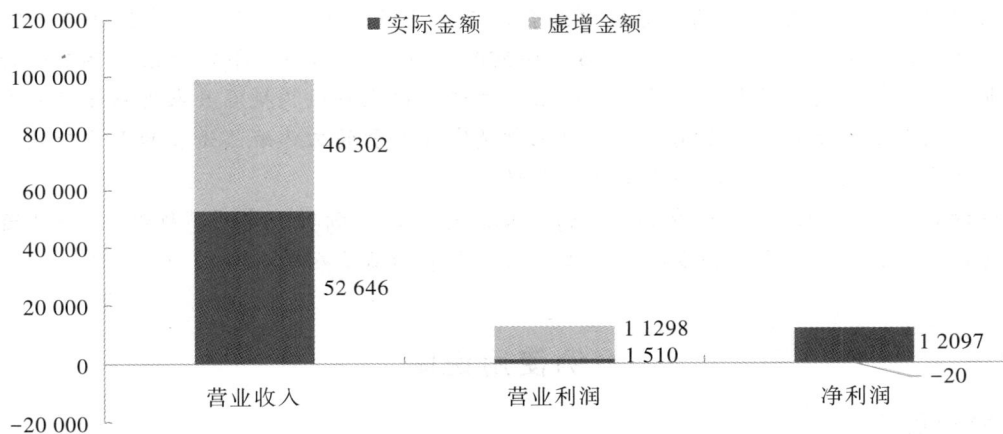

图6-4　万福生科2008—2010年虚增收入、扣非净利润情况（单位：万元）

六、尾声

在万福生科一案中，证监会对公司董事长、CFO、保荐代表人和签字会计师作出终身市场禁入的处理，不管是IPO项目，还是新三板、债券承销项目，凡所聘审计机构为中磊会计师事务所的被要求一律替换。处罚结果一出，中磊会计师事务所的主要业务很快被三家事务所瓜分，其山西分所和江西分所并入大信，上海分所并入利安达，广东分所并入中兴华富华。万福生科也按照证监会要求更换了事务所，"巧合"的是接手的会计师事务所正是合并中磊会计师事务所上海分所的利安达。

2014年，通过司法划拨，桃源湘辉接盘龚元福夫妇名下26.18%的股份，晋升为万福生科第一大股东，卢健之成为实际控制人。2016年，佳沃集团取得万福生科的控制权，联想控股成为实际控制人。2017年6月29日，已接盘万福生科成为大股东的联想系佳沃集团正式将上市公司更名为佳沃股份，"万福生科"这一名称正式退出舞台。

【政策思考】

党的二十大报告指出，我们必须增强忧患意识，坚持底线思维。习近平总书记也始终告诫全党要树立底线思维，强调"凡事从坏处准备，努力争取最好的结果，做到有备无患、遇事不慌，牢牢把握主动权"。审计工作人员作为监察和审核各家大小企业财务情况的守门人，常在细微处见能力，所以一定要有见微知著的本领，做到有备无患，同时也要牢固树立红线意识和底线思维。

审计工作的本质就是监督企业财务信息的真伪，维护平稳有序的经济秩序。社会公众基于对于审计人员的信任，相信他们所提供的信息。在本案例中，中磊会计师事务所的工作人员缺乏底线思维，缺乏敬畏之心，可能是认为万福生科董事长龚永福是常德市人大代表，能够利用"关系"消除一些不良后果，从而有胆量去挑战法律的"红线"，不按照审计准则中的要求执行审计程序。但事实证明这些铤而走险的行为只会导致证监会的严厉处罚，并被开出了"史上最大罚单"。

在本案例中，中磊会计师事务所的许多操作都是典型的反面教材。例如，其未对万福生科函证实施过程保持控制，未发现审计工作底稿中部分询证函回函上的签章并非被询证者本人的签章。上述程序缺陷，导致中磊会计师事务所未能发现万福生科2010年、2011年上半年虚增收入的事实。其未对万福生科2008年年末、2009年年末的银行存款进行函证，也未执行恰当的审计替代程序，导致未能发现万福生科虚构桃源县农信社银行账户的事实，虚构资金发生额高达2.86亿元。以上都是审计人员的工作缺陷造成的严重后果，更说明了坚守底线思维、秉持担当之心的重要性。

审计工作人员必须坚守底线思维，恪守底线原则，不触碰法律的"红线"，不做违法违纪的行为，努力做一个秉持着敬畏之心和担当之心的从业人员。

案例使用说明

一、教学目标

1. 引导学生从事务所合伙人的角度，思考在风险评估阶段如何使用分析性程序了解被审计单位及其环境。

2. 使学生熟悉在销售与收款循环中如何实施应收账款函证，特别是在函证全过程中如何保持函证质量。

3. 使学生熟悉在货币资金循环中如何实施银行存款函证，特别是在函证全过程中如何保持函证质量。

4. 帮助学生理解注册会计师保持职业怀疑和胜任能力的重要性。

二、思考题与分析要点

本案例分析思路框架图如图6-5所示。

本部分以"跨循环舞弊如何化解"这一问题为核心，从风险评估、风险应对和注册会计师职业道德三个角度展开分析：

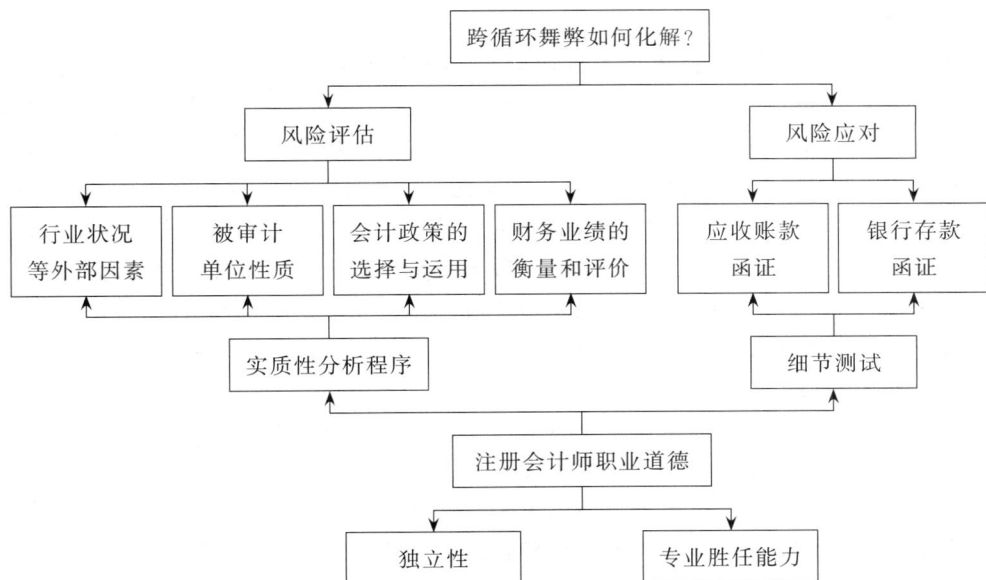

图6-5　案例分析思路框架图

首先，在风险评估阶段，最关键的就是实质性分析程序的运用。在了解行业状况等外部因素时，中磊会计师事务所忽视了万福生科所在的稻米加工行业的原材料供应不足的现状、行业平均碎米转化效率等关键指标，导致未能识别出万福生科原材料供应谎言。在了解被审计单位的性质时，未实地走访重要供应商及客户，未核实购销合同及出入库单据等原始凭证的真实性，导致未发现万福生科在购销方面的大量造假行为。在会计政策的选择与运用上，中磊会计师事务所忽视了粮食在存储过程中的变质及意外风险，对万福生科不计提存货跌价准备这一会计政策没有提出质疑，导致未能识别出存货账面金额的问题。在衡量和评价财务业绩时，其并未将万福生科与竞争对手进行对比，导致万福生科远高于同业的毛利率没有得到应有的重视。

其次，在风险应对阶段，应收账款及银行存款的函证尤为关键。在进行应收账款函证时，中磊会计师事务所因未能对函证的全过程保持控制、未对关键或重要项目进行函证，导致没能查出应收账款的重大错报。在进行银行存款函证时，其没有对一些重要银行存款进行函证、未核实企业提供的银行回单的真实性、未追查资金来源，从而未能发现万福生科虚构银行账户、伪造银行回单、虚构供应商的舞弊行为。

最后，在注册会计师职业道德基本原则中，独立性和专业胜任能力是本案例的关注焦点。在独立性上，中磊会计师事务所受到当地政府和被审计单位的压力，出于稳定客户关系的需求，主观忽视重大错报风险，未尽职开展必要的审计程序。在专业胜任能力上，中磊会计师事务所聘请的审计人员由于经验不足、职业判断能力较弱，未能对异常情况保持职业谨慎，落入万福生科早已设下的跨循环舞弊圈套。

1.结合本案例，你认为注册会计师可以从哪些方面来了解被审计单位及其环境？

在本案例中，中磊会计师事务所在了解被审计单位及其环境时，没有在以下四个方面执行有效的实质性分析程序：

（1）相关行业状况。

首先，万福生科所处的稻米加工行业早在 2009 年就开始发生重大变化，全国大米加工企业因为原材料供应不足爆发了大面积的停产危机，开工率仅为 30%~40%。但是万福生科在招股说明书中对该项重大变化的风险只字未提，虚构本地原料供应充足的假象，成功在创业板上市。其次，万福生科严重夸大产能，用 1 万吨碎米生产出了需要 4.7 万吨碎米才能产出的 41 946 吨麦芽糖浆和 5 878 吨蛋白粉。即使按照业内 7% 的稻谷加工碎米率测算，也根本无法生产出其披露的产量。这种异于行业状况的表现却没有引起注册会计师的重视，中磊会计师事务所也没有对稻米行业进行调查以评估和识别重大错报风险，从而没能识破万福生科关于原材料供应的谎言。

（2）被审计单位的性质。

中磊会计师事务所未实地走访重要供应商及客户、实地调查其产销能力、就其产销能力分析销售及采购数量是否合理，导致未发现万福生科排名靠前的大客户有的早已于几年前停产，有的根本就没有卖过旗下品牌的大米。此外，中磊会计师事务所未调查购销合同及出入库单据等原始凭证的真实性，从而导致注册会计师未发现万福生科的购销合同、发票、发运单等原始凭证存在大量造假行为。

（3）被审计单位对会计政策的选择和运用。

食用米是万福生科的主要产品之一。众所周知，粮食这种存货在储存过程中需面对保管不善导致变质的风险和重大意外灾害风险，而且全球粮食价格波动较为剧烈，造成重大损失的风险性极高。在此背景下，万福生科对自己超过一亿元的存货从 2008 年到 2012 年从未计提过存货跌价准备，而注册会计师竟然没有对这一会计政策的选择产生怀疑，说明其未按照审计准则要求执行审计工作。

（4）被审计单位财务业绩的衡量和评价。

万福生科的核心产品淀粉糖的毛利率明显高于其他公司。万福生科在招股意向书中的解释是其使用大米为原材料，原材料价格相对其他企业所使用的玉米的价格较为稳定，所以公司毛利率相对稳定。但是，稻米加工行业早在 2009 年就因原材料供应不足导致大面积停产，其解释难以令人信服。此外，万福生科的毛利率不仅丝毫没有受到原材料供应不足的影响，反而高于大米加工的龙头企业两倍多。中磊会计师事务所由于未将万福生科与竞争对手的业绩进行比较，从而未发现其毛利率异常的现象，轻易作出了公司业务正常、毛利率没有问题的结论。

2.中磊会计师事务所在应收账款函证过程中出现了哪些失误？应该如何改进？

（1）未对函证的全过程保持控制。

中磊会计师事务所及其注册会计师在对万福生科 2010 年年末和 2011 年 6 月 30 日的往来科目余额进行函证时，未对函证实施过程保持控制。其审计工作底稿中部分询证函回函上的签章并非被询证者本人的签章。上述程序缺陷，导致中磊会计师事务所未能发现万福生科 2010 年、2011 年上半年虚增收入的事实。

中磊会计师事务所对应收账款的函证大多根据被审计单位提供的地址及公司直接填写，没有通过电话、传真、邮件或者实地走访的方式来确认对方单位信息的真实性，导致一些函证直接回到万福生科的手中，使得万福生科有机会伪造签章回函，使回函根本不具有实质性意义。如果注册会计师对被审计单位提供的客户资料不加甄别，很容易就会落入"询证圈套"，发现不了销售交易中的错误和舞弊。

（2）未挑选出关键、重要的项目进行函证。

中磊会计师事务所及其注册会计师在审计万福生科IPO财务报表的过程中，未对万福生科2008年年末、2009年年末的应收账款余额进行函证，也未执行恰当的替代审计程序。其中，应收账款函证程序的缺失使其未能发现万福生科2008年、2009年虚增收入的事实。

例如，万福生科招股说明书显示，东莞市常平湘盈粮油经营部（以下简称"湘盈粮油"）是万福生科2009—2011年上半年的前五大客户，但该公司回应称，自2007年起就再未与万福生科签订销售合同。万福生科得以实现虚构主要客户，说明中磊会计师事务所没有对湘盈粮油进行函证以确认两者的交易是否真实准确，没有到湘盈粮油核查其与万福生科的进货单和铺货状况、销售状况，以确定交易数量是否合理。对于这种大宗交易，中磊会计师事务所也没有向独立的运输公司确认运输量与交易量是否吻合，导致其并没有及时发现万福生科与湘盈粮油经销部之间根本没有合作。

3.中磊会计师事务所在银行存款函证过程出现了哪些失误？应该如何改进？

（1）未对重要项目进行函证，不重视原始凭证真实性。

中磊会计师事务所在审计万福生科IPO财务报表时，未对万福生科2008年年末、2009年年末的银行存款进行函证，也未执行恰当的审计替代程序。其中，银行存款函证程序的缺失导致其未能发现万福生科虚构桃源县农信社银行账户的事实。万福生科2008年以该银行账户虚构资金发生额2.86亿元，其中包括虚构收入回款约1亿元。此外，中磊会计师事务所在核查货币资金时，只是简单地核查了银行存款的账面价值与银行账户内的余额是否相符，没有进一步根据企业提供的银行回单对各银行进行函证，从而未能发现万福生科伪造银行回单的行为。

（2）未追查资金的真实来源。

由于万福生科的部分供应商是个体农户，因此许多业务以现金进行交易。中磊会计师事务所没有对一些大额的项目进行抽查，没有识别出这些现金交易的许多交易对象是不存在的，或是由万福生科所控制的；也没有核对付款方和付款金额与合同、订单、出库单是否一致，以确定款项确实由客户支付。

4.中磊会计师事务所为什么未能发现万福生科的舞弊行为？是没有能力发现还是没有动力发现？进一步思考注册会计师的独立性及专业胜任能力如何影响审计质量？

（1）受到各方压力，无法出具真实审计意见。

万福生科在准备上市前，湖南省、常德市、桃源县三级政府主动积极地为其背书、疏通关系，甚至在舞弊事发后还为其说好话，试图减少惩罚。毫无疑问，中磊会计师事务所在审计过程中也曾受到来自各方的压力，使其在出具审计意见时，无法真实地表达审计过程中所发现的问题，反而隐藏了不符合法律规范的虚假情况，严重降低了审计质量。

（2）为取得利益的最大化，掩盖虚假情况。

由于市场竞争，事务所靠关系争取客户的情形屡见不鲜，这也使争取到客户的事务所与被审单位一荣俱荣、一损俱损。在这种关系下，一方面事务所不得不去迎合被审单位的需求来维系这种长期关系，另一方面这种长期关系带来的长期经济利益又成为事务所以及注册会计师自我辩解的理由。注册会计师和事务所很有可能为了获取一定的利益而向被审计单位出具无保留意见的报告。

在本例中，万福生科董事长龚永福是常德市人大代表，很有可能被认为能够利用"关系"消除一些不良后果，那么注册会计师和事务所便更加觉得这种利益共同体牢固可靠，而这也是对其违规的一种自我安慰，由此使得审计结果并不符合真实情况。

（3）中磊会计师事务所的专业胜任能力不足。

中磊会计师事务所曾在几年前和多家事务所合并。虽然合并扩张能够使会计师事务所吸引到更多的顾客，带来规模效应，但也造成审计人员的专业技能可能还达不到相应的要求。比如，在每年的招聘季会有一些刚毕业的大学生入职，在年审繁忙时期也会招聘许多实习生，而对他们的事前培训又相对较少，有时甚至省略这个步骤，而在实务操作中现学现教。这些未受过培训的审计人员在审计过程中，很可能因为经验缺乏、能力不足落入被审计单位设下的圈套。项目负责人后期也可能因为工作繁忙，或者认为任务简单而没有再次复盘检查，使得审计出现巨大失误。

中磊会计师事务所由于人手不够、审计人员经验不足、路途遥远等多种原因而没有实地考察万福生科的供应商和主要客户，未发现其虚构原材料供应商和主要客户的谎言，由此也可以看出其专业胜任能力的不足。

5.在审计实务中，如果被审计单位出现类似万福生科的跨循环财务舞弊，审计师应如何化解？

由于在审计之前，注册会计师并不知道被审计单位是否进行了跨循环舞弊，因此对于所有的重要审计项目都需要提高警惕，以防范企业的跨循环舞弊行为。

首先，对于任何重点审计项目，都需要加强实质性分析程序的细致程度，将实质性分析程序作为突破口。跨循环舞弊由于做到了各指标配比（成本、收入、毛利等）、各报表间的勾稽关系成立，因此很难通过风险评估程序发现。在控制测试中，由于舞弊公司存在有意美化、规范化，提供一系列内部控制的证据，因此也很难发现其控制薄弱。如果实质性分析程序足够细致，会有很大机会发现舞弊的端倪。因此，应将实质性分析程序作为跨循环式舞弊的突破口。

其次，当在实施实质性分析程序过程中发现疑虑时，应综合各个实质性分析程序的信息，进行风险评估的修正，考虑被审计单位的特征是否符合跨循环舞弊的特征。由于这种舞弊的特殊性，单一的实质性分析程序很难发现舞弊的全过程，因此应将多种实质性分析程序的结果进行比较，以发现其中的操纵逻辑。在发现舞弊端倪或者操纵痕迹之后，需要重新评估是否将跨循环舞弊所涉及的报表项目列为特别风险领域，修正重大错报风险的评估结果，修正需从实质性程序中获取的保证程度。

最后，对已发现存在舞弊风险的项目加强细节测试。审计不同于财务报表分析，需要抓住审计证据，从而得出审计结论。因此，必须从细节测试中找到对方进行舞弊的真凭实据。对重点的报表项目，如货币资金、存货、在建工程、营业收入、营业成本等项目，要额外实施一些实质性程序。

（1）收入。

在本案例中，对收入的函证很可能失效，因为对方要么是受公司控制的，要么是关联方，注册会计师很可能获得证明信息相符的回函，因此回函不一定可靠。注册会计师应该更加倾向于采纳外部的原始凭证，如交付产品的检查及发运单、对方提货单、对方验收单、检查报关单、装船单、双方共同的验收单和监理方的证明。由于这些凭证留存在于外部企业，被审计单位造假的难度大，因而更具有可靠性。

（2）货币资金。

在本案例中，由于稽查人员获得了资金流水台账，从而取得了案件的突破口。证监会的稽查和财务核查大多是通过检查资金流水发现的问题线索，这一点应值得注册会计师学习。但情况不同的是，证监会稽查有权限直接要求银行提供真实的对账单，更有权限要求供应商、客户提供对账单，再对其与被稽查单位的往来进行一一核对。注册会计师则处于明显弱势的地位，不仅没有权利调取供应商、客户的对账单，也没有明确权限要求被审计单位必须提供银行对账单，因此连被审计单位的对账单都不一定能够获取。

（3）在建工程。

由于在建工程没有明确的价值核算，不像存货可以将数量、单价分清楚，也不像固定资产可以盘点清楚，因此在建工程的审计难度很大。在审计实务中，对于在建工程的审计往往较为简化。在建工程的价值最主要的两项来源是工程款结算和工程物资的领料，因此，实务中往往检查工程合同、建筑发票、工程结算、工程物资领料，就基本完成了在建工程的核查。但是如果仅仅到此为止，那么在建工程审计将很难发现问题。在实地观察时，可以记下在建工程大致的占地面积、功能、主要设备，与其他公司的在建工程进行对照，来发现计价是否虚高。

三、理论依据

1. 《中国注册会计师审计准则第1211号——了解被审计单位及其环境并评估重大错报风险》和《中国注册会计师审计准则第1231号——针对评估的重大错报风险实施的程序》

注册会计师应当从下列几个方面了解被审计单位及其环境：相关行业状况、法律环境与监管环境，以及其他外部因素；被审计单位的性质；被审计单位对会计政策的选择和运用；被审计单位的目标、战略以及相关经营风险；被审计单位财务业绩的衡量和评价；被审计单位的内部控制。

2. 《中国注册会计师审计准则第1312号——函证》

在正常情况下，注册会计师应当对函证的全过程保持控制。在发出前，询证函经被审计单位盖章后，应当由注册会计师直接发出。注册会计师应该将被询证者的名称、地址与被审计单位有关记录进行核对，以确保准确性。

注册会计师可以执行的程序包括但不限于：通过拨打公共查询电话、登录被询证者的网站或其他公开网站，将被询证者的名称和地址信息与被审计单位持有的相关合同等文件核对，将供应商或客户的名称、地址与被审计单位收到或开具的增值税专用发票中的对方单位名称、地址进行核对。如果未能收到积极式函证回函，应当考虑与被询证者联系，要求对方作出回应或再次寄发询证函。被询证者以传真、电子邮件等方式回函的，可以与被询证者联系以核实回函的来源及内容，必要时，可以要求被询证者提供回函原件。

应收账款函证选取的范围包括：金额较大的项目、账龄较长的项目、交易频繁但期末余额较小的项目、重大关联方交易、重大或异常的交易、可能存在争议以及产生舞弊或者错误的交易。注册会计师除非有充分证据表明应收账款对财务报表不重要或函证很可能无效，否则，应对应收账款进行函证。如果不对应收账款进行函证，应在工作底稿中说明理由。如果认为函证很可能无效，应当实施替代审计程序以获取充分、适当的审计证据，如抽查有关原始凭据，包括销售合同、销售订单、销售发票副本、发运凭证及回款单据等，以验证与其相关的应收账款的真实性。

3.《中国注册会计师审计准则第1612号——银行间函证程序》

银行存款函证程序实施的范围是本年度内存过款（含外埠存款、银行汇票存款、银行本票存款、信用卡存款、信用证保证金存款）的所有银行发函，包括企业存款账户已结清的银行。对于IPO审计，注册会计师应转变余额审计观念，重视核对发行人申报期内的银行交易：要求发行人提供加盖银行印章的对账单，必要时可以重新向银行取得对账单，以获取真实的银行对账单作为外部证据；关注收付业务内容与公司日常收支的相关性，以识别发行人转移资金或者出借银行账户的情况；向现金交易客户函证申报期内各期收入金额，以评估现金收入的发生和完整性认定是否恰当。

根据规定，发行人及相关中介机构应充分关注现金收付交易对发行人会计核算基础的不利影响，包括核对从外部获取期末资金流水与企业日记账、企业提供的对账单；核查现金销售金额及其占总销售额的比例，评估现金销售的风险；对大额和异常项目进行抽查。

4.审计质量

DeAngelo（1981）提出了一个迄今为止影响力最大的审计质量定义：审计质量就是审计师发现并报告违规行为的联合概率。通俗地解释一下，所谓高质量的审计，就是审计人员既有本事查出假账，也要诚实地对外报告出来，前者取决于审计人员的专业水平，后者则取决于其独立性。

审计独立性是审计人员对被审单位保持精神上的独立和实质上的独立。是审计工作的基本原则之一。所谓精神上的独立，指审计人员在执行审计工作中，保持独立的姿态，从客观公正的立场出发，自由、客观地收集审计证据，依照一定的标准和原则，谨慎、合理地对审计证据进行评价，严格遵守职业道德，不屈从于来自任何方面的压力。所谓实质上的独立，是指审计人员具有独立的身份，与被审计单位之间不存在经济联系和有损于独立性的其他联系，如直系亲属。

专业胜任能力是指注册会计师具有专业知识、技能和经验，能够经济、有效地完成客户委托的业务。注册会计师如果不能保持和提高专业胜任能力，就难以完成客户委托的业务。事实上，如果注册会计师在缺乏足够的知识、技能和经验的情况下提供专业服务，就构成了一种欺诈。注册会计师在应用专业知识和技能时，应当合理运用职业判断。专业胜任能力可分为两个独立阶段：专业胜任能力的获取和职业胜任能力的保持。注册会计师应当持续了解和掌握相关的专业技术和业务的发展，以保持专业胜任能力。

5.《中国注册会计师审计准则第1141号——财务报表审计中对舞弊的考虑》

跨循环舞弊是一种恶劣的财务舞弊行为。企业的盈余与现金流高度一致是这种舞弊行为的一个重要特征。这就导致会计师事务所在实际审计过程中难度增加，面临的风险也更大。如果不仔细分辨的话，会误认为实施这种财务舞弊手段的公司盈余质量较高。

财务舞弊的另一个特点就是造假的规模与资金流动速度相关，而并不需要很大的资金来进行"输血"，即用少量的资金就可以完成较大规模的舞弊。这是因为，资金在公司主体、公司控制的账户、关联方、串通的供应商和客户之间进行循环，一年可以循环多次，重复利用。转得越快，造假的规模就越大。更恶劣的是如果公司伪造银行对账单、进账单，虚构一些资金进出的记录，甚至可以不需要资金支持就实现"空转"，而对银行函证时仍然可以取得"金额相符"的回函。

四、关键要点

1.案例分析中的关键知识点

（1）万福生科的业绩造假手段。

（2）如何了解被审计单位及其环境。

（3）函证及其过程控制的关键点。

（4）注册会计师提升审计质量的关键。

2.案例分析中的能力点

（1）能够了解被审计单位及其环境的方式。

（2）能够掌握销售与收款循环、采购与付款循环和货币资金审计中的关键风险点。

（3）能够了解正确实施函证的审计程序。

（4）能够了解注册会计师的独立性及专业胜任能力对审计质量的影响。

五、案例的后续进展

案例的后续进展见表6-3。

表6-3　　　　　　　　　　　　　　　案例的后续进展

时间	事件类型	事件内容
2014-12-12	桃源湘晖成为第一大股东	桃源湘晖通过司法划拨，接盘万福生科原控股股东龚永福夫妇名下合计26.18%的股份，晋升为万福生科第一大股东
2016-12-07	佳沃集团取得控制权	万福生科控股股东桃源湘晖与佳沃集团签署《表决权委托书》，授权佳沃集团作为其持有的万福生科26.57%的股份的代理人，实控人变更为联想控股
2017-02-20	"万福生科"变"佳沃股份"	公司证券简称由"万福生科"变更为"佳沃股份"。联想控股为佳沃集团的实际控制人，也就是说上述交易完成后，万福生科将成为联想控股控制的公司之一
2017-08-25	佳沃股份首份半年报亏损	佳沃股份股价走势持续低迷，截至2017年8月25日收盘，佳沃股份报28.50元，涨幅3.04%
2018-08-03	佳沃股份拟向佳沃集团转让100%股权	佳沃股份拟将桃源县万福生科农业技术开发有限公司100%的股权以11 580.13万元转让给公司控股股东佳沃集团
2019-06-28	佳沃股份"蛇吞象"，启动要约收购智利公司Australis Seafoods S.A.	佳沃股份拟以现金方式要约收购标的公司100%的已发行股份，预计总收购价格为8.8亿美元

六、延伸阅读文献

［1］Deangelo L E .Auditor size and audit quality ［J］. Journal of Accounting and Economics，1981（03）：297–322.

［2］万福生科. 万福生科（湖南）农业开发股份有限公司关于重要信息披露的补充和2012 年中报更正的公告 ［EB/OL］. ［2024–05–11］.https：//static.cninfo.com.cn/finalpage/2012–10–26/61711956.PDF.

［3］中国证券监督管理委员会. 中国证监会行政处罚决定书（万福生科（湖南）农业开发股份有限公司、龚永福、严平贵等21名责任人）［EB/OL］. ［2024–05–11］.http：//www.csrc.gov.cn/csrc/c101928/c1043116/content.shtml.

［4］中国证券监督管理委员会. 中国证监会市场禁入决定书（龚永福、覃学军）［EB/OL］. ［2024–05–11］.http：//www.csrc.gov.cn/csrc/c101927/c1042159/content.shtml.

［5］中国证券监督管理委员会. 中国证监会行政处罚决定书（中磊会计师事务所有限责任公司、王越、黄国华）［EB/OL］. ［2024–05–11］.http：//www.csrc.gov.cn/csrc/c101928/c1043115/content.shtml.

［6］中国证券监督管理委员会. 中国证监会行政处罚决定书（中磊会计师事务所有限责任公司）［EB/OL］. ［2024–05–11］.http：//www.csrc.gov.cn/csrc/c101928/c1043108/content.shtml.

［7］中国证券监督管理委员会.中国证监会市场禁入决定书（王越、黄国华）［EB/OL］. ［2024–05–11］.http：//www.csrc.gov.cn/csrc/c101927/c1042158/content.shtml.

［8］中国证券监督管理委员会. 中国证监会行政处罚决定书（平安证券有限责任公司、吴文浩、何涛等 7 名责任人）［EB/OL］. ［2024–05–11］.http：//www.csrc.gov.cn/csrc/c101928/c1043114/content.shtml.

［9］中国证券监督管理委员会. 中国证监会市场禁入决定书（吴文浩、何涛）［EB/OL］. ［2024–05–11］.http：//www.csrc.gov.cn/csrc/c101927/c1042157/content.shtml.

［10］中国证券监督管理委员会. 中国证监会行政处罚决定书（湖南博鳌律师事务所、刘彦、胡筠）［EB/OL］. ［2024–05–11］.http：//www.csrc.gov.cn/csrc/c101928/c1043117/content.shtml.

［11］中国证券监督管理委员会.中国证监会市场禁入决定书（刘彦、胡筠）［EB/OL］. ［2024–05–11］.http：//www.csrc.gov.cn/csrc/c101927/c1042160/content.shtml.

［12］万福生科. 万福生科（湖南）农业开发股份有限公司关于变更公司名称及证券简称的公告 ［EB/OL］. ［2024–05–11］.https：//static.cninfo.com.cn/finalpage/2017–06–29/1203660050.PDF.

案例7 千亿白马的失踪
——KDX货币资金"失踪"了吗？①

【案例导读】

2019年伊始，KDX公司财务报表显示其货币资金有153亿元，但无法偿还15亿元的短期债务，使得市场对KDX公司的货币资金"实际"金额画上了大大的问号。公司的货币资金去哪了？公司的货币资金真的有153亿元吗？年度财务报告审计难道没有发现吗？KDX公司的货币资金造假如何成功骗过了众多投资者与审计师呢？审计师实施的程序适当、充分吗？通过对公司签订《现金管理合作协议》的动机与经济后果进行分析，总结年度财务报告审计中对货币资金审计有效的建议。

7-1 案例7 教学视频

【关键词】

货币资金审计 KDX公司 关键审计事项 进一步审计程序

案例正文

一、引言

对于企业而言，货币资金是指其持有的现金、银行存款等可用来支付的资产，是企业维持日常经营活动、实现扩张、应对风险的重要支撑，因此货币资金在财务报表上的金额和比重是向外界传递公司目前发展状况是否良好的信号。然而，货币资金造假的事件层出不穷，造假手段也是五花八门。例如，KDX公司利用签订的《现金管理合作协议》和资金池业务进行货币资金造假，甚至一度瞒过了RH会计师事务所和广大投资者，给投资者造成了损失，引起了激烈的讨论。

那么，KDX公司签订《现金管理合作协议》的动机是什么？造成了什么样的经济后果？资金池业务会给货币资金造假提供什么样的便利条件？其中的审计风险是什么？作为审计人员，又应该如何应对这些审计风险呢？

二、案例背景

（一）KDX公司的基本情况

KDX公司成立于2001年8月，作为一家高科技材料企业，公司致力于"打造先进高分子材料平台"。面对新的发展机遇，KDX公司已构建以光电材料和预涂材料为核心的新材料，以3D、SR和大屏触控为核心的智能显示，以及碳纤维三大核心主营业务，聚焦消费、交通、新兴行业、新能源、医疗、智慧城市和智慧生活等六大核心市场，打造围绕新

---

① 本案例由刘桂良开发。除非特别声明，本书的案例研究对象均为上市公司，案例中引用的所有数据均来自该公司的公告。另外，本书的所有案例只供课堂讨论之用，并无意暗示或说明某种管理行为是否有效。

材料系统解决方案提供商和服务商的平台体系。

KDX 公司的股权结构如图 7-1 所示。

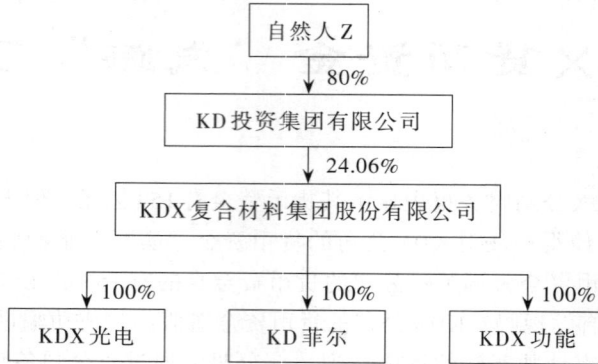

图7-1　KDX公司股权结构图

KDX 公司作为国内先进高分子材料的行业领军者，近年来毛利率水平一直保持在 35%~40% 的水平。2015 年、2016 年、2017 年上半年和 2018 年上半年，KDX 公司的综合毛利率分别为 37.34%、40.45%、37.85% 和 38.11%。2015—2018 年，其销售收入分别为 74.59 亿元、92.33 亿元、117.89 亿元和 91.50 亿元，经营活动现金流入分别为 70.72 亿元、80.04 亿元、129.20 亿元和 83.47 亿元。

（二）货币资金情况

截至 2015 年年末、2016 年年末、2017 年年末、2018 年年末，KDX 公司资产总额分别为 183.68 亿元、264.24 亿元、342.62 亿元、342.54 亿元，账面货币资金分别为 100.87 亿元、153.89 亿元、185.04 亿元、153.16 亿元，同期有息负债（短期借款+长期借款+应付债券）分别为 50.59 亿元、57.05 亿元、110.05 亿元、105.01 亿元，同期财务费用分别为 3.05 亿元、2.30 亿元、5.53 亿元、4.47 亿元，同期利息收入分别为 0.25 亿元、0.88 亿元、1.67 亿元、2.2 亿元。

7-2 KDX 公司财务报表主要数据

7-3 KDX 公司财务报表货币资金与营运资金需求

7-4 KDX公司财务报表货币资金与有息负债情况

7-5 KDX 公司 2015—2018 年利息情况和利率情况

KDX 公司在货币资金管理方面，着力建立健全相关资金制度，建立了突发事件应急机制，以及内部监督、稽核与内部审计体系，拥有良好的监督机制体系。

7-6 货币资金管理情况

签订《现金管理合作协议》即在集团内部开立账户，各下属子账户的资金实时全额归集到集团账户，子账户余额管理按照零余额管理方式，但账面上显示应计余额，从而实现上拨下划功能。在应计余额模式下，子账户对账单将不显示该账户与 KD 集团账户之间自动上存和自动下拨等归集交易。当 KDX 作为子账户发生收款时，账户资金实时向 KD 集团进行资金归集，资金将进入集团账户，子账户同时记录累计上存资金余额。当子账户发生付款时，KD 集团账户实时下拨资金完成支付，同时扣减该子账户上存资金余额。

（三）《现金管理合作协议》背后的故事

KDX 公司的大股东 KD 集团于 2014 年 1 月与 BJ 银行西单支行（以下简称"BJ 银行"）签订了《现金管理合作协议》。签订协议时，KDX 实际控制人 ZY 出具了公司授权书，仅与 KDX 公司时任资金部主管 ZLX 代表公司进行签订。同时，ZY 还是 KD 集团的董事长。

7-7《现金管理合作协议》主要内容

在上述协议签订后，KDX 公司及其三家全资子公司 KDX 光电、KD 菲尔、KDX 功能陆续加入。之后，又有 9 家 KD 集团下属企业加入这一协议。按照该协议，KD 集团开立联动账户后，可以从子公司分别归集现金 2 亿元、80.04 亿元、129.20 亿元及 83.47 亿元。

三、货币资金审计情况

RH 会计师事务所（简称"RH"）为 2015 年、2016 年、2017 年、2018 年 KDX 公司的主审会计师事务所，前三年为 KDX 公司年报出具了无保留审计意见。在 2019 年 3 月审计 KDX 公司 2018 年年度财务报告时，RH 发现公司账面货币资金充裕，却无力偿还 15 亿元的短期债务，基于谨慎原则，项目负责人 A 审计师分析了历年来的货币资金情况，认为货币资金的期末余额并不涉及复杂或主观的判断，同时 2 个年度内均无特殊情况，于是设计常规的审计程序即函证程序验证货币资金的真实性、存放安全性以及是否存在权利限制，具体程序见表 7-1。

表7-1　　　　　　　RH 针对KDX公司2018年货币资金实施的主要审计程序

步骤	执行程序	审计程序
1	了解内控	了解和评价管理层与货币资金相关的关键内部控制设计和运行的有效性
2	监盘库存现金	将盘点金额与现金日记账余额进行核对，并倒轧至资产负债表日
3	函证银行存款	审计人员亲自函证包括余额为零和已销户的所有银行账户；如果开户银行为境外银行或无法亲自函证的开户银行，采用邮寄的方式完成函证。 （i）由审计员核对对账单，亲自填写询证函 （ii）由企业财务人员核实询证内容填写无误后，公司在询证函上盖章 （iii）对计划发出的询证函复印留档，原件寄至 RH，由事务所里负责询证的同事从本所办公地址向被询证单位寄发询证函，并由快递员在发函清单上签字 （iv）对发函的银行地址在官网查询并进行核对，确保发函收件人与收件地址均为被函证银行 （v）被询证银行将回函直接寄回 RH，项目组根据回函情况登记询证控制表，函证结果与对账单金额一致，并检查询证函上的其他信息与账面记录一致，通过函证了解货币资金所有权受限情况
4	检查	打印银行对账单，将银行存款账面收付记录与银行对账单抽样核对；将保证金账户对账单与相应的交易进行核对，检查保证金与相关债务的比例和合同约定的一致性；编制银行存单检查表，检查与账面记录金额的一致性及质押或限制使用的情况，确认存单所有权属于 KDX 公司；抽查大额银行存款收支的原始凭证，确认账务处理的正确性；核对货币资金明细账与总账的金额是否相符；对货币资金收支凭证实施截止测试，检查是否存在跨期情况；检查货币资金是否已按照企业会计准则的规定在财务报表中作出恰当列报
5	实质性分析程序	分析比较公司银行存款应收利息收入与实际利息收入，评估利息收入的合理性，确认银行存款余额的真实性、利息收入记录的完整性

2019年3月，为确定货币资金账户余额及资金是否受限，A审计师首先查看KDX公司及其下属的三家全资子公司KDX光电、KD菲尔、KDX功能2018年年末的账面余额，核对了相关的网银记录，发现网银记录显示余额与公司财务账面余额记录一致，均为122.1亿元。

接着，A审计师分别于2019年3月25日、2019年4月2日、2019年4月16日通过顺丰邮寄发函给BJ银行。2019年4月29日，RH会计师事务所收到回函，并电话回访确认是BJ银行工作人员寄出。

根据银行回函，KDX公司在该银行的存款该账户余额为0元，该账户在BJ银行有联动账户业务，银行归集金额为122.09亿元，但BJ银行对KDX在BJ银行的美元账户（尾号4114）年末余额为1 924.82美元、人民币账户（尾号4230）年末余额为611 299.26元并未进行回复。于是，A审计师向BJ银行了解联动账户信息，银行工作人员在电话回访中未予回复。因BJ银行西单支行回函信息与公司账面记载余额、公司网银显示余额不一致，同时也无法实施有效的进一步替代程序以获取充分、适当的审计证据，RH会计师事务所出具了无法表示意见的审计报告。

四、结语

目前上市公司受到行政处罚的问题基本集中在信息披露、虚增收入（利润）、公司治理、资金活动以及关联方交易等几个方面。KDX公司运用《现金管理合作协议》来获取账面货币资金，逃过了层次监管，获得了无保留审计意见。这一事项深深触动了审计师对货币资金的审计程序与证据的思考：

1.KDX集团签订《现金管理合作协议》的背景是什么？对审计会产生什么样的风险？

2.RH会计师事务所为历年KDX公司的审计机构，其实施了哪些审计程序？这些审计程序能否证明审计师完全履行了审计职责？

3.如果你是审计师，针对KDX的《现金管理合作协议》以及类似的协议，会如何进行审计？

【政策思考】

党的二十大报告强调"实施科教兴国战略，强化现代化建设人才支撑"，"深入实施人才强国战略，培养造就大批德才兼备的高素质人才，是国家和民族长远发展大计"。

审计人员作为第三方人员，负责对被审计单位的财务报表进行检查并出具审计意见、进行第三方鉴证。作为审计人员，应当恪守"严格依法、正直坦诚、客观公正、勤勉尽责、保守秘密"的基本审计职业道德，身体力行地做好分内工作，以更好地服务于我国经济的有序发展。

根据《中华人民共和国注册会计师法》等法规和相关执业准则，注册会计师应依照审计准则勤勉、审慎地进行审计工作并发表审计意见，这就要求注册会计师不仅要充分利用自己的专业能力、客观对待和全面考虑各方利益，而且要完善审计流程，真实完整地将经济活动反映到财务数据上，确保财务数据的真实、可信和完整。

在 RH 会计师事务所审计 KDX 公司的过程中，注册会计师没有做到勤勉尽责。对于广大投资者而言，上市公司的货币资金是其观察此公司实力的重要标准之一。KDX 公司通过《现金管理合作协议》获取了大量的账面货币资金，逃避了监管，给资本市场的运行造成了严重的不利影响，更引发了对于审计工作和审计职责的深思。

为降低此类审计风险，审计人员应从提高自身的专业胜任能力入手，设计更加合理有效的审计程序。一方面，注册会计师应在审计过程中时刻保持职业怀疑，针对异常的财务报表项目要深入探究其中的缘由、细致追查，不能满足于实施浅显的审计程序。例如，RH 会计师事务所虽然对银行存款实施了函证程序，但并未深入探究其中的关联方交易和实质性问题。另一方面，会计师事务所应响应国家号召，加大对于事务所内各项目组和审计人员的教育培训力度，强调勤勉尽责和职业怀疑对于降低审计风险和提高审计质量的重要性。

案例使用说明

一、教学目标

本案例的教学目标为：首先，引导学生了解货币资金的审计流程，从审计人员的角度提高审计谨慎性，掌握函证的替代性程序，对货币资金的完整性、存在性进行全面审计，发现暗藏的资金池业务。其次，结合本案例，分析 KDX 公司签订《现金管理合作协议》的动机和经济后果，探究在资金池业务下货币资金的风险问题，判断此类《现金管理合作协议》的合法合规性。最后，建议学生在掌握审计准则的基础上，分析审计机构是否勤勉尽责，并提出如何提高审计师执业能力和审计质量的建议。

通过本案例的学习，学生应做到：

（1）明晰公司管理中对于货币资金的管理方式。

（2）明确货币资金审计中存在的审计风险。

（3）明晰应对货币资金审计风险的审计程序。

二、思考题与分析要点

案例分析思路如图 7-2 所示。

1.KD 集团签订此类《现金管理合作协议》的背景是什么？对审计会产生什么样的风险？

从财务报表的数据层面进行分析，并通过比对签订《现金管理合作协议》前后年份数据的变动来分析货币资金审计风险。

（1）《现金管理合作协议》是否隐藏不良动机。

①《现金管理合作协议》便于进行关联方交易。

在证监会的处罚公告中，KDX 公司从 2014 年开始便未披露关联方交易情况。根据《企业会计准则第 36 号——关联方披露》第七条、第八条第（五）项的规定，KDX 公司合并范围内的 5 个银行账户资金被实时归集到 KD 集团，实质上系 KDX 公司向关联方 KD 集

案例情节	思考问题	理论知识	研究目标
1.《现金管理合作协议》的签订背景及其内容 2.KD集团和KDX公司的基本情况、财务状况和货币资金管理情况	1.KD集团签订《现金管理合作协议》的背景是什么？对审计会产生什么样的风险？	货币资金审计内部控制《上市公司治理准则》（2018）》	1.明晰公司对货币资金的管理方式 2.明确货币资金审计中存在的审计风险 3.判断《现金管理合作协议》的合法合规性
3.RH会计师事务所对KDX公司的货币资金审计情况和审计结果 4.证监会对RH会计师事务所的处理结果	2.RH实施了哪些审计程序？这些审计程序能否证明审计师完全履行了审计职责？	审计程序、审计师的专业胜任能力、《KDX公司关于收到中国证监会行政处罚事先告知书的公告》	4.掌握分析审计机构是否勤勉尽责的原则
1+2+3+4	3.针对KDX公司的《现金管理合作协议》以及类似的协议，如何进行审计？	风险评估方法关键审计事项沟通程序	5.明晰应对货币资金审计风险的审计程序

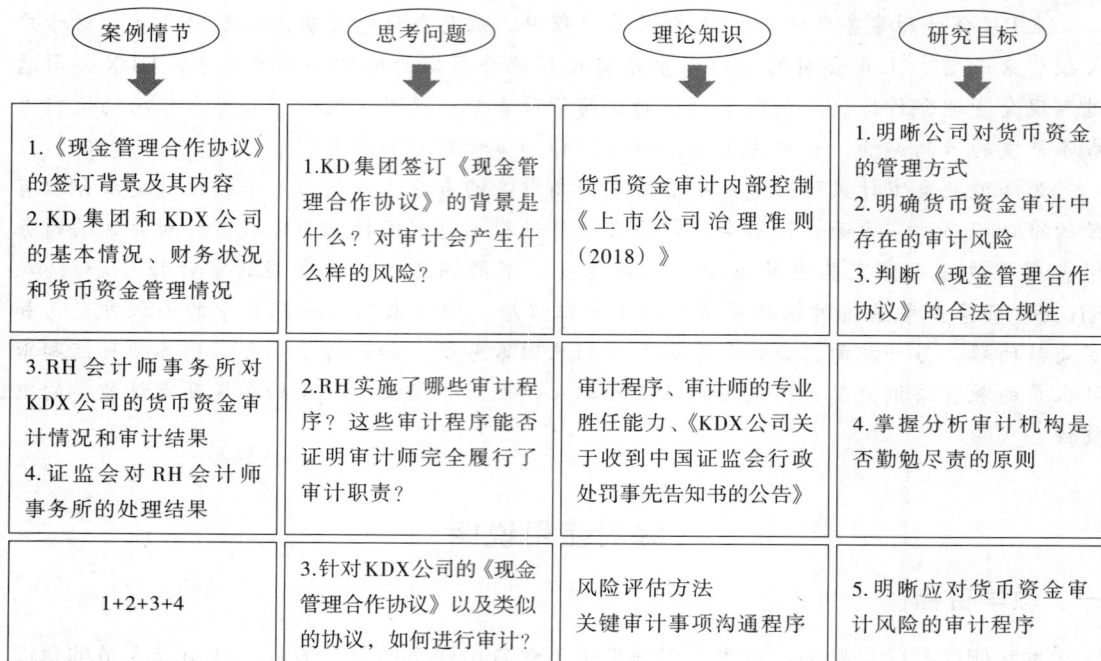

图7-2 案例分析思路

团提供资金、KD集团非经营性占用KDX公司资金的行为，构成KDX公司与KD集团之间的关联交易。KDX公司与KD集团发生的关联交易金额：2014年为65.23亿元，占最近一期经审计净资产的171.75%；2015年为58.37亿元，占最近一期经审计净资产的120.92%；2016年为76.72亿元，占最近一期经审计净资产的83.26%；2017年为171.50亿元，占最近一期经审计净资产的109.92%；2018年为159.31亿元，占最近一期经审计净资产的88.36%。

KDX公司应当在相关年度报告中披露控股股东非经营性占用资金的关联交易情况。KDX公司在2014年、2015年、2016年、2017年和2018年年度报告中均未披露该关联交易事项，存在重大遗漏。

根据《现金管理合作协议》的内容，在应计余额的模式下子账户对账单将不显示该账户与KD集团账户之间自动上存和自动下拨等归集交易。在此种情形下，关联方之间的交易可能会被隐瞒。

②《现金管理合作协议》可能成为粉饰财务报表数据的手段。

从KDX公司的各年年报公布的财务数据中可以发现，在2014年签订《现金管理合作协议》后，财务报表的多个项目发生了较大的波动。其中，货币资金、营业收入、净利润、现金流等方面均出现了与正常运营不太相符的数据，这不得不让人怀疑数据的真实性。

具体异常项目如下：

2016年经营现金流和净利润背离。由于当期的应收账款有增加，不能怀疑此时现金流存在问题，但此处应该引起怀疑。KDX公司2013—2018年经营现金流净额、净利润与应收账款情况见表7-2。

表7-2 　　　KDX公司2013—2018年经营现金流净额、净利润与应收账款情况　　金额单位：亿元

项目＼年份	2013	2014	2015	2016	2017	2018
经营活动产生现金净额	2.26	4.3	9.07	-0.48	36.62	13.1
净利润	6.59	10	14.05	19.65	24.76	2.84
应收账款	4.31	17.70	27.94	48.00	44.09	48.65
经营现金流净额/利润	34.29%	43.00%	64.56%	-2.44%	147.90%	461.27%

货币资金，销售商品、提供劳务收到的现金，经营活动现金流入，经营活动产生的现金流量净额变动百分比在2014年签订《现金管理合作协议》之后的2015年到达最高值。KDX公司2013—2018年货币资金、经营活动现金等变动见表7-3。

表7-3 　　　KDX公司2013—2018年货币资金、经营活动现金等变动　　　金额单位：亿元

项目＼年份	2013	2014	2015	2016	2017	2018
货币资金	26.75	41.93	100.87	153.89	185.04	153.16
变动百分比	-22.37%	56.75%	140.57%	52.56%	20.24%	-17.23%
销售商品、提供劳务收到的现金	32.62	39.55	69.16	78.52	126.7	80.66
变动百分比	36.26%	21.24%	74.87%	13.53%	61.36%	-36.34%
经营活动现金流入	33.4	40.59	70.72	80.04	129.2	83.47
变动百分比	37.11%	21.53%	74.23%	13.18%	61.42%	-35.39%
经营活动产生的现金流量净额	2.26	4.3	9.07	-0.48	36.62	13.10
变动百分比	-17.22%	90.27%	110.93%	-105.29%	-7 729.17%	-64.23%
净利润	6.59	10	14.05	19.65	24.76	2.84

根据证监会的《告知书》可获悉，2015年1月至2018年12月，KDX公司通过虚构销售业务方式虚增营业收入，并通过虚构采购费用、生产费用、研发费用、产品运输费用等方式虚增营业成本、研发费用和销售费用。通过上述方式，KDX公司在2015年、2016年、2017年、2018年分别虚增利润总额23.81亿元、30.89亿元、39.74亿元、24.77亿元，占年报披露利润总额的144.65%、134.19%、136.47%和722.16%。上述行为导致KDX公司披露的相关年度报告财务数据存在虚假记载。

如果没有进行虚增，KDX从2015年至2018年的真实利润应该分别为-7.33亿元、-7.87亿元、-10.62亿元、-21.35亿元，按照正常的上市公司退市规定，KDX已经连续亏损三年，会面临退市的风险。此外，这些虚增的事项都发生在签订《现金管理合作协议》之后，让人不得不怀疑签订该协议的动机。

（2）《现金管理合作协议》可能带来的审计风险。

从不同的视角思考可能会得出不同的结论。学生可以从法律层面和实质性层面进行讨

论和分析。目前，《现金管理合作协议》是否具有法律效力仍有待商榷，其中涉及的货币资金的归属权也备受争议。

①业务合法性风险。

依据《上市公司治理准则（2018）》第六十八条关于上市公司独立性的要求，即控股股东、实际控制人与上市公司应当实行人员、资产、财务分开，机构、业务独立，各自独立核算、独立承担责任和风险，《现金管理合作协议》严重违反了上市公司的财务独立性，损害了KDX公司正常的运营状况与广大股东的切身利益。另外，《中华人民共和国商业银行法（2015年修正）》第6条规定，商业银行应当保障存款人的合法权益不受任何单位和个人的侵犯，《现金管理合作协议》违反了相关法律法规。根据《中华人民共和国合同法》第52条、第56条、第58条和第59条之规定，《现金管理合作协议》因违法而自始无效。所以对于审计而言，《现金管理合作协议》有严重的经营业务合法风险。

②制度风险。

KD集团与KDX公司的账户可以实现上拨下划功能，因此，KD集团有机会从其自有账户提取KDX账户上拨的款项。但是，由于KDX公司账户的对账单并不反映账户资金被上拨的信息，公司没有内部划转的原始材料，所以KDX及其下属公司无法知悉是否已经发生了与KD集团的内部资金往来。不排除公司资金通过《现金管理合作协议》被存入KD集团及其关联人控制的账户的可能性。由于无法核查KD集团账户的现金流动情况，目前无法确定公司资金是否已经被KD集团非经营性占用。

同时，这个条款就是实时收付的条款，不影响子账户的独立性。在签订这类协议时，每家子公司会出具授权书，有民事授权的，银行会按民事合同来操作。KD集团账户作为一级账户能从子公司账户归集资金，支付超过一级账户应急余额的金额。这些管理制度与内部控制不到位，存在制度风险。

③货币资金完整性、权属方面的审计风险。

货币资金如果全部是KDX公司日常经营所得，根据实质重于形式的原则，企业应当按照交易或事项的经济实质进行会计核算，因此，这笔货币资金应该归属于KDX公司。根据协议约定的模式，当子账户发生收款时，该账户资金实时向上归集；当子账户发生付款时，自KD集团账户实时下拨资金完成支付。换言之，通过该协议，KDX及其子公司的钱都归集到了大股东KD集团指定的账户名下。

KDX公司相应账户中收付的资金，长期都没有在公司账户上停留，就被股东划走，且未被公开，所以，有充分的理由相信，在这个账户中存在的货币资金是KDX公司自己创造的，其理应被KDX公司控制并自由使用。然而这122亿元的存款的控制权实际是属于KD集团的，所以，可能存在货币资金完整性、权属方面的审计风险。

2.RH担任KDX公司的审计机构数年，实施了哪些审计程序？这些审计程序能否证明审计师完全履行了审计职责？

对于A审计师是否勤勉尽责，学生可根据其对KDX财务报表实施的审计程序、得出的审计结论和后果反馈等方面进行讨论和评价。此外，学生可以本案例中A审计师的"审计表现"为起点，发散性地讨论审计师提高职业胜任能力的核心要点。

勤勉尽责对于注册会计师来讲意味着一方面要拥有并充分利用自己的专业能力，客观对待和全面考虑各方利益；另一方面要严格按照《中华人民共和国注册会计师法》等法规和相关执业准则，完善审计流程，真实完整地将经济活动反映到财务数据上，确保财务数据的真实、可信和完整。

观点一：A审计师在审计KDX公司时已勤勉尽责。

具体可以从以下几个方面考虑：

（1）A审计师在审计过程中，针对货币资金拟定的审计流程和实施的审计程序均遵循审计准则，做到了审计过程中的"有法必依"。

（2）基于风险导向审计的理念，A审计师难以做到绝对保证和发现可能存在的所有风险，更多的是将有限的审计资源投放于关键领域和高风险点。

（3）审计职业的存在是以公众的需求为前提的，社会公众的期望和审计师的能力之间的差距难以消除。

观点二：A审计师在审计KDX公司时未勤勉尽责。

具体可以从以下几个方面考虑：

（1）A审计师针对货币资金的分析性程序实施不到位，未发现KDX公司账面货币资金存量远超需求量的异常情形，也未就存贷双高情形保持应有的职业怀疑，更没有联系实际商业逻辑对KDX公司的利息收入进行分析。

（2）有关货币资金的《现金管理合作协议》问题，作为参与连续审计业务的A审计师，在以前审计过程中未能及时予以发现，未确认账户资金池安排并实施相应的审计程序，导致巨大的潜在审计风险。

（3）A审计师对KDX公司的2017年年报发表无保留意见，且未在审计报告中将货币资金列为关键审计事项。2019年KDX公司货币资金造假事件"东窗事发"，A审计师不得不对2018年年报发表无法表示意见。审计意见"大变脸"可能表明A审计师未能实施有效的审计程序应对KDX公司的货币资金存在的重大错报风险。

（4）A审计师针对货币资金仅进行常规的银行存款函证，就认定了银行存款的存在，难以对期末银行存款的真实性、完整性和所有权归属问题提供充分、适当的审计程序。另外，A审计师可能存在函证程序只注重形式而忽略实质的问题，仅满足于函证的形式符合审计准则要求，未对账户背后的交易实质和可能存在的关联方问题给予充分关注。

为防止此类事件的发生，审计师可从以下方面提高自身的职业胜任能力，进而提高审计质量：

（1）保持职业怀疑。在识别和评估重大错报风险时，审计师通过不同来源获取与被审计单位相关的信息，这些信息来源提供的信息可能互相矛盾，这种情况有助于审计师运用职业怀疑识别和评估重大错报风险；在设计和实施进一步审计程序应对重大错报风险时，审计师不能仅获取最容易获取的证据来印证管理层的认定，还要充分考虑其他审计证据。

（2）专业胜任能力和勤勉尽责原则都要求审计师获取并保持应有的专业知识和技能，确保为客户提供具有专业水准的服务，并勤勉尽责，遵守适用的职业准则和技术规范。例如，审计师可以通过下列方式遵循专业胜任能力和勤勉尽责原则：

①运用与客户所在的特定行业和业务活动相关的知识，以恰当识别和应对重大错报风险；

②设计并实施恰当的审计程序；

③审慎评价审计证据是否充分并适合。

通过上述做法，审计师能够以有利于职业怀疑的方式实施恰当的审计程序，获取充分、适当的审计证据，进而得出合理的审计结论。

3.如果你是审计师，针对KDX公司的《现金管理合作协议》以及类似的协议，会如何进行审计？

首先应从内部控制着手，确定关键审计事项的步骤，以及在现成审计程序的基础上如何实施进一步的审计程序，从而更易发现《现金管理合作协议》的签订背景。然后，再通过分析判断，选择合适的审计程序。

（1）在进行实质性分析程序之前，需要了解被审计单位的内部控制情况。KDX公司似乎建立了良好的监督体系，但是其内部监督体系并没有发挥应有的作用。从《现金管理合作协议》仅由两人完成签订即可看出，此次签订并非按照正常的公司流程。同时，公司签章的任意使用说明其内部控制存在一定问题。

（2）在实施货币资金审计的过程中，若被审计单位存在以下事项或情形，注册会计师需要保持警觉：

①库存现金规模明显超过业务周转所需资金。首先对比KDX公司财务报表账面的货币资金与有息负债的数额，发现其货币资金占总资产的比例居高不下。持有如此大的货币资金量，其资金存量与资金需求是否匹配？根据KDX公司的测算，2016年营运资金量为46.74亿元，2017年经营资金需求为50亿元~60亿元，可见其所持货币量远超需求量。

KDX公司货币资金与有息负债情况见表7-4。

表7-4 　　　　　　　　　KDX公司货币资金与有息负债情况　　　　　　　　　金额单位：亿元

	货币资金	货币资金占总资产的比例	有息负债	货币资金/有息负债
2015年	100.87	54.92%	50.59	1.99
2016年	153.89	58.24%	57.05	2.70
2017年	185.04	54.01%	110.05	1.68
2018年	153.16	44.71%	105.01	1.46

注：有息负债的列示金额为短期借款、长期借款、应付债券三项之和。

②存款收益金额与存款的规模明显不匹配。根据KDX公司财务报表所列示的利息收入与利息支出计算发现，KDX公司的银行存款的利息收入与市场利率不符，远低于一般市场水平，这不符合一般的商业逻辑。与之正好相反的是KDX公司每年高额的利息支出，是什么原因使得KDX公司即使每年支付一大笔利息费用也要维持着超过运营所需的货币资金持有量？KDX公司账面上大量的货币资金量与超低的资金收益率、高额利息净支出均不合乎常理，存在着较高的重大错报风险。

KDX公司利息支出和收入与当年人民银行基准利率情况见表7-5。

表7-5　　　　　　　KDX 公司利息支出和收入与当年人民银行基准利率情况① 　　金额单位：亿元

年份	利息支出	占有息负债比	利息收入	占货币资金比	基准存款利率（%）		
					活期存款	3个月定期	1年定期
2015	3.54	7.00%	0.25	0.25%	0.35	1.1	1.5
2016	3.75	6.57%	0.89	0.58%			
2017	5.77	5.24%	1.67	0.90%			
2018	6.99	6.66%	2.2	1.44%			

③除上述与货币资金项目直接相关的事项或情形外，注册会计师在审计其他财务报表项目时，还可能关注到一些需要保持警觉的事项或情形，如在存在大量货币资金的情况下仍高额或高息举债。2016年年末，KDX 公司在货币资金占总资产比例接近60%的情况下，于2017年度再次大幅举债，使有息负债总额几乎为上一年的两倍。KDX 公司在拥有远超日常运营所需货币资金的情况下仍然大额举债，存贷双高的合理性值得怀疑。要知晓《现金管理合作协议》此类合同协议的存在，最便捷的方法应当是让客户直接向审计师提供其签署的此类合同的相关信息。若客户刻意隐瞒，则审计师应结合资金池业务的特性，来设计审计方案，应特别关注其参与此类资金池业务的合法性以及是否按照相关规定进行了恰当的授权和披露。

④注册会计师可以采用审计程序检查被审计单位是否存在资金池业务，需要注意的是，资金池协议可能约定参与资金池安排的账户之间的资金划转不予在银行对账单或网银中显示。如果被审计单位存在资金池业务，注册会计师需要了解和评估被审计单位加入资金池业务的合理合规性，以及对于资金池资金在各企业之间和集团层面的管理是否采取了适当措施以保证资金安全。

三、理论依据

本案例涉及的理论依据和知识点包括货币资金内部控制、货币资金审计程序、风险评估方法和关键审计事项沟通程序。相关法律法规包括《KDX 公司关于收到中国证监会行政处罚事先告知书的公告》《上市公司治理准则（2018）》等。

四、延伸阅读文献

[1] 杨李娟，熊凌云，方远."存贷双高"异象的审计监督——基于审计意见的实证检验 [J]. 审计研究，2023（04）：67-80.

[2] 黄芳，张莉芳. 货币资金审计失败分析——基于证监会2007—2019年处罚公告 [J]. 中国注册会计师，2021（02）：81-83.

[3] 袁敏. 康美药业货币资金审计问题反思 [J]. 中国注册会计师，2020（08）：63-68.

---

① 中国人民银行. 2023年10月23日中国外汇交易中心授权公布人民币汇率中间价公告 [EB/OL].［2023-10-23］. http://www.pbc.gov.cn/zhengcehuobisi/125207/125217/125925/5108282/index.html.

第四章　审计报告案例

案例 8　"迷雾追踪"或"沿袭旧路"：关键审计事项确认与应对①

【案例导读】

8-1 案例 8
教学视频

通过介绍 Z 公司审计报告中关键审计事项的确认及应对措施，引导学生理解关键审计事项的概念，了解和熟悉关键审计事项的识别与应对程序，掌握描述与沟通关键审计事项的技巧。以关键审计事项的发布为制度背景，结合宏观经济环境对工程机械行业的影响，根据 Z 公司的基本情况、财务情况、战略目标及重大变化，分析 Z 公司面临的重大风险，根据关键审计事项的确认步骤，选出和确认关键审计事项，采取检查、分析、观察、函证等审计程序进行应对，在审计报告中进行沟通。通过本案例的学习，帮助学生掌握关键审计事项的确认、应对以及描述与沟通；思考关键审计事项对公司信息披露价值提升的作用机理；讨论对撰写关键审计事项有益的建议。

【关键词】

关键审计事项　识别与评估　审计应对　描述与沟通

案例正文

一、引言

审计报告是审计工作的最终成果和价值体现，是注册会计师与财务报表使用者沟通的主要手段，负有降低信息不对称、提高资本市场效率的重要使命。但是长期以来，格式统一、要素一致、内容简洁、意见明确的简式审计报告在审计市场中占据着统治地位。其信息含量少、工作不透明，对决策的相关性和有用性越来越受到人们的质疑。固化的审计报告和日益复杂的经济活动及其会计处理使得审计服务的价值离人们的期望越来越远。长此以往，审计的价值会日益减损，进而严重地威胁审计职业的生存和发展。

在此背景下，全世界掀起了审计报告的改革热潮。2015 年 1 月，国际审计与鉴证准则理事会（IAASB）修订发布了新的国际审计报告准则，在改进审计报告模式、增加审计报告要素、丰富审计报告内容等方面作出了重大改进。"关键审计事项"正是本次全球性审

---

① 本案例由刘桂良开发。除非特别声明，本书的案例研究对象均为上市公司，案例中引用的所有数据均来自该公司的公告。另外，本书的所有案例只供课堂讨论之用，并无意暗示或说明某种管理行为是否有效。

计报告改革的重点所在。为更好地提高审计报告的决策相关性和有用性，新的国际审计报告准则定义了关键审计事项，并就如何在审计报告中恰当地表述关键审计事项作出了规范。

在我国，随着资本市场的改革与发展，为回应政府部门、监管机构和投资者对注册会计师执业质量的更高要求，降低资本市场的不确定性和信息不对称带来的风险，体现审计准则持续趋同的要求，中国注册会计师协会借鉴国际审计报告改革的成果，结合我国实际情况，启动了审计报告准则的改革修订工作。2016年12月23日，财政部印发《在审计报告中沟通关键审计事项》等12项中国注册会计师审计准则（简称"新审计报告准则"）。其中，《中国注册会计师审计准则第1504号——在审计报告中沟通关键审计事项》是该批准则修订的核心。该项审计准则要求在上市公司的审计报告中增设关键审计事项部分，披露审计工作中的重点、难点等审计项目的个性化信息。其中，要求注册会计师说明某事项被认定为关键审计事项的原因，以及针对该事项是如何展开审计程序和实施审计工作的。

关键审计事项与企业经营风险以及审计风险有何关系？在确认关键审计事项时，注册会计师重点关注的领域通常包括哪些？高频关键审计事项通常出现在哪些领域？在确认和选取关键审计事项时审计师应考虑的主要依据是什么？如何设计审计计划以及实施审计程序以应对关键审计事项？在描述和沟通关键审计事项时需要注意什么？

本案例选取工程机械行业的龙头企业Z公司2019—2021年度审计报告中关键审计事项的确认与披露进行分析。Z公司主要从事工程机械和农业机械的研发、制造、销售和服务。通过对Z公司关键审计事项的披露及应对措施的分析，可以系统地回答上述问题，从而帮助学生了解并掌握审计报告中关键审计事项的确认及审计应对，学会撰写关键审计事项，同时思考更深层次的问题——包含关键审计事项段的审计报告对公司信息披露的价值提升作用有多大？关键审计事项对资本市场的相关各方能起到哪些作用呢？

二、Z公司概况

（一）基本情况

1992年C建设机械产业公司（Z股份公司的前身）成立，2000年10月12日顺利登陆中国深交所，2010年12月在香港联交所挂牌上市。Z公司是中国工程机械装备制造业的领军企业、全国首批创新型企业之一，主要从事工程机械、农业机械等高新技术装备的研发制造，主导产品涵盖11大类别、70个系列、近600个品种，是业内首家A+H股上市公司，注册资本为86.67亿元，总资产为1 315亿元，公司连续入选全球工程机械制造商50强和《财富》中国500强企业排行榜。2021年，Z公司在英国KHL集团发布的全球工程机械制造商50强中位居第5位。

Z公司是国际化道路的先行者，开创了中国工程机械行业整合海外资源的先河。Z公司利用资本杠杆，在全球范围内整合优质资产，实现快速扩张，并构建全球化制造、销售、服务网络。

Z公司同时也是"开放、绿色、创新、共享"的践行者。传承国家级科研院所的技术底蕴和行业使命，公司通过科技创新源源不断地推出有助于客户成功的产品、技术和整体解决方案，被科技部、工业和信息化部、财政部等认定为全国首批国家创新型企业、国家技术创新示范企业、国家工业产品生态设计试点企业、国家知识产权示范企业。Z公司也是国内工程机械行业第一个国际标准化组织秘书处承担单位，在中国工程机械国际市场准入方面具有话语权。

（二）主要业务

Z公司主要从事工程机械和农业机械的研发、制造、销售和服务。工程机械包括混凝土机械、起重机械、土石方施工机械、桩工机械、高空作业机械、消防机械、矿山机械、叉车等，主要为基础设施及房地产建设服务；农业机械包括耕作机械、收获机械、烘干机械、农业机具等，主要为农业生产提供育种、整地、播种、田间管理、收割、烘干储存等生产全过程服务。

目前Z公司的销售模式有一般信用销售、融资租赁和按揭三种。具体来说，在信用销售模式下，客户根据与公司签订的合同，预先支付产品的首付款，客户可选择在1~6个月的信用期内或6~48个月的信用期内的两种模式分期支付余款。在融资租赁方式下，客户与公司自有融资租赁平台或第三方融资租赁机构签订融资租赁合同，按照合同约定分期支付租金（融资期限集中为3~4年）。在按揭方式下，公司通常按照2~5年的担保期为客户向银行的借款提供担保。

（三）股东情况及组织结构

Z公司自2000年在深交所上市以来，主营业务一直未发生变化。2008年12月31日前，其控股股东为C建设机械产业公司（国有企业），自2008年12月31日C公司注销后，公司无控股股东，湖南省国资委为公司第一大股东。2021年5月12日，湖南省国资委将所持Z公司股份无偿划转给湖南兴湘投资控股集团有限公司，湖南兴湘投资控股集团有限公司成为公司第一大股东。

Z公司组织结构采用扁平式结构，如图8-1所示，以降低代理成本、提高管理效率。

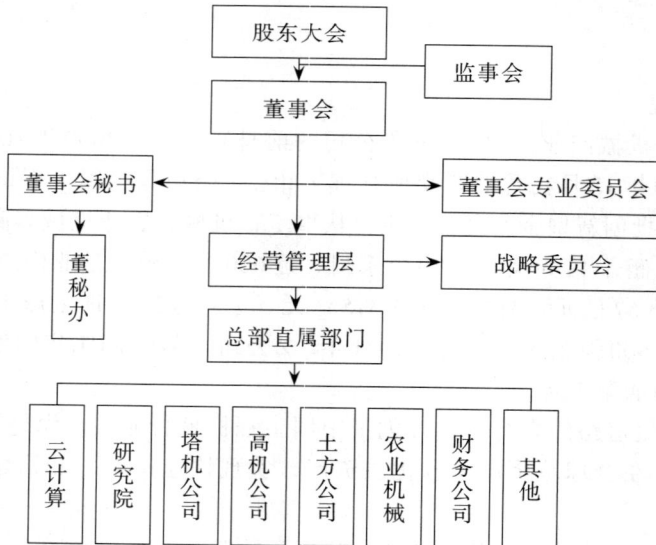

图8-1　Z公司组织结构图

三、主要财务指标

Z公司在"用互联网思维做企业、用极致思维做产品"的理念指导下，紧紧围绕高质量发展目标，加速数字化、智能化、绿色化转型升级，加快新兴板块布局，深化拓展海外市场，发展韧性与内生动能持续增强，实现优于行业的经营质量。2021年度，公司实现营业收入671.31亿元，同比增长3.11%；归属于母公司的净利润62.70亿元，同比下降13.88%；全年工程机械产品销售收入635.23亿元，同比增长3.49%，在公司营业收入总额中占比约94.6%。Z公司近三年的主要会计数据和财务指标见表8-1。

表8-1　　　　　　　　　Z公司近三年的主要会计数据和财务指标　　　　　　　金额单位：亿元

项目	2021年	2020年	2021年比上年增减	2019年
营业收入	671.31	651.09	3.11%	433.07
归属于上市公司股东的净利润	62.70	72.81	−13.88%	43.71
归属于上市公司股东的扣除非经常性损益的净利润	58.28	63.09	−7.62%	35.14
经营活动产生的现金流量净额	26.25	74.22	−64.63%	62.19
基本每股收益（元/股）	0.76	0.98	−22.45%	0.58
稀释每股收益（元/股）	0.74	0.97	−23.71%	0.58
加权平均净资产收益率	11.56%	16.7%	−5.14%	10.82%
总资产	1 220.18	1 162.75	4.94%	920.68
归属于上市公司股东的净资产	568.68	467.44	21.66%	388.63

Z公司2019—2021年资产负债表主要项目金额及占比情况见表8-2。

表8-2　　　　　　Z公司2019—2021年资产负债表主要项目金额及占比情况　　　　　金额单位：亿元

项目	2021年		2020年		2019年	
	金额	占比（%）	金额	占比%	金额	占比（%）
货币资金	151.67	12.43	124.83	10.74	65.72	7.14
交易性金融资产	64.08	5.25	42.83	3.68	43.11	4.68
应收款项	433.85	35.56	329.56	28.34	254.04	27.59
其中：应收账款	430.27	35.26	327.15	28.14	254.04	27.59
存货	135.01	11.07	146.52	12.60	117.72	12.79
流动资产合计	892.53	73.15	812.45	69.87	631.82	68.63
长期股权投资	41.90	3.43	22.79	1.96	39.08	4.24

项目	2021年		2020年		2019年	
	金额	占比（%）	金额	占比%	金额	占比（%）
其他权益工具投资	23.06	1.89	4.24	0.36	23.67	2.57
固定资产	67.73	5.55	61.09	5.25	58.03	6.30
在建工程	25.23	2.07	12.33	1.06	9.33	1.01
无形资产	54.72	4.48	45.55	3.92	40.48	4.40
商誉	21.16	1.73	20.91	1.80	20.53	2.23
资产总计	1 220.18	100	1 162.75	100	920.68	100

从近三年的资产负债表主要项目占总资产的比例来看，占比最大的一项一直是应收账款，该项目的期末余额在2019年达到254.04亿元，在2020年达到327.15亿元，在2021年年末更是高达430.27亿元，占总资产的比例分别为27.59%、28.14%和35.26%，其占比在近三年呈现逐年升高的趋势，尤其以2021年的占比增长幅度最大，增长了约7个百分点。其余的资产项目中，占比超过10%的仅有货币资金一项。固定资产、在建工程占总资产的比例在各年间变化不大。

Z公司2021年度资产负债表主要项目金额的变化情况见表8-3。

表8-3　　　　　Z公司2021年度资产负债表主要项目金额的变化情况　　　　金额单位：亿元

项目	2021年余额	2020年余额	变化幅度
货币资金	151.67	124.83	21.50%
应收账款	479.85	327.15	46.68%
存货	135.01	146.52	−7.86%
长期股权投资	41.90	33.88	23.67%
固定资产	67.73	61.09	10.87%
在建工程	25.23	12.33	104.62%
使用权资产	4.45	4.57	−2.63%
短期借款	33.13	29.58	12.00%
合同负债	18.74	27.77	−32.52%
长期借款	49.02	29.27	67.48%
租赁负债	3.20	3.20	0.08%

接下来，对Z公司的收入、利润和成本费用情况进行分析。

公司的机械产品销售收入占公司营业收入的近95%，是公司营业收入的主要来源。

2021年度Z公司各类产品营业收入占比情况如图8-2所示。

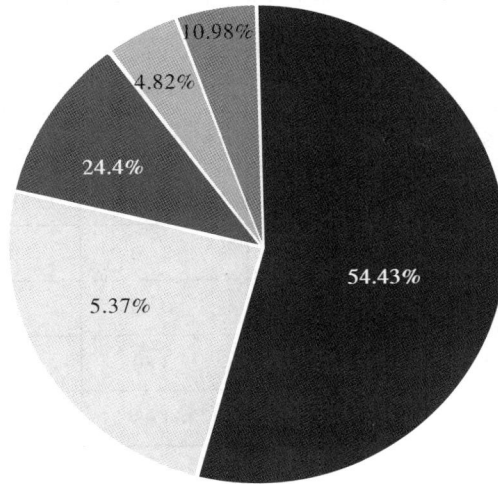

图8-2 2021年度Z公司各类产品营业收入占比情况

从近三年的年度报告来看，2019年Z公司实现营业收入433.07亿元，同比增长50.92%；归属于母公司净利润43.71亿元，同比增长116.42%。2020年Z公司实现营业收入651.09亿元，同比增长50.34%；归属于母公司净利润72.81亿元，同比增长66.55%。

Z公司2019—2021年主要收入与毛利率见表8-4。

表8-4　　　　　　　　　　Z公司2019—2021年主要收入与毛利率　　　　　　　　金额单位：亿元

项目	2021 年		2020 年		2019 年	
	金额	毛利率%	金额	毛利率%	金额	毛利率%
混凝土机械	163.80	24.23	189.84	26.34	139.02	27.41
起重机械	365.39	23.29	348.97	31.02	221.47	32.77
土方机械	32.37	18.93	26.65	16.04	6.97	16.01
其他机械	73.68	22.71	48.37	17.44	42.45	22.50
农业机械	29.07	13.92	26.44	16.79	15.83	5.13
金融服务	7.01	97.10	10.82	99.58	7.33	99.85
合计	671.31		651.09		433.07	

从近2年Z公司的营业成本构成以及变化情况来看，其主要的营业成本由物料消耗构成，占比达到94%以上，且2年间变化幅度低于0.3个百分点。其余4项成本即人工费用、折旧摊销、融资租赁成本和其他成本在2年间的变化幅度较低，其中变化程度最低的融资租赁成本仅变动0.03个百分点，变化程度最高的其他成本也仅变动0.34个百分点。

Z公司营业成本构成见表8-5。

表8-5   **Z公司营业成本构成**   金额单位：亿元

项目	2021年		2020年		比重增减（%）
	金额	占营业成本比重	金额	占营业成本比重	
物料消耗	486.79	94.93%	442.99	95.28%	−0.35
人工费用	15.84	3.09%	14.69	3.16%	−0.07
折旧摊销	4.04	0.79%	3.40	0.73%	0.06
融资租赁成本	0.20	0.04%	0.05	0.01%	0.03
其他	5.93	1.16%	3.80	0.82%	0.34
合计	512.80	100%	464.93	100%	

Z公司费用变化情况见表8-6。

表8-6   **Z公司费用变化情况**   金额单位：亿元

项目	2021年	2020年	同比增减	重大变动说明
销售费用	34.73	40.46	−14.16%	主要系降本增效
管理费用	16.73	19.55	−14.42%	主要系股权激励成本减少
财务费用	0.31	1.81	−82.87%	主要系利息收入增加
研发费用	38.65	33.45	15.55%	主要系研发项目与研发投入增加

四、T事务所的讨论

（一）T事务所的基本情况

为Z公司提供审计服务的T事务所创立于1988年12月，总部在北京，在全国设有24家分支机构，2021年度实现业务收入27.21亿元，在2021年公布的中国会计师事务所百强排行榜中位列第9位，在本土会计师事务所中名列第5位。其主要服务领域涵盖会计审计、管理咨询、税务筹划、司法会计鉴定与破产管理人、工程咨询、资产评估。T事务所资质过硬，已为不同行业的上万家客户提供专业服务，客户类型广泛。

截至2021年年末，T事务所拥有从业人员4 000余人，其中，中国注册会计师943人，持有ACCA、ACA、CGA、HKCPA及其他境外执业资格的员工百余人，注册会计师行业领军人才31人。T事务所内部治理机制完善并长期坚守办所理念，注重员工专业素养的培训。

Z公司是T事务所的老客户，自2000年上市以来，其审计服务一直由T事务所提供。

（二）T事务所的初步讨论

注册会计师在了解Z公司业务及行业情况的基础上，结合国际国内环境以及行业环境，根据Z公司近年来发生的重大业务，梳理了以下重要事项，并与Z公司审计委员会进行沟通。其梳理过程如下：

1.宏观环境、行业情况及相关环境风险

2020年2月，PMI指数创历史新低，为35.70%。机械行业整体营收和归母净利润增速呈现波动下滑态势。不过自2020年3月起PMI指数迅速回升至荣枯线附近，行业景气度小幅回升。2021年，世界经济逐步复苏，国内经济持续稳定恢复、稳中有进。

一方面，国内经济持续受到冲击，物流、供应链和生产过程有临时中断的风险，同时消费的持续下滑也对工程机械行业形成了一定的负面影响。另一方面，工程机械行业国内市场稳健运行，行业出口快速增长，国际市场对中国工程机械的刚性需求持续增加。宏观经济对企业的影响涉及各个方面，包括持续经营能力、营业收入及应收款项减值、营业成本和存货、商誉减值，以及不断恶化的国际贸易环境所造成的汇率影响等。企业面临经营压力加大、原材料和人工成本上涨等压力，而原材料价格高企也侵蚀了企业的盈利。

Z公司主要从事工程机械和农业机械的研发、制造、销售和服务。目前工程机械行业成熟度高，竞争较为激烈。工程机械行业属于高技术壁垒行业，与资金、劳动密集型行业相比，生产制造呈现多品种、小批量、零部件多、制造工艺复杂等特点，行业进入门槛较高，行业景气度与宏观经济及固定资产投资、基础设施投资、房地产投资密切相关，当前行业已进入相对成熟的发展阶段。

Z公司在市场结构、经济周期及国际环境方面存在以下特征：

①工程机械行业的市场集中度进一步提升。近年来，行业龙头企业利用完善的产业链布局、深厚的技术积淀和先进的制造工艺，在品牌效应、规模效应等方面的优势越来越突出，资源进一步向龙头企业聚拢，强者恒强效应凸显。

②伴随我国工程机械制造水平的提升和产品竞争力带来的优势，国产替代趋势持续加深。龙头企业积极延伸产品种类，以适应大型工程对全系列产品的需求。

③行业向自动化、数字化、智能化加速转型。进入智能互联时代，以5G、大数据、工业互联网为代表的新技术日新月异，为工程机械的数字化、智能化发展充分赋能。与此同时，中国人口红利减弱、现代施工项目大型化、日益严格的环保要求，以及客户对产品价值提升的诉求等，要求行业加快向自动化、数字化与智能化方向转型升级。

④企业国际化步伐稳步推进，国际化发展模式不断创新，全球产业布局进一步完善。

综合来说，宏观经济环境剧烈波动以及行业整体进入成熟的生命周期均是不利因素，但是Z公司作为行业的龙头企业，随着行业集中度的提高、工程机械的数字化和智能化发展以及海外市场的开拓，也能获得一些有利条件。

2.Z公司的战略及经营风险

Z公司的战略是坚持四要、四精、四个极致，紧抓根本，贯彻端对端思维，主导优势板块把控效益和规模的动态平衡，巩固、提升市场占有率，实现高质量发展；新兴板块与海外业务突破瓶颈，迅速成长，实现有格局的发展。在产业梯队式发展的态势下，公司整体向数字化、智能化、绿色化升级，实现稳健、高质量发展。公司的具体战略目标为：

①持续加强科研创新；

②稳扎稳打实现市场突破；

③加快推进海外业务发展；

④加速推进数字化转型。

3.与竞争对手的对比情况

Z公司与其对手S公司、X公司是国内机械设备行业的三家龙头企业。

Z公司与竞争对手的竞争力对比见表8-7。

表8-7　　　　　　　　　　　　Z公司与竞争对手的竞争力对比

名称	Z公司	S公司	X公司
公司战略	"2+2+4"战略： 两个市场：产品和资本； 两个融合：制造业与互联网、产业与金融； 四个板块：工程机械、环境产业、农业机械、金融服务	由"单一设备制造"向"设备制造+服务"转型； 由"单一国内市场"向"国际化"转型	"国际化、世界级"的发展战略，以"技术创新、国际化"为战略重点，围绕"国际化、精益化、补短板、可持续"四大经营理念，以实业和金融形成"双轮驱动"
核心技术	52 000千牛米建筑起重机械技术、细粒矿物高精度气力与筛分分选技术、环保高效干式环卫清扫装备关键技术	混凝土泵关键技术、大吨位系列履带式起重机关键技术、混凝土泵车超长臂架技术、高速重载工程机械核心液压部件	工程机械关键液压元件核心技术、工程机械节能减排关键技术、千吨级超大履带起重机关键技术
主导产品	混凝土机械、起重机械、环卫机械	混凝土机械、起重机械、桩工机械	G一代轮式起重机、铲运机械、道路机械
市场份额	27.1%	31.8%	8.3%
毛利率	23.61%	29.07%	19.9%
净资产收益率	11.56%	19.95%	16.24%
资产负债率	52.22%	53.02%	66.22%
总资产报酬率	4.78%	8.68%	4.65%
存货周转天数	99天	86天	68天
应收账款周转天数	203天	70天	122天

4.关键审计事项范围的初步判断

经过以上环境分析、行业分析、竞争对手分析以及重大变化项目分析，T事务所初步确定了注册会计师应重点关注的审计项目。

注册会计师重点关注的项目见表8-8。

表8-8 注册会计师重点关注的项目

项目	重点关注理由	影响报表层次
智慧农业的未来发展 政府补助的会计处理	次新业务，受国家政策影响较大	报表整体 政府补助项目
风险敞口	宏观环境尤其是国际环境剧烈波动	报表整体
融资租赁应收款逾期情况及其拨备	行业特征及收款方式	应收账款项目
存货减值风险	行业特征	存货项目
子公司出售	重大变化	长期股权投资
财务担保	重要事项	或有负债项目
应收账款资产证券及票据化	存在较高风险	应收账款项目

上述注册会计师重点关注的事项可以分为两个大类：部分事项侧重于对企业业务的影响，而部分事项则侧重于对企业财务报表的影响。

关键审计事项和其他重要审计事项汇总如图8-3所示。

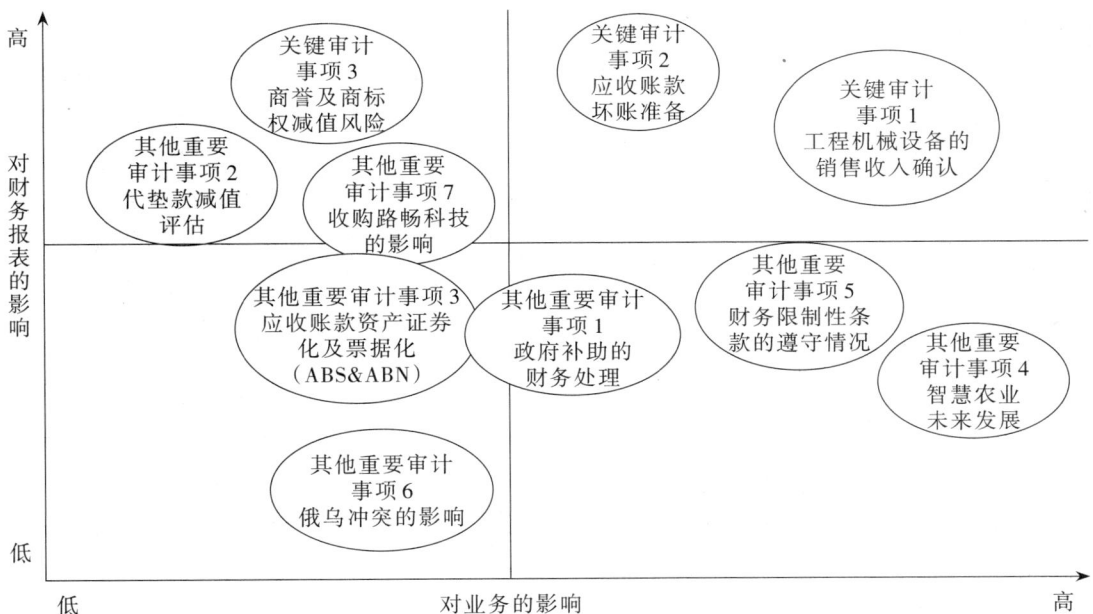

图8-3 关键审计事项和其他重要审计事项汇总

针对以上注册会计师重点关注的项目，结合往年关键审计事项的披露以及行业内竞争对手关键审计事项的披露情况，T事务所对关键审计事项的范围进行了初步判断。

首先，从会计报表项目的重要性来看，收入确认的金额最为重要，且是企业利润的主要来源，而且收入项目是企业普遍可能存在重大错报风险的领域，且工程机械设备由于生产周期长，导致交货时间不规律，进而在收入确认时点上存在较大程度的管理层判断，应当作为关键审计事项。

其次，从资产项目占比情况来看，应收账款项目在公司总资产中的占比接近40%，对会计报表的影响最为重要，且应收账款在总资产中的占比逐年上升。应收款项本身灵活性强、收回期限和金额不固定，需要根据市场情况和欠款企业的经营及财务状况来决定，存在会计认定上的困难，且Z公司应收账款周转天数明显地多于同行业的其他公司，所以应收账款减值也应作为重点关注事项。

最后，工程机械设备难以根据生产周期来交货，同时每批次的数量较多，设备的生产速度低于设备更新换代的速度，在生产管理上具有一定的难度，对设备估值较为困难，因此，机器设备减值也需要重点关注。

另外，Z公司在两年前收购了路畅科技，账上的商誉金额为19.45亿元，商誉减值对于财务报表整体的重要性和减值测试需要运用职业判断，是否应列入关键审计事项应当进一步考虑。

就关键审计事项的数量而言，两位合伙人的意见暂时不能取得一致。对于既影响企业业务又影响会计报表的收入确认及应收账款减值的事项，两位合伙人的意见一致，均应被认定为关键审计事项。商誉减值金额虽然涉及重要的管理层判断，但其对企业业务的影响不具有可持续性；机器设备减值事项虽然对会计报表的影响较大，但是对企业业务的影响不大，所以其是否应作为关键审计事项有待进一步考虑。

【政策思考】

关键审计事项的确定能帮助审计人员识别可能存在的重大风险和潜在问题。这些事项通常与财务报表的准确性、内部控制有效性、合规性以及业务运营方面的重要性相关。

通过明确关键审计事项，审计人员能够集中精力和资源，深入研究和评估与这些事项相关的信息和数据。这有助于提高审计质量和准确性，确保审计的全面性和有效性。同时，关键审计事项的审计结果和发现可以为利益相关方，包括管理层、股东和投资者等提供决策依据。这些事项反映了被审计实体的财务健康状况、风险水平和合规性情况，对于决策和投资评估具有重要意义。

审计人员对关键审计事项的审查和披露增强了财务报告的透明度，并增加了相关方对财务信息的信任。这有助于提升市场的稳定性和投资者对企业的信心。审计中的关键审计事项可以揭示内部控制缺陷、运营问题或潜在的欺诈行为，从而为被审计实体提供改进管理和控制的建议。这有助于加强风险防范和治理监督，提高组织的整体效率和可持续发展能力。

经过环境分析、行业分析、竞争对手分析以及重大变化项目分析，T事务所初步确定了一系列应重点关注的审计项目。在此基础上，针对注册会计师重点关注的项目，结合往年关键审计事项的披露以及行业内竞争对手关键审计事项的披露情况，T事务所对关键审计事项的范围进行了初步判断。总的来说，T事务所对Z股份公司的关键审计事项的识别、应对与沟通是基本恰当的。但值得一提的是，通过对关键审计事项披露情况的统计，发现Z公司的审计存在一定程度上的固化效应，即在连续审计的情况下各年度间的关键审计事项是相对固定的，且同行业公司关键审计事项存在趋同现象。

案例使用说明

一、教学目标

本案例旨在引导学生关注审计报告的改革内容，学习并掌握审计报告中关键审计事项的确认、应对及撰写，思考关键审计事项对审计报告价值提升的作用及机理。

二、思考题与分析要点

本案例的思考题有以下分析要点：

1.什么是关键审计事项？关键审计事项与企业经营风险有何关系？

（1）关键审计事项准则。

审计报告是审计工作的最终成果和价值体现，是注册会计师与财务报表使用者沟通的主要手段，负有降低信息不对称、提高资本市场效率的重要使命。2015年1月，国际审计与鉴证准则理事会（IAASB）修订发布了新的国际审计报告准则，"关键审计事项"正是本次全球性审计报告改革的重点所在。英国财务报告理事会（FRC）、国际审计与鉴证准则理事会（IAASB）、中国财政部、美国公众公司会计监督委员会（PCAOB）分别在2013—2017年间发布或者修订了相关审计准则，要求注册会计师在审计报告中沟通重大错报风险或关键审计事项。FRC并未直接使用关键审计事项的表述，《国际审计准则第700号–通用财务报表独立审计报告》要求注册会计师在审计报告中披露识别的重大错报风险以及制订审计计划、实施审计过程中对重要性概念的运用等，这些内容一般被认为实质上等同于关键审计事项。

关键审计事项的正式得名来自于国际审计与鉴证准则理事会（IAASB）。2015年，IAASB修订的《国际审计准则第701号——在独立审计师报告中沟通关键审计事项》则明确地使用了关键审计事项的概念，并指出关键审计事项是那些需要审计师特别关注的事项，它可能产生于审计师与公司治理层的沟通之中。公众公司会计监督委员会批准的《审计师针对财务报表审计发表无保留意见的审计报告》则指出，关键审计事项是指那些已经与公司审计委员会讨论沟通过的，对公司财务报告具有重大影响的，涉及最困难、最具主观性或者最复杂的审计判断的项目或披露。

《中国注册会计师审计准则第1504号——在审计报告中沟通关键事项》指出，关键审计事项是指注册会计师根据职业判断认为对本期财务报表审计最为重要的事项。注册会计师在确定关键审计事项时应关注：评估的重大错报风险较高的领域或识别出的特别风险；与财务报表涉及重大管理层判断的领域相关的重大审计判断；本期重大交易或事项对审计的影响。

综上所述，对关键审计事项的选取标准有多种考量，它可能缘于以下一个或多个原因：

①与重大错报风险有关，或者金额较大，对财务报表有重大影响；

②相关披露或事项比较复杂，涉及重大的管理层判断；

③事项曾得到注册会计师的重点关注。

（2）关键审计事项的意义。

关键审计事项的沟通作为审计报告中的一项新增内容，肩负着提高审计报告信息含量和价值的重要使命。关键审计事项将信息使用者的需求放在首位，有助于提高审计报告的相关性和有用性，缩小信息使用者的期望差。

对信息使用者而言，关键审计事项沟通可以增加信息使用者对审计过程的关注度，并提高信息使用者对审计对象的重要业务、重大风险、重大领域的认知度，强化信息使用者对审计对象的风险评价意识，另外也为监管部门提供了监管方向。

对审计而言，克服传统审计报告模板化的缺陷、丰富审计报告内容、增加个性化的信息可以加深社会公众对审计行业的认识，提高审计工作的透明度，从而提高审计报告的沟通价值；也能在一定程度上倒逼审计师提高审计质量，强化注册会计师的责任，降低审计风险，提升审计行业的声誉。

为了更好地判断和解决关键审计事项，审计师必须对财务报表的重要领域和异常情况给予更多的关注，在执业过程中保持高度的职业怀疑，在质量控制和复核工作中倾注更多的精力。为了恰当地描述关键审计事项，审计师必须反复斟酌语言，加强讨论与交流。这将使审计师在执业过程中更加谨慎。

2.选取关键审计事项需要经过哪些步骤？确认关键审计事项需要考虑哪些因素？

（1）关键审计事项的确定步骤。

依据风险导向审计理论、资源配置理论、信息不对称理论，基于Z公司的审计现状，T事务所对关键审计事项的确定分为三个步骤：

①注册会计师应与管理层进行充分沟通，对被审计单位的业务模式、经营特点等进行了解，从沟通过的事项中进行选择。与管理层沟通过的事项是关键审计事项的选取范围，同时也是关键审计事项确认工作的起点。在审计工作中，注册会计师会与管理层沟通审计过程中的重大发现，包括对被审计单位的重要会计政策、会计估计和财务报表披露等会计实务的看法，审计过程中遇到的重大困难，以及与管理层讨论或需要书面沟通的重大事项等。

②根据被审计单位的性质、值得关注的重大错报风险、计划的审计范围和时间安排，从与管理层沟通的事项中，选取在执行审计工作时重点关注的事项。特别考虑以下三个方面：

第一，评估的重大错报风险较高的领域或是识别出的特别风险。但需要注意的是，并非所有的特别风险都一定是注册会计师重点关注过的。

第二，财务报表中涉及重大管理层判断或估计的领域。通常情况下，涉及重大管理层判断的领域是注册会计师重点关注过的，一般也会被视作特别风险。除此之外，对于那些虽然未被认定为特别风险，但具有高度估计不确定性的会计估计，也需要在执行审计工作时予以重点关注。因此，资产减值、收入确认、商誉减值等通常涉及重大管理层判断。

第三，本期重大交易或事项对审计的影响。

③从执行审计工作时重点关注过的事项中确定对本期财务报表审计最为重要的事项，从而构成关键审计事项。需要综合考虑就相关事项与管理层沟通的性质和程度、该事项对预期使用者理解财务报表整体的重要程度、与该事项相关的会计政策的复杂程度或主观程

度、与该事项相关的错报的性质和重要程度、为应对该事项付出的审计努力的性质和程度、与该事项相关的内部控制缺陷的严重程度、该事项是否涉及多个报表项目等因素，确定这些事项的相关重要程度，最后选出最为重要的事项。

关键审计事项的决策框架如图8-4所示。

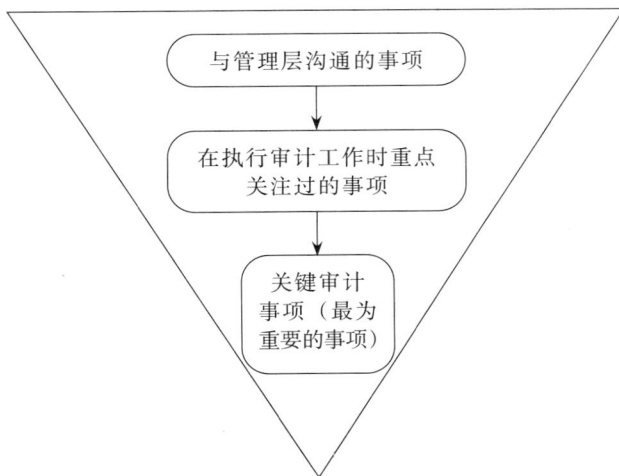

图8-4　关键审计事项决策框架图

（2）关键审计事项的识别与选取步骤。

以"与管理层沟通的事项"为起点选择关键审计事项。

作为工程机械行业的龙头企业以及国际化经营的企业，宏观经济环境对Z公司的经营活动产生了全面的影响，T事务所认为这些影响均属于需要与管理层沟通的事项。这些事项包括：

①市场竞争加剧营业收入下滑的风险。

首先，工程机械行业与基础设施建设和建筑业投资等密切相关，宏观政策和固定资产投资增速的变化，将对公司下游客户的需求造成影响，进而影响公司的产品销售。其次，公司国际化稳步发展，全球贸易保护主义抬头，大国博弈及全球政治经济的复杂性将给公司的国际市场带来不确定性。

②应收款项减值的风险。

Z公司应收账款余额在2021年年末高达479.85亿元，占总资产的比例为39.33%，是总资产中占比最大的一个项目，相比于去年的应收账款余额占总资产的比重增长了约11个百分点，部分客户的现金流可能持续恶化。因此，Z公司面临较高的应收款项减值风险。

③客户集中的风险。

Z公司坚持实施大客户战略，并积极开发新客户，扩大优质的客户群体，不断优化客户结构，同时通过产品和技术创新，增加新产品、新技术储备，较好地满足客户的各项需求，不断深化与新老客户的合作，从而有效地预防客户集中的风险。Z公司的前5大客户的销售额及占比情况见表8-9。

表8-9 　　　　　　　　Z公司前5大客户的销售额及占比情况 　　　　　　金额单位：亿元

序号	客户名称	销售额	占年度销售额的百分比
1	A客户	5.73	0.85%
2	B客户	5.27	0.78%
3	C客户	4.95	0.74%
4	D客户	4.23	0.63%
5	E客户	3.22	0.48%
合计		23.40	3.48%

④成本与费用增加的风险。

宏观经济形势存在不确定性，钢材、石油等大宗商品价格上行，公司生产成本存在上升风险。

⑤汇率变动风险。

风险汇率波动幅度加大，作为国际化企业，Z公司密切关注全球金融市场和国家汇率政策，或者加快"一带一路"境外基地本地化生产进程，对冲汇率波动风险。

⑥商誉减值风险。

Z公司为了实现规模扩张，2年前对路畅科技进行高价收购，支付的对价与实际公允价值差距较大，形成了商誉的账面价值。但在经济环境的影响下，路畅科技的业绩不佳，公司承诺很可能无法达到预期，形成了较高的商誉减值可能性。

⑦机器设备减值风险。

2011年度Z公司存货项目余额135.01亿元，占公司总资产的11%，是仅次于应收账款项目的金额占比第二高的资产项目。由于公司生产的机械设备采用融资租赁的方式销售，设备的使用期长，对销售的二手存货设备的估值存在较高的不确定性。工程机械设备难以根据生产周期来交货，同时每批次的数量较多，设备的生产速度低于设备更新换代的速度，在生产管理上具有一定的难度，对设备估值较为困难，机器设备减值也可能需要重点关注。

⑧重大变化情况——子公司出售与子公司的担保。

2021年Z公司对子公司的实际担保余额为77.31万元，本报告期内对子公司担保的实际发生额为36.29万元。报告期内子公司对子公司的实际担保余额为190.22万元，报告期内子公司对子公司的实际担保发生额为118.1万元。实际担保总额占公司净资产的33.45%。公司基于调整产业结构、聚焦主业的动机，于2021年5月31日出售子公司中联重科融资租赁（北京）有限公司的股权，交易作价16.27亿元，交易价格以纳入本次股权转让作价范围的净资产评估价值为依据。交易对方为公司的第一大股东——湖南省人民政府国有资产监督管理委员会。该笔交易构成关联方交易。本次交易完成后，中联重科融资租赁（北京）有限公司未来的经营成果及财务状况不再纳入公司合并报表范围。

从"与管理层沟通的事项"中选出"在执行审计工作时重点关注过的事项"。

注册会计师重点关注过的领域通常与财务报表中复杂、重大的管理层判断领域相关，因而通常涉及困难或复杂的注册会计师职业判断。重点关注过的事项通常影响注册会计师的总体审计策略以及对这些事项分配的审计资源和审计工作力度。

注册会计师在确定哪些事项属于重点关注过的事项时，应当特别考虑下列三个方面：

①评估的重大错报风险较高的领域或识别出的特别风险。

②与财务报表中涉及重大管理层判断的领域相关的重大审计判断，包括被认为具有高度估计不确定性的会计估计。

③当期重大交易或事项对审计的影响。

基于以上原因，针对上述沟通事项，注册会计师进行了仔细考虑。其中，部分事项属于影响报表整体从而不宜作为关键审计事项。例如，宏观经济环境对财务报表的影响是整体性的，与某个具体的会计报表项目的相关性不够紧密。数据显示，Z公司前5大客户的销售额合计占比仅为3.5%左右，客户集中的风险不高，不应作为存在重大错报风险的领域。通过对成本费用的分析，T事务所发现Z公司的成本费用上升幅度不大，营业成本的上升幅度不到1%，而且公司2021年度的三大费用仍然是下降的。2021年度Z公司对子公司的担保余额仅为77.31万元，本报告期内对子公司担保的实际发生额仅为36.29万元，由于金额较小，不会对会计报表产生重大影响。

从"在执行审计工作时重点关注过的事项"中选出"最为重要的事项"，从而构成关键审计事项。

确定哪些事项以及多少事项对本期财务报表审计最为重要属于职业判断问题。"最为重要的事项"并不意味着只有一项，但对关键审计事项作冗长的列举可能与这些事项是审计中最为重要的事项这一概念相抵触。注册会计师可能已就需要重点关注的事项与公司管理层进行了较多的互动，通常能够表明哪些事项对审计而言最为重要。

在确定某一与管理层沟通过的事项的相对重要程度以及该事项是否构成关键审计事项时，需要对以下因素进行重点考虑：

①该事项对预期使用者理解财务报表整体的重要程度，尤其是其对财务报表的重要性，如营业收入的确认、应收款项的减值等。

②与该事项相关的会计政策的性质，或者与同行业其他实体相比管理层在选择适当的会计政策时涉及的复杂程度或主观程度。

③从定性和定量方面考虑，与该事项相关的由于舞弊或错误导致的已更正错报和累积未更正错报（如有）的性质和重要程度。

④为应对该事项所需要付出的审计努力的性质和程度，包括：为应对该事项而实施审计程序或评价这些审计程序的结果（如有）在多大程度上需要特殊的知识或技能，如商誉减值。

⑤在实施审计程序、评价实施审计程序的结果、获取相关和可靠的审计证据以作为发表审计意见的基础时，注册会计师遇到的困难的性质和严重程度，尤其是当注册会计师的判断变得更加主观时。

⑥识别出的与该事项相关的控制缺陷的严重程度。

⑦该事项是否涉及数项可区分但又相互关联的审计考虑。

针对上述重点关注过的事项范围，结合往年关键审计项的披露以及行业内竞争对手关键审计事项的披露情况，T事务所将应收账款减值、收入确认以及商誉及商标权的减值作为关键审计事项。上述三个事项均金额重大、性质重要、对报表使用者理解会计报表有重要影响，且存在会计认定上的困难，管理层判断和估计的成分较大，属于可能存在重大错报风险的领域。

下面对每一个项目进行具体分析。

应收账款及其减值分析：

①绝对金额重大，且在总资产中的占比逐年上升。通过查阅Z公司2019—2021年的财务报告可知，应收账款不仅绝对金额重大，且占资产总额的比重逐年升高，其增长幅度远远高于营业收入的增长幅度，需要审计人员和外部投资者重点关注。2019—2021年应收账款年初和年末余额及变化情况见表8-10。

表8-10　　　　　　　2019—2021年应收账款年初和年末余额及变化情况　　　　金额单位：亿元

应收账款	年末		年初		比重增减
	金额	占总资产比例	金额	占总资产比例	
2021年	479.85	39.33%	327.15	28.14%	11.19%
2020年	327.15	28.14%	254.04	27.59%	0.55%
2019年	254.04	27.59%	229.44	24.46%	3.13%

②会计认定困难。2019年和2021年Z公司审计报告中确定应收账款减值为关键审计事项的原因主要是注册会计师认为市场环境复杂多变，应收账款未来可收回金额不固定，需要对其进行减值测试，这就涉及公司管理层对各项指标进行专业判断并作出会计估计。由这两年的审计报告可以看出，注册会计师对该事项作出的描述有雷同。2020年通过的《关于会计政策变更的议案》要求上市公司执行金融工具确认和计量的相关会计准则，其中要求计量应收账款的坏账准备时采用预期信用损失模型，2020年审计报告的描述部分新增了该规定的内容，展现了审计报告的个性化信息，同时描述了预期信用损失模型指标较多且同样涉及管理层估计，因此将应收账款减值事项作为关键审计事项进行披露。

③性质重要。应收账款是企业流动资产中重要的组成部分且风险水平较高，对财务报表列报影响较大。企业可能会因债务人经营状况欠佳或者拒付货款而无法收回应收账款，从而产生坏账。企业从谨慎性原则出发，对应收账款计提减值准备，能够有效反映企业的真实经营状况，降低经营风险。因应收账款减值事项同样与企业经营风险密切相关，因此需要审计人员和管理层重点关注。健全企业应收账款管理机制、准确评估债务人还款水平，对防范财务风险、改善企业经营状况具有重要意义。

工程机械板块收入确认分析：

①收入金额重大。2019年度，Z公司实现营业收入433.07亿元，同比增长50.92%；2020年度，Z公司实现营业收入651.09亿元，同比增长50.34%；2021年度，Z公司实现营业收入671.31亿元，同比增长3.11%。

②会计认定困难，涉及注册会计师专业评估和判断。

③性质重要。在 Z 公司的收入构成中，占营业收入比重最高的就是工程机械板块收入，因此该板块的收入确认事项应列为关键审计事项。

商誉及商标权减值事项：

①金额重大。

②会计认定困难。商誉及商标权减值事项被视作关键审计事项是因为两者都具有复杂性，都需要公司在年度终了时通过专业手段判断其是否出现减值的迹象。同时，公司的管理人员进行专业判断时也需要结合若干要素，如未来收入增长率、折现率等。商誉的判断一般来说都带有强烈的主观性，因此只有熟悉企业具体经营情况和行为发展的企业内部人士才能进行较为准确的判断。

③性质重要。商誉的减值金额与公司业绩有重要的联系，Z 公司的商誉规模比较大，对财务报表列报影响重大。

Z 公司 2019—2021 年度商誉账面金额和商誉减值准备金额见表 8-11。

表 8-11　　　　Z公司2019—2021年度商誉账面金额和商誉减值准备金额　　　　单位：亿元

年份	商誉账面金额	商誉减值准备
2021	21.16	11.65
2020	22.63	12.38
2019	22.24	12.71

3.如何应对关键审计事项？应对关键审计事项的程序有哪些？

（1）审计报告中关于关键审计事项的应对程序。

针对工程机械收入确认，T 事务所主要实施了下列审计程序：

①了解、评价和测试与公司营业收入确认相关的内部控制关键点，包括客户签收及收入确认等设计及运行的有效性。

②采取抽样方法选取销售合同，检查与收货及退货权有关的条款，并评价 Z 公司营业收入确认是否符合会计准则的要求。

③对本年度工程机械的收入采取抽样方法选取样本，检查其销售合同、入账记录及客户签收记录，检查 Z 公司收入确认是否与披露的会计政策一致。

④对资产负债表日前后确认的收入，选取样本，核对客户签收记录及其他支持性文件，以评价收入是否被记录于恰当的会计期间。

⑤按照抽样原则选择客户，函证 2021 年应收账款余额及 2021 年度销售额，以抽查客户收入确认的真实性、准确性。

针对应收账款减值，T 事务所主要实施了下列审计程序：

①了解管理层与信用风险控制、账款回收和评估应收款项信用损失的相关内部控制关键点，并评价这些内部控制的设计和运行有效性。

②了解 Z 公司计算前瞻性系数的方法，检查和评价该前瞻性系数的确定依据是否充分、恰当。

③复核和评价Z公司应收款项客户分组是否适当，每类组合的客户是否具有共同信用风险特征。

④复核和评价Z公司历史损失率的确定方法，测算其使用的历史损失率是否恰当、属实。

⑤重新计算和复核Z公司按照预期信用损失模型计算的应收款项坏账准备是否充分。

针对商誉及商标权减值，T事务所主要实施了下列审计程序：

①针对金额较大的商誉/商标权，获取独立估值专家出具的企业价值评估报告/商标权价值评估报告，复核评估报告中所涉及的评估减值测试模型是否符合现行的企业会计准则并满足减值测试的要求。

②将商誉减值测试报告中第一期的收入、经营利润率等盈利预测数据与经批准的财务预算进行比较。

③将未来现金流量预测期间的收入增长率和毛利率等与被测试公司的历史情况进行比较，评价未来盈利预测的总体合理性。

④关注Z公司对影响减值测试结果依据的敏感性假设（即对于商誉可收回金额影响最大）的披露是否适当。

（2）关键审计事项应对程序的对比分析。

通过对比T事务所在2019—2021年的关键审计事项的应对程序，可以看出，其存在一定的模板化倾向。具体来说，T事务所在三个年度内的应对程序是完全相同的。在工程机械收入确认关键审计事项的应对程序中，其采用了内部控制测试、检查、截止测试和函证等程序。在应收账款减值关键审计事项的应对程序中，其采用了内部控制测试、分析程序、复核以及重新计算的程序。在商誉及商标权减值关键审计事项的应对程序中，其采用了复核、对比分析以及敏感性测试等程序。

由于Z公司与S公司的审计报告均将收入确认及应收账款减值作为关键审计事项，其针对工程机械收入确认关键事项的审计程序对比见表8-12，其针对应收账款减值关键审计事项的审计程序对比见表8-13。

表8-12　　　　　　　　　针对工程机械收入确认关键事项的审计程序对比

审计程序	审计程序的具体应对（T事务所）	审计程序的具体应对（A事务所）
内部控制测试	了解、评价和测试与公司营业收入确认相关的内部控制关键点，包括客户签收及收入确认等设计及运行的有效性	了解工程机械设备在不同销售模式下的业务流程，执行穿行测试，了解管理层与工程机械设备销售收入确认有关的内部控制循环；执行内部控制测试，评估关键内部控制实施及运行的有效性
检查	采取抽样方法选取销售合同，检查与收货及退货权有关的条款，并评价营业收入确认是否符合会计准则的要求	检查主要客户的销售合同及相关定价政策，以确定与收入确认和计量有关的条款和条件，并根据会计准则的要求评估公司的收入确认政策

审计程序	审计程序的具体应对（T事务所）	审计程序的具体应对（A事务所）
检查	对本年工程机械的收入采取抽样方法选取样本，检查其销售合同、入账记录及客户签收记录，检查收入确认是否与披露的会计政策一致	对本年的收入交易采取抽样方法选取样本，检查其销售合同、出库单、运输单、出口报关单、入账记录及客户签收记录，检查收入确认是否与披露的会计政策一致
截止测试	对资产负债表日前后确认的收入选取样本，核对客户签收记录及其他支持性文件，以评价收入是否被记录于恰当的会计期间	对资产负债表日前后确认的收入交易选取样本，核对客户签收记录及其他支持性文件，以评价收入是否被记录于恰当的会计期间
函证	按照抽样原则选择客户，函证2021年12月31日的应收账款余额及2021年度销售额，以抽查客户收入确认的真实性、准确性	按照抽样原则，询证2021年12月31日的应收账款余额及2021年度销售额

表8-13　　**针对应收账款减值关键审计事项的审计程序对比**

审计程序	审计程序的具体应对（T事务所）	审计程序的具体应对（A事务所）
内部控制测试	了解管理层与信用风险控制、账款回收和评估应收款项信用损失相关的内部控制关键点，并评价这些内部控制的设计和运行有效性	执行穿行测试，了解管理层与信用控制、账款回收和评估应收账款、长期应收款及发放贷款和垫款减值准备相关的内部控制；执行内部控制，测试、评估关键内部控制的实施及运行的有效性
检查	复核和评价公司应收款项的客户分组是否适当，每类组合的客户是否具有共同信用风险特征	复核应收账款、长期应收款及发放贷款和垫款按信用风险特征的分组是否适当，每类组合的客户是否具有共同信用风险特征，对于单独计提坏账准备的应收账款、长期应收款及发放贷款和垫款，选取样本，获取管理层对预计未来可收回金额作出估计的依据
复核	了解公司计算前瞻性系数的方法，检查和评价其使用的前瞻性系数的确定依据是否充分、恰当	复核应用减值矩阵计算预期信用损失的关键假设的合理性，包括检查应收账款及长期应收款的账龄分析、历史损失率及管理层对重大逾期应收账款及长期应收款作出估计的合理性
复核	复核和评价公司历史损失率的确定方法，测算其使用的历史损失率是否恰当、属实	评估发放贷款和垫款预期信用损失模型的方法论以及相关参数的合理性，包括违约概率、违约损失率、风险敞口、信用风险显著增加等；评估管理层确定预期信用损失时采用的前瞻性信息等

　　对于工程机械收入确认关键审计事项，T事务所和A事务所的应对程序在数量和类型上是完全一致的，在表述上A事务所更为详细。

　　4.在审计报告中描述与沟通关键审计事项时需要注意什么？你认为本案例中会计师事

务所对关键审计事项的描述完全恰当吗？如果你是审计师，能否对本案例中关键审计事项的撰写提出一些改进建议？

（1）描述与沟通关键审计事项的技巧。

在本案例中，注册会计师在审计报告中对识别出的关键审计事项描述如下：

①工程机械收入确认。

Z公司的营业收入主要包括工程机械和农机产品销售收入。2021年度，公司实现营业收入671.31亿元，全年营业收入较2020年度的651.09亿元增长3.11%。其中，核心业务工程机械板块实现营业收入635.23亿元，占营业收入总额的94.63%，较去年同期增长3.49%。公司的收入主要来源于工程机械板块，该板块收入在公司商品出库并经客户签收核验无误、实现商品控制权转移后确认，确认收入的重要依据资料为商品出库单及经客户签收的单据。工程机械板块收入增长，并占公司营业收入总额的比重较大，因此我们确定该事项为关键审计事项。相关信息参见财务报表附注中的披露。

②应收账款坏账计提。

截至2021年12月31日，Z公司的应收账款总额为479.85亿元，融资租赁应收款总额为133.44亿元，应收债权合计613.29亿元，计提坏账准备余额59.13亿元。由于评估应收款项的预期信用损失模型固有的复杂性，且该模型采用的多项指标，如前瞻性系数、历史损失率等，均涉及管理层的判断，因此我们将应收款项坏账计提确定为关键审计事项。相关信息参见财务报表附注中的披露。

③商誉及商标权减值。

截至2021年12月31日，Z公司的商誉账面金额为21.16亿元，使用寿命不确定的商标权账面金额为11.65亿元。公司报告期末均对商誉及商标权通过专门的方法进行减值测试，减值测试涉及多项需Z公司管理层作出判断和估计的指标，包括未来收入增长率、未来经营利润率及适用的折现率等。由于商誉及商标权减值测试固有的复杂性，且该事项涉及管理层作出的重大会计估计和判断，同时考虑商誉及商标权对于财务报表整体的重要性，我们将商誉及商标权减值确定为关键审计事项。相关信息参见财务报表附注中的披露。

可以看出，在描述关键审计事项时，需要注意以下几点：首先，在审计报告中单设一部分，以"关键审计事项"为标题，对关键审计事项部分进行描述。其次，需要提醒信息使用者，关键审计事项是注册会计师根据职业判断认为对本期财务报表审计最为重要事项。关键审计事项的描述以对财务报表整体进行审计并形成审计意见为背景，注册会计师不对关键审计事项单独发表意见。再次，对关键审计事项需要进行逐项描述，且注册会计师应当分别索引至财务报表的相关披露。描述的内容应包括该事项被认定为关键审计事项的原因，以及应对该事项的审计程序。

（2）Z公司及其同行业竞争对手披露的关键审计事项分析。

根据T事务所2019年、2020年、2021年的审计报告中对关键审计事项的相关描述，工程机械收入确认、应收款项坏账计提，以及商誉及商标权减值事项连续3年被列入关键审计事项，而期末收回机器设备减值事项仅在2019年被列为关键审计事项。

根据表8-14中的数据可以看出，收入确认和应收账款减值在三家企业的三个年度内均被列为关键审计事项，是不同事务所共同选取的关键审计事项。2019—2021年，Z公司及竞争对手的关键审计事项分布见表8-14。

表8-14 2019—2021年Z公司及竞争对手的关键审计事项分布

关键审计事项	2019年	2020年	2021年
工程机械收入确认	Z、S及X公司	Z、S及X公司	Z、S及X公司
应收账款减值	Z、S及X公司	Z、S及X公司	Z、S及X公司
商誉及商标权减值	Z公司	Z公司	Z公司
机器设备减值	Z公司	无	无

一般认为，审计师在所出具的审计报告中添加关键审计事项部分能够有效地提高报告的信息价值，提高其在审计行业的认可度。

从Z公司连续三年对关键审计事项的描述与沟通情况来看，其审计报告存在一定程度的固化现象。关键审计事项在会计师事务所层面可能确实存在某些"样板"。关键审计事项的分布具有一定的行业特征和事务所特征。同行业上市公司的关键审计事项具有一定的相似性。关键审计事项的披露存在行业趋同现象，对其进行的描述也可能千篇一律，没有特色，导致审计报告质量不高，这将大大影响审计报告的增量价值。

关键审计事项对资本市场的相关各方能起到哪些作用呢？在审计报告中增加关键审计事项，审计人员预期该事项会得到财务报表使用者的重点关注，能提高审计人员的警惕性，从而降低审计风险，同时也能促进审计人员和公司管理人员的双向有效沟通。在审计报告中增加关键审计事项是在展示审计工作结果的基础上，进一步描述作出审计意见的过程和采用的专业程序，这会增强财务报表使用者了解和检索信息的能力，可以有效减少审计人员与信息使用者之间的信息不对称程度。

总体而言，T事务所对Z公司的关键审计事项的识别、应对与沟通是基本恰当的。但值得一提的是，通过关键审计事项披露情况的统计，发现其审计报告存在一定程度的固化效应，即在连续审计的情况下各年度的关键审计事项是相对固定的，且同行业公司披露的关键审计事项存在趋同现象。

三、延伸阅读文献

[1] 黄溶冰. 年报审计风险与关键审计事项复杂性——基于文本信息含量的视角[J]. 会计之友，2023（24）：2-12.

[2] 吕先锫，付一迪. 审计报告信息多元化带来的不确定性——关键审计事项的风险遮掩效应[J]. 审计研究，2023（06）：84-96.

[3] 宋夏云，饶瑾. 关键审计事项信息披露内容研究[J]. 会计之友，2022（16）：129-136.

[4] 王宏涛，曹文成，王一鸣. 关键审计事项披露与企业会计稳健性——基于准自然实验和文本分析的证据[J]. 审计与经济研究，2022，37（04）：43-56.

[5] 吴秋生，卫晓明，江雅婧. 审计结果质量与关键审计事项差异度[J]. 审计与经济研究，2022，37（03）：19-29.

[6] 郑蕊，贾青叶. 关键审计事项披露研究[J]. 合作经济与科技，2021（23）：132-134.

案例9 海运费舞弊之"审技"①

【案例导读】

受政治、天气、地缘等因素的影响，LZ公司海运费价格波动极大，招标标准不确定，加上公司信息系统不稳定，海外事业部的海运部主任利用这些特性，隐秘地操纵海运费招标进行舞弊。针对海运费的特殊性和舞弊审计的谨慎性，审计部长借海外事业部总经理任期经济责任审计的名义，实施了剑指海运费舞弊的审计。针对海运费数据缺失的情形，审计人员通过调研分析、离职员工访谈、中标公司比较分析等方式，最终获取了舞弊审计证据，破获海运费舞弊事项。

本案例适用于"审计学""风险管理与内部控制"等课程，以及 MBA、EMBA、企业高级管理课程。通过本案例的学习，学生应做到：

①学会识别公司的经营风险，特别是供应链管理风险，掌握经济责任审计与招标审计的基础知识，提升对谨慎性原则的运用能力，进而提升审计综合分析能力与沟通能力。

②为改善公司治理、提升内部审计增值功能提供参考对策。

【关键词】

海运费　财务舞弊　审计　经营风险

案例正文

一、案例背景

LZ公司始创于20世纪90年代初，主要从事各类工程机械、重型车辆、能源装置的研发制造。近年来，LZ公司的产品远销中东、南美、东南亚以及欧美等高端市场，并在东南亚、欧洲等多个地区建立子公司。2006年后，LZ公司采取事业部制，公司海外事业部下设海运部，主要负责与海运公司接洽运输业务，分析数据并定期完成业务分析报告，以及处理海外和国内客户投诉、解决纠纷。

公司董事会下设审计部，负责全公司的任期经济责任审计、经营审计、供应链审计、工程全过程审计。

LZ公司的部门结构如图9-1所示。

① 本案例由刘桂良、肖竹兰、骆文硕、王璐璐、刘宇蔚、胡若彬、张博洋共同开发。该案例2018年入选中国管理教学案例中心案例库。除非特别声明，本书的案例研究对象均为上市公司，案例中引用的所有数据均来自该公司的公告。另外，本书的所有案例只供课堂讨论之用，并无意暗示或说明某种管理行为是否有效。

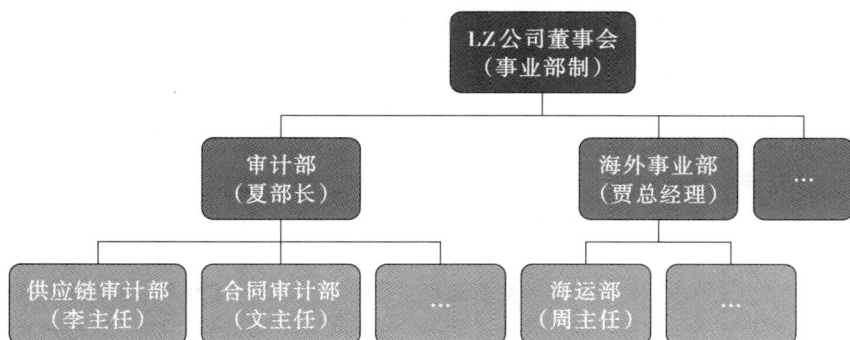

图9-1　LZ公司部门结构

二、案例回顾

（一）疑窦丛生难入手

1.金牌会员之谜

2018 年 3 月的一天，LZ 公司审计部夏部长听闻海外事业部下属的海运部周主任是上海某高尔夫球会所金牌会员。夏部长陷入沉思，周主任的薪资收入似乎与高尔夫球会所金牌会员的会费不匹配，到底是什么收入支撑着周主任如此高额的文娱消费呢？带着疑虑，夏部长立即向董事长申请对海外事业部实施专项审计，并获董事长的批准。

2.海运费之谜

初步调查后，夏部长发现海运费审计难度较大。海运费，即远洋运输货物时运输公司向企业收取的费用。海运费没有明确的价格衡量标准，原因在于：①涉及多条国际航线，受港口、天气、政治环境影响，运输费用存在差异；②专业性较强，海运费包括基本费率和附加费，基本费率是指每一计费单位货物收取的基本运费，附加费由燃油附加费、转船附加费等多项费用组成。多因素综合导致海运费审计存在谜团。

3.销售费用之谜

审计小组调取近几年的海运费资料，发现本公司海运费价格居高不下，海运费占销售费用的比重不断增长，且供应商几乎不更换。审计小组越来越觉得蹊跷……

（二）醉翁之意不在酒

得到董事长批准后，审计小组紧急召集供应链审计部李主任和合同审计部文主任讨论如何开展本次审计。李主任提议对海外事业部的海运部实施全面审计，重点分析海运费定价的合理性，以发现海运费招标中的舞弊行为。文主任则认为合同审计最有效，俗话说羊毛出在羊身上，海运部的舞弊行为很可能反映在海运费合同中。夏部长思考后提出：进行合同审计，重点是对海运部合同签订的合规性、合法性进行核查，但考虑到海运费合同多数为框架合同，主观解释权较大，加上合同保密性较高，并不利于获取审计证据，文主任继续说："干脆直接对海运部进行舞弊审计。"夏部长思考了半天提出："我们不能打草惊蛇，那样要获取审计证据会更加困难。"一番讨论后，夏部长最终决定对海外事业部总经理进行任期经济责任审计，实质上重点针对海运部的舞弊行为进行审计。

为做好海外事业部总经理任期经济责任审计，供应链审计部的李主任亲自带队负责这次审计，并拟定以核实海运部海运费舞弊事项为本次审计目标，制订了初步审计方案，见表9-1。

表9-1　　　　　　　　　　　　　　　**审计方案**

步骤	执行程序	经济责任审计程序	舞弊审计程序
1	下达通知书	下达贾总经理的任期经济责任审计通知书，通知海外事业部做好相关准备	舞弊审计
2	实地考察	熟悉海外事业部的业务流程，观察海外事业部的设备、职员及业务情况，对被审计单位的业务活动获得感性认知	考察海运部的业务流程，重点了解海运费的招标程序与最终的供应商和价格
3	分析程序	计算财务报表数据的相关比率、趋势变动，评价财务信息，进而考核贾总经理的工作效益	重点关注不同年份、不同供应商及行业海运费价格，了解波动情况
4	内部控制有效性	评价下属企业和部门信息系统控制的有效性、恰当性	重点检查海运费招投标报价系统的运行情况
5	实质性程序	检查会计记录的相关纸质、电子记录等文件，验证财务报表所包含或已经包含的信息	重点检查海运费原始单据和凭证

（三）妙施"审技"破谜团

1.实地考察的实施技巧

9-2 近三年海运部离职员工登记表

审计小组考虑到离职员工中有部分因不满上级工作而辞职，更愿意透露相关信息，于是着手调查离职员工档案信息，挑选有代表性的员工进行访谈；同时兵分两路，一组以审计部门的名义正常谈话，另一组借纪委的名义询问海运部周主任的工作情况，互为犄角，收获颇丰。

审计小组调查发现，除了"金牌会员"事件之外，周主任生活奢靡，经常开顶级豪车出入高档酒楼。同时，LZ公司的海运费一直是以招投标的形式进行的，公司内部有一套自行设计的信息系统，自动选取各公司最低报价来决定最终承运的供应商。

2.分析程序的实施技巧

审计小组了解到海运费的专业性较强，价格较难确定，难以核实合同金额的真伪。因此，传统的分析程序和实质性程序测试均无法达到理想的效果。李主任向夏部长汇报，商讨修订审计方案。审计小组决定利用同期的市场平均数据作为审计标准，判断合同金额的正确与否。但是海运费可能涉及商业机密，难以收集到同行业的真实数据。最终，李主任创新地采用了以下审计方法：

（1）充分利用人脉资源，以合作调研的名义，协同同行做大数据研究，以获取同行业、同期间的海运费数据。

（2）与海运公司数据比较。审计小组联系两家著名的海运公司进行学术调研，获取行业平均数据。通过两个月的"学术调研"，审计小组最终获得海运费数据。删除类似于加急订单等缺乏代表性且不便对比的数据后，最终选取海外事业部2016年1月至9月这半年多的数据，并以同行业和海运公司数据的平均值为标杆，对 LZ 公司的海运费进行审计，结果见二维码9-3。审计小组对比参考数据后发现本公司海运费偏高，而海运费一直是以招投标的形式进行的，选取最低报价来决定最终承运的供应商，数据相差如此之大，初步断定海运费有异常。

3.内部控制有效性

LZ 公司总部自行设计了一套招投标报价系统，各海运公司投标时将自己的报价发到指定邮箱，系统在到期日会自动对有关数据进行核算排名，并将综合报价中最低的报价信息发送给海运部周主任。但是在周主任的授权下，这半年里，海运部只部分使用甚至完全未使用该报价系统，取而代之的是以人工收发邮件的方式来确定供应商。在这种情况下，审计小组无法从系统里获取投标公司及其报价的相关信息。于是，李主任决定调查报价邮箱以获取供应商的报价信息。审计小组在审计中发现周主任的邮箱中关于与供应商往来的沟通报价函均已经被有意删除，关键信息无法获得，导致无法确认周主任是否对全部供应商发出邀约，更不能确认收到各个供应商回函的时间以及具体价格等。

审计小组只能再次调整审计方案，寻找新的突破口。李主任决定将目标锁定在供应商身上：既然是供应商发送的回函，一定会存有相应的邮件往来记录。于是审计小组以对贾总经理进行任期经济责任审计的名义，要求各个供应商以邮件提供每一单回函的具体时间及价格。审计人员通过对贾总经理任职期间的所有交易进行分析，发现 XL 供应商在时间上几乎总是最后一个进行报价，并且报价最低，有几笔订单虽然报价不是最低，但是均采用二次报价达到最低价格，从而取得海运业务的承运资格。

除此之外，审计人员还发现 MSH 供应商在报价策略上似乎有些不同。由于海运费是由运费和港杂费两部分组成的，运费价格取决于箱型、数量、单价等因素，这家供应商并不像 XL 公司一样在每项费用上均为最低。对于需求量较多的箱型，MSH 公司的报价都低于其他竞争者，而对于需求量较少的箱型，其报价往往稍高于其他竞争者，在单独比对合同中各项目的运费时无法发现 MSH 公司的报价存在问题，但综合计算运费时可以发现 MSH 公司综合运费的报价是所有供应商中最低的，因此 MSH 公司多次中标，进行承运。恰巧这两家供应商均为海运部的长期合作对象。

在审计证据面前，海运部的经办人及贾总经理最终承认，获取其他投标公司的报价后，他们将价格透露给 XL 供应商和 MSH 供应商，使得这两家供应商长期中标，进而与其达成某种交易牟取私利，致使公司近几年累计损失高达上千万元。

三、结语

历经数月的调查与分析，审计小组妙用策略，挖掘出受贿案及其背后的海运费舞弊手法。最终，公司开除了海运部周主任，也对贾总经理进行降级处理。同时，在内审部门的建议下，海外事业部的招投标流程采用全新系统，海运费数据自动上传至公司总部数据库以备核查，并安排专业人士定期检查。

9-3 2016年1月至 9 月地欧线 LZ 公司集装箱价格

9-4 XL 海运单票核查表（部分）

9-5 MSH 海运单票核查结果（部分）

9-6 LZ 公司2014—2016 年度合并利润表

回顾本次审计案例，审计部夏部长总结出如下几个问题供审计部讨论：

①在开展本次审计调查前如何选择审计程序种类和审计实施途径；

②在审计过程中如何识别企业串标行为带来的审计风险；

③企业内部控制失效的原因及改进对策；

④内部审计在企业价值管理中的作用。

【政策思考】

底线思维是一种富有哲学智慧的思维能力，是对中华优秀传统文化中相关思想观念的继承和发展。孔子的"人无远虑，必有近忧"，孟子的"生于忧患而死于安乐"，无一不强调要增强忧患意识、防范化解风险，体现了底线思维。底线思维还是对唯物辩证法的坚持和运用。现实生活中的矛盾无处不在、无时不有，要从矛盾的两个方面一分为二地看事物，不能只看有利的一面、忽视不利的一面，而是要通盘考虑各种因素，居安思危、未雨绸缪。

坚持底线思维是我们党治国理政的重要思想方法、工作方法、领导方法，也是认识把握外部环境深刻变化和我国改革发展稳定面临的新情况新问题、有效应对各种风险挑战的必然要求。

在本案例中，审计小组考虑到直接对海运费进行舞弊审计会打草惊蛇，导致获取审计资料困难，于是分明、暗两道分头对海运部门进行审计，表面是实施总经理任期经济责任审计，实质上是重点对海运费进行舞弊审计。历经数月，审计小组终于挖掘出受贿案及其背后的海运费舞弊手段，惩罚了舞弊者，重新采用高效的管理流程与系统，并加强监管。审计部门之所以能够成功完成审计任务，是因为审计师能够坚持底线思维，凡事从多角度思考，权衡各种利弊后制订出万全的计划。

案例使用说明

一、教学目标

本案例旨在引导学生明确内部审计的地位和作用，学会识别公司经营风险，特别是供应链管理风险，掌握经济责任审计与招标审计的基础知识，提升对谨慎性原则的运用能力，进而提升审计综合分析能力与沟通能力，同时为强化公司治理、提升内部审计增值功能提供参考对策。

二、思考题与分析要点

本案例分析思路如图9-2所示。

1.在开展本次审计调查前如何选择审计种类和审计实施途径？

在本案例中，审计部门多次对审计环节遇到的困难进行解决，为了保证该次内部审计的隐蔽性和针对性，选择更加巧妙的审计种类与审计实施途径进行审计。

（1）审计种类的选择。

LZ公司审计部对企业的海运费用有了初步的判断，但是缺乏确切的证据来推断和分析，

发现问题	• 金牌会员 • 海运费波动大
选择审计种类	• 经济责任审计 • 招标审计
遇到审计难题	• 无参与标准 • 缺乏原始数据
使用审计技术	• 行业对比 • 访谈
得出审计结果	• 相关人员被追责 • 挽回经济损失

图9-2 案例分析思路

直接实行舞弊调查的专项审计容易打草惊蛇。管理者如果知道审计部对其存在怀疑,可能会提前删除相关信息,这就使内部审计的证据获取变得更加困难。所以,审计人员应以什么名义对其开展调查呢?怎样才能最大限度地在对方没有察觉的前提下进行?如何才能获取真正有价值的信息?只有考虑到以上几点的审计手段才能成功实施。在审计种类的选择上,审计人员最终决定采取形式上的任期经济责任审计,而在实质上进行舞弊审计。任期经济责任审计是审计人员对资产管理者受托管理资产的活动效果进行的审查、评价和鉴证活动,是一项集财务审计和绩效审计于一体的综合性审计,它针对的是企业高管,而非可能存在舞弊行为的海运部,这样就保证了审计的隐蔽性。在实际执行的过程中,审计人员则重点对海运费的相关项目进行舞弊审计,有针对性地获取审计证据。

(2)无标准审计项目的审计实施途径。

LZ公司审计部发现海运不同于传统的陆运或空运,没有明确的衡量价格标准:一是涉及多条国际航线,不同航线、不同港口、不同月份,甚至是不同的政治环境下,价格都相差甚远;二是受天气影响极大,海运公司的报价依据天气情况的不同而产生变化;三是专业性极强,海运费包括基本费率和附加费,基本费率是指每一计费单位(如一运费吨)货物收取的基本运费,附加费由燃油附加费、转船附加费、超重附加费、港口拥挤附加费、绕航附加费、选港附加费等多项附加费组成。综合种种因素,海运费价格不确定性非常高,审计人员难以参照市场统一价格进行核查,通常使用的比较法、比率分析法、账户分析法、趋势分析法、模拟法、预测法、决策法、控制法、因素分析法和成本法等在海运费上都没有太大用处。

LZ公司审计部为获取海运费可用的市场参照价格,创新地采用了以下方法:第一,充分利用自身的资源。利用人脉关系,以合作调研的名义,获取同行业类似公司且同期间的海运费数据。第二,求助于海运公司本身。审计人员联系到两家著名的海运公司,与它们进行学术调研,从而获取行业的平均数据。通过访谈、合作科研及核查客户邮件等手段,LZ公司审计部在短时间内就取得了有对比性的海运费相关数据。这种审计手段整合了周围可利用的资源,在与同行业信息共享的情况下,对无标准审计项目进行了核查。这种具有隐蔽性和针对性的对无标准审计问题实施的审计方案,是一次有效的审计手段的使用。

(3)招投标审计的审计实施途径。

LZ公司内部审计人员在调查报价邮箱来获取供应商的报价信息时,发现邮箱中关于与供应商往来的沟通报价函均已经被有意删除，关键信息无法获得，导致无法确认周主任是否对全部供应商发出邀约，更不能确认收到各个供应商回函的时间以及具体价格等。审计小组采用的审计手段是转换视角达到同一目的：供应商发送回函通常留有相应的邮件往来记录，审计小组通过任期经济责任审计的名义，要求各个供应商提供每一单回函的具体时间及价格。

审计小组通过分析发现 XL 公司与 MSH 公司的报价存在问题，从而收集到关键证据。LZ 公司的审计人员在数据被删除的情况下，并没有选择与内部人员沟通和财务数据分析等方式进行调查，而是向往来供应商收集数据，这种较为创新的方式能够在不询问被审计人员的情况下取得审计证据，达到了审计隐蔽性的要求。

2.在审计过程中如何识别企业串标行为带来的审计风险。

结合本案例的具体情况，结合海运费内容、招投标标准流程以及投标串标的相关知识，引导学生思考在物流部未使用报价系统，而使用邮件单独报价且邮件均被删除的情况下，如何从供应商的报单时间、报单价格、综合比对各项目报单价格及综合价格、企业询价范围等方面对企业招投标活动进行审计，发现隐藏的违规招标问题。

（1）审查企业是否严格按照内部控制制度使用信息化系统进行规范的招投标程序。

招投标活动通常是由项目（包括货物的购买、工程的发包和服务的采购）的采购方作为招标方，通过发布招标公告或者向一定数量的特定供应商、承包商发出招标邀请等方式发出招标采购的信息，提出所需采购项目的性质、数量、质量、技术要求，交货期，竣工期或提供服务的时间，以及其他供应商、承包商的资格要求等招标采购条件，表明将选择最能够满足采购要求的供应商、承包商与之签订采购合同的意向，由有意提供采购所需货物、工程或服务的投标者参加投标竞争。招标方对各投标者的报价及其他条件进行审查比较后，从中择优选定中标者，并与其签订采购合同。

LZ 公司物流部在招投标时原本应使用自行开发的报价系统，物流部在系统中发布招标信息后，所有供应商的报价信息都将在系统中自动反映，并将所有供应商的报单时间、报单价格由高到低排序。该报价系统能够有效规范招投标活动，但在实际进行招标时该部门员工在周主任的指示下未使用该报价系统，而通过邮箱进行单独报价，报价之后邮件均被删除，由此进行违规招标。由于缺乏证据，内部审计人员只好采取向供应商询问的策略，获取各供应商在报价时发送的邮件，以此获得招投标时的报价信息。因此，内部审计人员应加强对招投标过程的审计，审查企业是否严格遵循内部控制制度，采用信息化系统进行招投标活动。

（2）比对每一家供应商进行报单的时间及价格。

内部审计人员在获取各供应商提供的报单邮件后，通过比对每一家海运报单邮件的发送时间及价格，发现 XL 公司存在着报单时间最晚、报单价格最低，或是进行二次报价，而二次报价最低的问题。通过比对数据后审计组发现：XL 公司在 19 单报价中都为最后报价且报价最低的公司，从而获得了承运资格。铁证如山，物流部的经办人及周主任也承认存在着在收集其他投标公司价格后再透露信息给 XL 公司的现象，使得 XL 公司在报单时最后报价且报价最低。如果企业有报单系统并按规定使用，内部审计人员则可以根据系统中自动生成的报价与报单时间进行审计。但物流部使用手工方式登记报单时间及价格，内部审计人员应以供应商出具的邮件为准认真审查供应商报单的时间及价格，防止出现类似的串标问题。

（3）对合同中各供应商对各项目的报价以及综合报价进行比对。

除XL公司以外，MSH公司海运费的中标价也存在问题。海运费由运费及附加费构成，其中，运费由箱型、所需箱型数量、单价等因素确定。例如，不同箱型的单价不同、数量不同，最后报价也不同。审计小组经比对发现，MSH公司也多次存在报单时间最晚的问题。

对于所需数量多的箱型，MSH公司的报价都低于其他竞争者，而对于所需数量少的箱型，MSH公司的报价往往稍高于其他竞争者，在单独比对合同中各项目的运费时无法发现MSH公司的报价存在问题，但综合计算运费时可以发现MSH公司的综合运费报价是所有供应商中最低的，因此MSH公司多次中标，获得承运资格。

除此之外，对于可执行货运代理数量众多的订单，物流部存在询价范围过于狭窄的问题，多次出现询价范围仅为两家的情况：一家为MSH公司，另一家为不具备竞争能力的海运公司。在这种对MSH公司极为有利的情况下，MSH公司还进行最后报单，报单综合价低于竞争对手，使得MSH公司最终承运多笔可执行货运代理数量众多的订单。

因此，审计人员在进行报价审计时，除比对各项目供应商的报单价格之外，还应比对综合报价的高低，防止出现单个项目报价对比其他供应商无明显异常，但综合报价最低的情况。审计人员应对可执行货运代理数量众多的订单加强关注，除此之外，对于询价范围也应进一步进行审计，关注是否存在询价范围过窄、供应商无竞争能力的情况，防止出现违规中标现象。

3.企业内部控制失效的原因及改进对策。

LZ公司海外事业部在未报备总部的情况下，擅自取消系统报价，并删除相关数据，借机进行舞弊。这反映了企业内部控制的一系列缺陷。通过学习本案例，引导学生思考企业如何保证内部控制的完整性、有效性和执行性。

（1）完整性及有效性分析。

内部控制失效原因：LZ公司的内部控制存在设计上的缺陷。海外事业部在招标过程中，通过邮箱进行单独报价，报价之后邮件均被删除而无相应备份，由此进行违规招标。由此可知，LZ公司没有专门人员进行系统备份和信息恢复性测试，管理层也未对备份结果进行检查以确保备份有效。

改进建议：根据公司内部控制手册，应每日进行系统数据库自动备份并作完整性查验；每周一次手动备份到移动硬盘或其他电脑的硬盘；每两周由专人将移动硬盘送往档案室予以存放，并按照档案室的规定填写相关表格，由系统维护人员及信息中心主任签字；每年进行一次备份的恢复性测试，并填写"数据恢复性测试记录表"，由信息中心主任签字。

（2）执行性分析。

内部控制失效原因：LZ公司的内部控制存在运行上的缺陷。运行缺陷是指设计合理及有效的内部控制，在运作上没有被正确地执行，包括由不恰当的人员执行、未按设计的方式运行（如频率不当）等。海外事业部在系统不稳定的情况下，擅自舍弃系统，未报备信息中心进行维护，导致存在内部舞弊空间。

改进建议：根据公司内部控制手册，应当设立信息中心负责日常软硬件系统维护、网络安全、环境保持、应急处理等工作，保证信息系统安全、稳定地运行，并及时登记"应急事故处理记录""运行维护记录"等。"应急事故处理记录"和"运行维护记录"等应由信息中心主任签字。

4.内部审计在企业价值管理中的作用。

LZ公司审计部在此次海运费审计中充分发挥了自身价值，最终贾总经理及相关经办人均被免职或调离岗位。同时，LZ公司根据内部审计人员的建议对信息系统进行了改进，加强了对海运费招投标过程的内部控制，有效避免今后类似舞弊事项的发生。

结合本案例的具体情况，引导学生进一步思考内部审计在企业中的重要作用，以提高内部审计在企业中的受重视程度。

（1）内部审计的预防保护作用。

在实施内部审计的过程中，审计人员记录控制政策不合理或是失效的关键点，评价现有控制政策是否设计合理，并将评价结果反映给管理层，对现有内部控制制度提供建议和意见，并与管理层一起分析建议的可操作性，完善内部控制政策和程序，保证内部控制制度设计的合理性，弥补管理漏洞。

在本案例中，LZ公司审计部针对招投标内部控制提出了相应的建议：加强公司上下部门间信息系统的完整性，开发一套全新的招投标系统，并配备专人进行定期检查，系统内的数据自动上传至公司总部数据库。审计部通过以上措施完善招投标的内部控制程序，弥补违规招投标的漏洞，很好地实现了内部审计的预防保护作用。

（2）内部审计的服务促进作用。

内部审计在保护企业财产的安全、完整、保值、增值方面和健全领导干部的监督管理、促进廉政建设方面，取得了成效，发挥了重要的作用，且对改善企业的经营管理起到了较好的促进作用。

在本案例中，LZ公司审计部通过实施形式上的任期经济责任审计和实质上的海运费舞弊审计挖掘出贾总经理及其背后隐藏的海运费舞弊手段，在促进海运部廉政建设方面取得了一定的成效，改善了LZ公司的经营管理。

（3）企业内部信息不对称问题。

内部审计是在受托经济责任关系下，基于经济监督的需要而产生和发展的，它是经营管理实行分权制的产物。由于内部审计部门不直接参与企业的日常生产经营管理活动，同时具有一定的独立性，通过开展深入细致的审计项目，了解各项生产运营的具体情况，缩小信息不对称的差距，帮助企业建立通畅的信息沟通渠道，促进企业目标的实现。

在本案例中，由于海运费自身不确定性高，且参与海运费合同订立的人员较少，公司其他部门对海运部的了解少之又少，企业内部信息存在严重的不对称问题，LZ公司的审计部门通过此次海运费审计进一步了解了海运费招投标流程及市场基本报价的具体情况，缩小了企业内部信息不对称的差距。

（4）降低企业支出成本。

组织价值包括经济价值、社会价值和顾客价值等，具体体现为利润增长、成本节约、社会责任和环境保护。其中，成本节约是组织价值增长的一项重要内容。审计部通过将2016年1月至9月海运费的数据与同行业及海运公司数据对比，发现LZ公司海运费高出市场价几倍。实施海运费舞弊审计有助于规范公司的海运费价格、节约企业成本，实现内部审计带来的价值增长。

三、理论依据

（一）隐蔽性与针对性及谨慎性原则

1.隐蔽性与针对性

隐蔽性指企业内部审计人员在审计的过程中，通过各种方法秘密获取信息；针对性则是指企业内部审计人员在审计的过程中，有针对性地实施审计程序，获取需要的相关信息。在本案例中，对于审计种类的选择，LZ公司的审计人员采用形式上的任期经济责任审计，实质上的舞弊审计，体现出了内部审计中的隐蔽性与针对性。

2.谨慎性原则

审计的职业谨慎要求审计人员在办理审计事项时树立风险意识、提高审计质量、降低审计风险，态度上客观公正、实事求是，在确定审计范围和审计方法、报告审计结果时，应运用专业判断，保持专业谨慎。审计师在整个审计过程中对蓄意隐瞒的舞弊行为应保持职业谨慎态度，将"职业怀疑主义"精神贯穿整个审计过程。

（二）逆向思维理论、串标及合谋

1.逆向思维理论

在招标报价邮件均被删除的情况下，审计人员采取向供应商询问的策略，从供应商处获取报价时发送的邮件，以获取各供应商的报价时间、报单价格等审计证据。

2.串标

串标是招标活动中隐蔽性、欺骗性和危害性较强的一种现象，是指某个投标人通过一定的途径秘密伙同招标人或一些投标人商量投标策略及投标报价，哄抬或故意压低投标报价，以达到排斥其他投标人，使约定的投标人中标的目的，从而损害招标人及其他投标人合法权益的一种违法行为。

3.合谋

合谋理论认为，合谋生成的原因是它能够给组织成员带来收益，以及合谋私下合约可执行。合谋生成的主要因素是收入（或酬金）和成本，如果预期的收入大于支付的成本，就会产生合谋收益，形成对合谋的激励。合谋存在两个难题：第一，合谋者之间如何私下转让；第二，私下合约如何执行。私下合约主要依靠一种声誉机制来执行。合谋理论还指出，委托人可以通过提高合谋成本、减少合谋收入、加强对监管者激励等三方面措施防范合谋的产生。

（三）《企业内部控制基本规范》等规定

依据《企业内部控制基本规范》《企业内部控制应用指引》《企业内部控制评价指引》

等规定，企业应保证内部控制的完整性（是否有内部控制制度缺失）、有效性（内部控制制度是否能有效防范经营风险）和执行性（内部控制制度的执行情况）。

（四）内部审计

（1）2001年，IIA（国际内部审计师协会）第七次定义指出：内部审计是一种独立、客观的确认和咨询活动，旨在增加价值和改善组织的运营。它通过应用系统、规范的方法，评价并改善风险管理、控制和治理程序的效果，帮助组织实现其目标。

（2）内部审计在单位内部监督制度中的重要作用主要体现在以下三个方面：

①预防保护作用：内部审计机构通过对各部门工作的监督，强化单位内部管理控制制度，及时发现问题、纠正错误、弥补管理漏洞，减少损失，保护资产的安全与完整。

②服务促进作用：内部审计机构作为企业内部的一个职能部门，熟悉企业生产经营活动等情况，工作便利。因此，通过内部审计，可在企业改善管理、挖掘潜力、降低生产成本、提高经济效益等方面起到积极的促进作用。

③评价鉴证作用：内部审计是基于受托经济责任的需要而产生和发展起来的，是经营管理分权制的产物。随着企业规模的扩大，管理层次增多，对各部门经营业绩的考核与评价越来越成为现代管理不可缺少的组成部分。实施内部审计，可以对各部门活动作出客观、公正的审计结论和意见，起到评价和鉴证的作用。

（3）我国内部审计的职业价值主要体现在以下方面：解决企业内部信息不对称问题；完善内部控制；降低企业支出成本。

四、关键要点

1. 关键点

在海运费无标准、系统信息录入不完善等情况下，本案例的内部审计形式上是对公司总经理进行任期经济责任审计，而实质上是对海运费进行舞弊审计，通过市场调研分析、中标公司比较分析等方式获取相应的审计证据，核实海运费舞弊这一事项。

2. 知识点

任期经济责任审计，舞弊审计的识别与判断，审计方案实施途径，审计方案的选择，无参考标准下的审计程序，信息系统失效时的审计策略。

3. 能力点

审计方案的选择能力，无参考标准时审计策略的选择能力，信息系统失效时审计证据的收集能力。

五、延伸阅读文献

［1］刘文军，米莉，傅倞轩. 审计师行业专长与审计质量——来自财务舞弊公司的经验证据［J］. 审计研究，2010（01）：47-54.

［2］辛金国，邢莉萍，开家将. 舞弊审计程序研究［J］. 审计研究，2004（04）：60-63.

案例 10 "标"新控"本":
生产线招标审计创价值[①]

【案例导读】

B公司为国内从事机械制造的A公司的一家分公司，2016年B公司整体搬迁至新工业园区。该园区新建的生产线是瑞士标准的世界先进水平的独特生产线，国内无参考标准，瑞士供应商报价畸高。A公司审计部反复运用调研、询价、沟通等审计手段，采用拆分招标、密封报价的方式，创新性地提出子产线拆分理论，通过与中标企业进行商务谈判，最终以低于瑞士供应商报价7 400多万元的价格成功建成新生产线，实现了内部审计的增值功能。

A公司下属B公司需要整体搬迁至新工业园区。在搬迁之初，B公司选择引进瑞士最新生产线，而该生产线的瑞士供应商报价畸高，企业无法承受。公司决定在国内寻找更合适的供应商，但国内没有前例，更没有参考标准。2017年12月8日，A公司组织召开B公司生产线安装投产的汇报会议，审计部长赵建国汇报生产线招投标审计的工作成果：4家中标企业的最终报价合计为13 560万元，比瑞士报价节约7 400多万元。A公司副总裁高度赞扬这次招投标审计，在国内无参考标准、国外报价过高的情形下，审计部克服一切困难，运用一系列审计手段，圆满地完成了招投标审计。

【关键词】

生产线招投标审计 创新审计

案例正文

一、引言

A公司是我国一家传统机械制造企业，主要从事工程机械的研发制造，经过几年时间的发展，成长为行业翘楚。2010年年初，A公司内部成立了一个技术研究院，专门负责技术研发。B公司是A公司在C市的一家分公司，拥有多年的技术沉淀和机械制造经验。B公司的产业园区建在C市市区，近几年C市为了贯彻"蓝天计划"，要求重工业企业搬迁至新工业园。

2016年4月28日，A公司副总裁就此组织召开了一次新园区新建生产线安装投产的主题会议，行政部分别通知技术部、工程部、审计部、财务部等部门集中开会，讨论这次B公司搬迁至新园区的建设问题。

副总裁在大致介绍了B公司的生产园区要搬迁新建的情况后，直接进行分工：技术部负责新园区生产线的技术支持；工程部负责新园区的整体规划、基础设施新建；财务部根

---

① 本案例由刘桂良、雷建洪、赵红杰、万叶萌、韩镒、李威共同开发。本案例2018年入选中国管理案例共享中心案例库。除非特别声明，本书的案例研究对象均为上市公司，案例中引用的所有数据均来自该公司的公告。另外，本书的所有案例只供课堂讨论之用，并无意暗示或说明某种管理行为是否有效。

据已经拟定的预算进行分配，并根据各部门实际进度拨付资金；审计部负责生产线的招投标审计。这时，见审计部长赵建国一脸严肃，副总裁便说："赵部长，这次你们部门的任务艰巨，要做好心理准备。这次的生产线不同以往，由于采用国际最先进的技术，设计方案没有标准，在国内也无法找到可供参考的案例，采购价格区间很难估测，采购价格标准难以确定。你们部门的任务是在财务部的预算内完成这次招投标审计，务必让公司的成本降到最低，保证性价比最高。"副总裁继续提议："你们可以与公司前年收购的公司多联系，以获取它们的先进技术信息与技术标准。"

会议之后，赵部长成立了一个生产线审计专项小组，亲自主持此次生产线招投标审计工作，并结合招标部门给出的招投标流程确定招投标审计的重点领域，具体如图10-1所示。

二、"标"新审计遇困惑，拆分产线立新招

（一）解析任务，"标"新审计立"程"规

审计部长赵建国带着副总裁下达的任务步履沉重地回到了自己的办公室，决定先召开一次部门会议，结合传统工程项目招投标审计的关注点和方法，讨论本次审计方案。

4月29日，赵部长主持审计部第一次会议。"这次公司新建生产线，高层决定让我们审计部负责新园区生产线的招投标审计。新园区是一个智能化工厂，年度规划是单班年产值50亿元、年产500台，采用自制、内部配套、专业外包相结合的生产模式，通过新招标生产线的导入，实现对质量、弹性需求、效率、环保的全面提升，以产线为中心进行物流拉动，备有一定量的安全库存作为缓冲，按需进行配送，输送距离相对要短，占地面积降低50%，按照实际情况分期施工。目前，只有国外公司承建过类似的生产线，该项目在国际、国内均没有相应的招投标审计案例，所以摆在我们面前的最大问题就是没有可以借鉴的项目，而公司的资金预算只有1.36亿元，我们需要在预算内完成此次招投标，务必使这次招标性价比最佳。大家说说自己的想法吧。"

"赵部长，您刚刚说国外有公司承建过类似的生产线，那直接让它们帮我们生产就行了。"李明说道，"昨天我听到要进行招标审计的消息，特意查了一下，瑞士的一家业内老牌企业具有国际一流水平，生产过这种先进的生产线，并且可以提供后续一条龙服务，这家公司开始给的价格是2.8亿元，经过和我们的多次谈判，给出的底价格是2.1亿元。"

组员们七嘴八舌地讨论起来。

副部长钱丰反应迅速："我们可以采用询价法旁敲侧击，先去找供应商们探探底，向一些和我们经常有交易往来的供应商侧面了解类似生产线的价格，它们对市场比较熟悉，而且公司与它们不存在明显的利益冲突，如果找它们询价，很可能获得一些有价值的信息。"

"还可以去了解一下业内同规模公司的情况，对它们类似的工厂、生产线项目进行调研。大家充分利用自己的人脉关系，以学术调研的名义跟业内的朋友沟通交流，获取相关的数据。同时，将我们的有关数据也拿给对方参考，信息互通，数据共享，对方公司也不会反感。规模较小的公司也要调研一下，有一定的参考价值。"李明说出了自己的想法。

赵部长接着说："既然这样，那我们就三管齐下：一是与技术研究院联系，获取国外具有这项先进技术资质的企业的相关生产线的价格；二是通过多种途径进行调研、

工程项目招投标流程

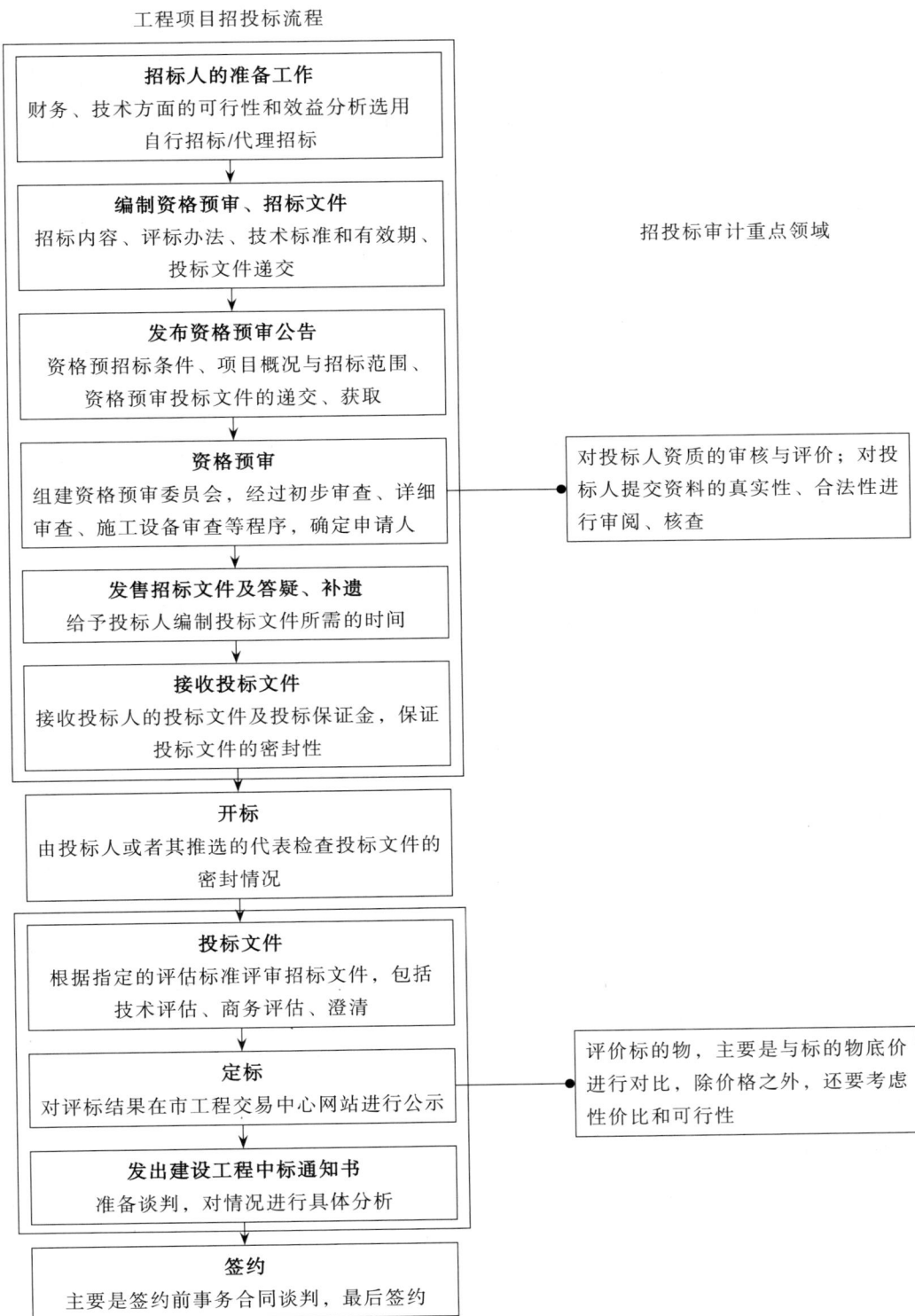

招投标审计重点领域

| 招标人的准备工作 |
| 财务、技术方面的可行性和效益分析选用 |
| 自行招标/代理招标 |

| 编制资格预审、招标文件 |
| 招标内容、评标办法、技术标准和有效期、 |
| 投标文件递交 |

| 发布资格预审公告 |
| 资格预招标条件、项目概况与招标范围、 |
| 资格预审投标文件的递交、获取 |

| 资格预审 |
| 组建资格预审委员会，经过初步审查、详细 |
| 审查、施工设备审查等程序，确定申请人 |

对投标人资质的审核与评价；对投标人提交资料的真实性、合法性进行审阅、核查

| 发售招标文件及答疑、补遗 |
| 给予投标人编制投标文件所需的时间 |

| 接收投标文件 |
| 接收投标人的投标文件及投标保证金，保证 |
| 投标文件的密封性 |

| 开标 |
| 由投标人或者其推选的代表检查投标文件的 |
| 密封情况 |

| 投标文件 |
| 根据指定的评估标准评审招标文件，包括 |
| 技术评估、商务评估、澄清 |

| 定标 |
| 对评标结果在市工程交易中心网站进行公示 |

评价标的物，主要是与标的物底价进行对比，除价格之外，还要考虑性价比和可行性

| 发出建设工程中标通知书 |
| 准备谈判，对情况进行具体分析 |

| 签约 |
| 主要是签约前事务合同谈判，最后签约 |

图10-1　项目招投标流程图和招投标审计重点领域

询价，收集国内同行业供应商、同等规模以及规模小一点的企业的类似生产线的价格；三是配合招标部门开展一次预招标，评价供应商资质，获取价格信息，然后我们再讨论采用哪种方式有效，能够满足公司的要求。"

会议结束后，赵部长让钱丰根据已有的讨论结果，结合传统招投标审计的关键点，拟订了初步的审计方案，见表10-1。

表10-1
审计方案

主要事项	审计方法	负责人
了解项目，收集信息（报价、工艺）	（1）审计沟通，与瑞士公司沟通，获得国外类似生产线的价格、工艺、技术信息，获得关于国外生产线具体情况的答复 （2）市场调研、询价，获得国内同行业供应商、同等规模以及较小规模的企业的类似生产线的价格、工艺等信息 （3）比较法，通过对相同或类似的被审招投标项目的实际与计划、本期与前期、本企业与同类企业的数额进行对比分析，检查有无异常情况和可疑问题，为跟踪追查提供线索	赵建国 钱丰 李明
公开招标前，项目立项的必要性、可行性和效益分析	合法合规性审计：项目资金是否已落实，招标人是否具有与招标项目相匹配的资质；招标信息发布的媒介是否合规；招标信息发布的时间、范围是否合规合理，是否存在限制投标人竞争的情况	李明
公开招标阶段，接受投标单位资格预审申请、确定申请人	（1）审计核查：对投标人的经营资格、专业资质、财务状况、技术能力、管理能力、业绩、信誉等方面评估审查，以判定其是否具有参与项目投标和履行合同的资格及能力，直接淘汰实力不足的竞标供应商 （2）制定严格的竞标程序：考虑到竞标的固有风险，制定严格的竞标程序，有序竞标，保证竞标充分，供应商竞争越多，价格方面越有下降空间	赵建国 钱丰 李明
公开招标后，如果出现标价比预算高的情况，应重点关注原因和寻找解决办法	分析法：通过分解被审项目的内容，揭示其本质，了解其构成要素的相互关系；在对项目招投标展开审计时，要针对审计组组织的招标出现的差异进行分析，找出原因	钱丰 李明
评标阶段，遇到审计组无法独立解决的技术问题	利用外部专家服务：利用外部专家服务是为了获取相关、可靠和充分的审计证据，保证审计工作的质量，审计组邀请公司的技术研究院专家参与审计	赵建国
多次招标之后的价格仍然高出预算	逆查法：按照经济活动进行的相反顺序，从终点查到起点的审计方法。在项目招投标审计时，一般都是沿着招投标流程来审计，其实也可以逆向审计，转变思路，可以获得意想不到的结果	赵建国 钱丰 李明
定标阶段，就后续生产线的安装、售后等进行沟通	商务谈判：审计组在执行审计的过程中，需要与被审计的生产线供应商进行谈判，生产线除了价格以外，还有技术、工艺、安装、售后等一系列环节，这些环节虽然没有明确标价，但也需要单独拿出来展开审计，进行谈判	赵建国 钱丰 李明

（二）投石问路，拆分思路立新招

第一次会议结束后，A公司审计专项小组组织预招标（第一次招标），对投标人的经营资格、专业资质、财务状况、技术能力、管理能力、业绩、信誉等方面评估审查，以判定其是否具有参与项目投标和履行合同的资格及能力，随后对符合条件的投标人进行开标、评标等流程。5月7日，第一轮招标结束，审计部召开第二次会议。李明将供应商的第一轮竞标报价结果、从技术研究院获取的国外5家符合要求的企业的生产线价格情况、4家供应商的询价结果、同行业同规模的4家企业和同行业规模相对较小的3家企业的调研结果进行了汇报，具体见表10-2。

表10-2   第一次招标、询价和调研结果   单位：亿元

第一轮竞标报价		国外供应商		国内供应商					
				供应商询价		同行业同规模		同行业小规模	
A	1.90	瑞士	I	2.10	N	2.10	R	1.90	V	1.00
B	1.85		J	1.58	O	3.00	S	2.20	W	1.30
C	2.10	意大利	K	2.20	P	2.60	T	1.80	X	1.15
D	2.00		L	2.00	Q	2.50	U	2.40		
E	2.50		M	2.15						
F	2.25									
G	2.00									
H	2.30									

如表4-17所示，A公司在全国范围内发起第一轮竞标，投标人参加竞标，其中8家符合资质的供应商A到H公司的报价分别是1.90亿元、1.85亿元、2.10亿元、2.00亿元、2.50亿元、2.25亿元、2.00亿元、2.30亿元。

与技术研究院联系后，A公司获得了5家国外企业的类似生产线价格，其中，瑞士的I企业、J企业的价格分别是2.10亿元、1.58亿元，意大利的K企业、L企业、M企业的价格分别是2.20亿元、2.00亿元、2.15亿元。

A公司对4家拥有技术资质的供应商进行了询价，N企业、O企业、P企业、Q企业的询价结果分别是2.10亿元、3.00亿元、2.60亿元、2.50亿元。

对同行业同规模企业和同行业较小规模企业的类似生产线价格进行收集和分析后，A公司得到同行业同规模的R企业、S企业、T企业、U企业的类似生产线价格分别是1.90亿元、2.20亿元、1.80亿元、2.40亿元，同行业较小规模的V企业、W企业、X企业的类似生产线价格分别是1.00亿元、1.30亿元、1.15亿元。

在国外的5家企业中，只有瑞士的J企业与预算价格差距较小，但技术研究院在反馈文件中对瑞士这家J企业相对较低的生产线价格作出了解释：J企业生产规模较小，近几年经营状况不太稳定，加上机器设备老化、部分技术员工离职，虽然其之前有过生产这类生产线的经验，但现在可能达不到A公司的标准，性价比不高。

国内只有那些规模较小的企业低于A公司的预算价格，虽然它们的报价低于预算，但

它们的生产线设计标准和公司要求相差太远，就算将其与预算的差价用在扩大规模和提升工艺上，这样建造出来的生产线的规模、生产工艺远远达不到公司的要求。

听完李明的汇报，看到这些报价，再对比1.36亿元的项目预算，赵建国揉了揉太阳穴，看着议论纷纷的组员们说道："根据结果来看，各供应商的报价远高于预算价格，瑞士的J企业生产线不达标，国内那些规模较小的企业的生产线同样达不到公司的要求。大家谈一谈我们该如何应对。"

"我们不能申请追加预算吗？具有相应技术资质的供应商的生产线报价都远高于预算，在保证质量的情况下，大幅降低价格很难，价格太低可能就无法满足性能要求了。如果能追加预算，我们还能通过继续招标和谈判将供应商的报价压一压，完成这次任务。"钱副部长问道。

"公司决策层面的计划是不能轻易变动的，追加这个项目的预算就可能减少其他项目的投入，也会涉及各个部门的资金分配问题。且近几年行业遇冷，公司连年亏损，经营状况不善，追加预算会增大公司的经营压力，这个方法暂不予考虑。"赵建国回复道。

会议室里，审计部在持续讨论着如何降低价格、节约成本，但是大家始终无法想出一个合适的办法。不知不觉到了午餐时间，在员工食堂，大家还在继续谈论这件事。

这时，技术研究院的一位工程师吴迪凑了过来："好热闹，说啥呢？"李明瞥了瞥吴迪，把事情一五一十地介绍了一下。"这事儿啊，你们咋不试试把它拆开来招标呢？"吴迪脱口而出。"拆开？生产线还能拆开吗？""当然可以，本来生产线就是由几条子产线组成的，各自独立生产，互不影响。"

大伙忽然云开雾散，立马集合在会议室里，会议继续进行。赵建国打电话询问了公司技术研究院院长，确定这个生产线可以拆分成几条子产线，没有技术上的障碍，于是赵部长决定将生产线拆分成子产线后再进行招标，可以就招标部分重新制作标书。

李明补充道："如果把生产线拆分的话，设计方案由谁提供呢？既然分成了几个部分，不作为一个整体，就不能由同一家公司来提供方案，每家供应商的设计思路不一样，提供的方案肯定不同。咱们最初是想从国外引进生产线，国外技术更先进，我主张借鉴国外的方案。"

钱部长争辩道："不行，瑞士的工艺或许是最先进的，但是在国内可能会水土不服。它们公司在工人思维，以及零部件的功能、工艺方面肯定和我们存在一定的差距。"

"让各供应商提供设计方案的话，供应商可能会为了增加自己的产品销售额，恶意加长生产线。"李明提出自己的观点。

赵部长想了想，"那就让咱们公司的技术研究院出设计方案，再提供给供应商，让它们报价。我跟技术研究院沟通一下。"赵建国宣布休会，晚上继续。

晚上，会议室中的讨论仍在继续，赵部长直入主题："下午与研究院院长讨论，他认为不行，说每家供应商的产品和技术工艺都不相同，生产线的设计方案肯定会有差异，它们设计出方案也没法用，但后来经过技术研究院与原园区厂长沟通交流之后，认为该拆分方案可行，且有三种拆分方案可以选择：按技术可以拆成X、Y两条子产线；按流程可以拆成H、I、J、K四条子产线；按工艺可以拆成Ⅰ、Ⅱ、Ⅲ、Ⅳ、Ⅴ、Ⅵ六条子产线。不过生产线拆分得越细，后续的安装调试成本就越高，平均每多细分一条子产线会增加100多万元的成本。我们可以按照这几种分类让供应商提供设计方案，并检查供应商的方案文件，保证供应商提供的设计方案的可行性、合理性，同时询问专家对设计方案的意见。然后，将其交给技术研究院，确定固化方案后再进行招标。最后，选择总价最低的拆分方案。固化方案就是我们把整条生产线拆分为相应的两条、四条或六条子产线。一旦确定，那后面的招标就按这个方案进行，分不同部分报价，竞标不再是针对整条生产线了。"

最后，赵部长安排李明将拆分生产线的招标审计方案进行完善，审计部开始准备第二轮的竞标。

三、产线拆分报价超预算，理论拆分部件破僵局

由于生产线工程复杂，需要较高的技术、工艺，每次招标都要对竞标企业展开资质审核，核查投标人的资质后，再组织第二次招标。在招标过程中，审计组须严格按照招投标程序进行，控制流程风险，保证招投标的合规性。第二轮招标方案完成后，赵建国立即让李明通知有意向进行竞标的企业再次准备竞标："这次招标我们采用固化方案，让竞标企业按子产线进行报价。提醒参与竞标的企业，每个部分我们最多只让2家企业入围，它们会有更大的竞争压力，为了能够中标，它们势必降低价格，以获得承揽权。"李明连连点头。

新生产线技术要求高，并且国内没有可供借鉴的案例，对于竞标企业的资质要求也水涨船高，能够入选的企业有限。5月12日，第二次招标按计划进行，审计部在竞标截止后，收集标书，进行了开标，有8家企业入围。

第二次招标报价表见表10-3。

表10-3　　　　　　　　　　　　　　第二次招标报价表　　　　　　　　　　　　　单位：亿元

招标产品	竞标企业	竞标价格	招标产品	竞标企业	竞标价格	招标产品	竞标企业	竞标价格
A产线	P	6 845	H产线	U	3 190	I产线	X	2 550
A产线	V	6 800	H产线	V	3 578	I产线	W	2 745
A产线	X	7 250	H产线	—	—	II产线	P	2 055
A产线	W	6 900	I产线	W	2 267	II产线	Z	2 280
A产线	—	—	I产线	X	2 028	III产线	O	3 250
B产线	Y	14 500	J产线	W	9 010	III产线	V	3 420
B产线	O	13 839	J产线	Y	7 221	IV产线	Y	5 540
B产线	V	14 200	J产线	—	—	IV产线	U	5 300
B产线	Z公司	15 650	K产线	V	4 079	V产线	W	1 700
B产线	—	—	K产线	Z	4 829	V产线	X	1 650
						VI产线	P	1 540
						VI产线	O	1 980
合计	—	22 900　20 639	—	—	19 684　16 518	—	—	17 665　16 345

5月20日，审计部召开第三次会议进行第二次招标的情况汇报。赵建国看到报价时，感到情况不妙，向大家说："2条子产线的方案报价远超其他方案，6条子产线的方案虽然价格略低于4条子产线的方案，但技术研究院之前说过生产线拆得越细，后续的安装成本越高。对比两个方案的最低报价，高出的安装成本自然远高于173万元，这样看来拆分成4条子产线的方案暂时最佳。"

"把生产线分项招标之后，价格应该大幅下降，毕竟整条生产线招标时，生产线报价只有一个。分项招标之后，价格由四个部分组成，应该降低很多。"赵建国安慰大家，"毕竟价格和第一次招标相比，已经有了一定程度的降低，至少说明拆分的思路是正确的，只是还需要改进，让价格进一步降低。本来拆分的这个想法是源自公司技术研究院的建议，下午的会议可以把熟悉生产线的专家请到这里旁听，让专家再给出一些意见。"

上午的会议结束后，赵建国安排钱部长以审计部的名义邀请专家王山参与下午的讨论，根据拆分思想询问专家对于子产线拆分为零部件的看法，确定这种方案的可行性。

会议开始后，钱部长提出："沿着拆分的思路，除了把整条生产线拆分为4条子产线以外，还可以进一步把每条子产线拆分为各个零部件，因为它们是由不同的零部件组成的，零部件就是公司熟悉的部分了，对于报价可以做到心中有数。"

赵建国点点头，请专家予以点评。

王山说道："我之前提出的生产线分项，是基于实际可以拆分的基础展开的，刚刚钱部长提出的进一步把子产线拆分为零部件是不可能的，因为这种大型的生产线工艺复杂，如果拆分为多个零部件，安装起来难度非常大，可以说这是一项复杂的技术，安装成本过高。"

经过与王山专家的沟通，看到专家态度坚决，赵建国心里已经否定这个方案了。王山补充道："你们的想法，只有理论上的可行性。"

对拆分十分执着的钱部长认真听着专家的发言，辩解道："既然实际上不能拆分，那么我们就在理论上拆分部件，把4条子产线的零部件分解出来，让竞标的企业给出具体的零部件报价，填写零部件报价表，这样既没有真正把4条子产线拆分，又可以从零部件出发来招标。"

李明解释道："并非真的把4条子产线给拆了，只是要求竞标企业将报价具体到每个零部件。这就好比一辆豪车，在不知道是豪车的情况下，只把豪车拆分为零部件，那么对这些零部件单独报价，再组装起来的价格肯定远低于拆分前。"

此言一出，赵部长首先鼓掌，然后整个审计组都响起了掌声。赵建国立即提出，邀请王山专家进一步帮助审计部把4条子产线拆分为不同的零部件，王山也尽职尽责，将4条子产线的各个零部件编制成表。

四、理论拆分部件虽巧妙，状况频出终圆满

（一）实施密封报价，艰难再下一城

经过第三次会议的讨论，赵建国安排李明准备第三次招标。6月3日，第三次招标如期进行。这次招标根据专家王山编制的零部件详表，进一步把4条子产线拆分成各个零部件竞标，但这只是理论上的拆分，让竞标的企业把报价具体到各个零部件，填写零部件报

价表。审计部人员需要对入围单位报价表的填写要求进行面对面确认：品牌尽量统一；采购件需要提供品牌、型号规格、主要参数、数量、单价；自己出图的须按重量、吨位报价；零部件按含税成本报价，管理费、利润、税不能重复报。

H子产线、I子产线、J子产线、K子产线进一步拆分后的价格主要由以下内容构成：标准件价格+制作件价格+设计调试费+运费+利润。基础设备主要包括功能部件类、标准功能设备类、工装夹具类。这些机器设备和零部件都有市场价格作为参照，A公司市场部能有效地进行评估。相关费用主要包括设计调试费、包装运输费、安装费、管理费等。

第三轮招标结束，审计部召开第四次会议。李明对各供应商的报价情况进行了汇报，见表10-4。

表10-4   第三次招标报价表   单位：亿元

产线	入围企业	报价	
H子产线	U公司	2 108	
	V公司	2 180	
I子产线	W公司	2 010	
	X公司	1 964	
J子产线	W公司	8 995	
	Y公司	7 203	
K子产线	V公司	3 970	
	Z公司	3 862	
合计	—	17 155	15 137

听完李明的汇报，会议室的气氛变得凝重起来，大家纷纷陷入沉思，赵部长更是百思不得其解："将4条子产线进行理论上的拆分，各供应商报价时把报价具体到各个零部件，填写详细的零部件报价表，这种招标方案是在专家协助下经过多次讨论得出的最优方案，但从供应商的报价来看，价格并没有明显下降。"

在众人一筹莫展之际，钱部长突然说道："会不会是我们的保密工作没有做好，供应商事先知道了拆分生产线的目的，私下合谋串标，其中一个投标人高价中标后，给予其他陪标人一定比例的金钱作为补偿，共同牟取不法利益，所以报价仍居高不下。"

"是的，招投标过程中最容易出现的问题就是串标，尤其是这次项目在竞标之前没有标准可以参照，入围的企业只有8家，串标的可能性大大增加了，要想办法避免这种串标行为。"李明补充了一句。

李明接着说道："还有可能是竞争不充分造成的。本次招标项目只让8家企业入围，竞争4条子产线，且其中有2家企业同时入围了2条子产线，所以实际上只有6家企业入围。竞争对手少，竞争压力小，价格自然很难降下来。"

钱部长提出自己的看法："如果能增加竞标方的数量，那么供应商的竞争压力就会加大，发生串标的风险也会降低，从而报价也能相应降低。同时我们应采用审计部较为熟悉的第一密封报价法，这样竞标的企业就无法得知其他企业的价格，更无法去串标。"

"好想法！"赵建国拍手称道，众人也赞叹不已。

按照第四次会议的决议，审计部这一次没有局限于上述6家入围企业，而是重新招标，增加参与竞标企业的数量，同时使用密封报价的手段，防止竞标企业之间串标。审计部检查了新进参与竞标企业的生产许可证、资质证书、财务信用等级等，以此作为判断竞标方承接标的的能力的重要依据。赵建国自信满满，感觉这次招标能够满足预算，甚至还会比预算低。

6月18日，根据密封报价流程，各家竞标企业将各自的报价通过邮件发送到审计部门的指定邮箱。专项审计小组成员严格监督这一流程，防止价格信息泄露；同时执行分析程序，对各家竞标企业的报价进行准确性分析，将零部件的报价与市场价格进行对比，判断其是否合理，检查是否存在不正规的报价策略，有无明显的计算失误及错误等。审计部接着进行开标，专项审计小组成员脸上都洋溢着轻松的表情，等着开标之后向副总裁交差。负责统计竞标企业报价的李明打开竞标企业的标书，同时报告竞标企业的报价："H子产线，U公司报价1 827万元，S公司报价2 257万元，V公司报价2 060万元；I子产线，R公司报价1 921万元，W企业1 850万元，X公司报价1 890万元，T公司报价1 960万元……"

第四次招标报价见表10-5。

表10-5　　　　　　　　　　　　第四次招标报价表　　　　　　　　　　　单位：亿元

产线	入围企业	报价	
H子产线	U公司	1 827	
	S公司	2 257	
	V公司	2 060	
I子产线	R公司	1 921	
	W公司	1 850	
	X公司	1 890	
	T公司	1 960	
J子产线	W公司	7 900	
	Y公司	7 200	
	O公司	8 457	
K子产线	V公司	3 758	
	S公司	3 780	
	Z公司	3 810	
合计	—	16 484	14 635

（二）竞标报价获信息，据理力争谈判成

赵建国越听越不对劲，面露难堪。

钱部长说道："为什么这次的价格的下降幅度还是不如预期，仍比预算高出一些？虽然差距已经不大。"

组员们发言后，赵建国作了总结："这次生产线招标主要是围绕价格展开的，我们的目标是使竞标企业的报价符合公司财务部的预算。经过四次招标报价和数次调研询价，我们已经掌握了生产线大多数组成部分的价格区间，包含标准件价格、制作件价格、设计调试费和运费，已经能够精确地计算出价格，唯一不能确定的就是利润部分。我们通过分析程序的实施，研究生产线大多数组成部分的价格区间，对利润部分作出大致的估算，确定了供应商报价的利润率。它们有的是按成本的百分比计算，有的是按成本和费用总和的百分比计算，比率在10%~12%。"

"10%~12%？这种类型的项目和产品在市场上的利润率是否有那么高？我们应该分析一下生产线利润率的来源和组成。"李明补充道。

赵建国说道："从供应商的报价明细来看，除实际成本和相关税费外，还有一部分无形价值，包括品牌价值、技术工艺价值和它们自己对利润的一个预期回报。但不能全听它们的，要进行专家咨询，也要对这类交易的市场行情进行调研，最后利用专家咨询和调研得到的相关市场信息，根据生产线的成本构成，重新计算生产线的市场利润率，大家散会以后分头行动。"

审计部根据调查情况反馈得出该类交易的市场行情数据，又与资产评估专家多次沟通，最后获得了参考利润率。

钱部长将审计资料文件呈交给赵建国，两人商议之后，决定组织最后的商务谈判。

7月2日，审计部与B分公司参与谈判的人员制定了商务谈判策略。刚开始，供应商们坚持不降价，一再试探谈判人员的底线。审计部将生产线构成明细表和对利润率的分析资料摆到桌上，在合理的价格信息面前，供应商们终于松口，双方达成一致。4家中标企业的最终报价合计为1.356亿元，并接受了审计部与B分公司提出的付款条件，本次招投标审计圆满结束。

商务谈判报价表见表10-6。

表10-6　　　　　　　　　　**商务谈判报价表**　　　　　　　　　单位：亿元

各子产线最终报价		
H子产线	U供应商	1 720
I子产线	W供应商	1 680
J子产线	Y供应商	6 680
K子产线	Z供应商	3 480

五、结语

经过多种审计程序的实施和多次招标，这次招投标审计任务圆满完成，为公司节约了7 400多万元的成本，在将审计报告交给副总裁后，赵建国要求钱部长总结本次招投标审计的经验。钱部长总结出以下问题：

① "标"新带给招投标审计的挑战以及应对挑战的关键路径有哪些？

②本案例中审计方案是否为最优？还有哪些地方值得完善？

③整体招标和拆分招标的价格差的经济意义是什么？

④招投标审计对公司价值的创造与提升的贡献在何处体现？

【政策思考】

在中央审计委员会首次会议中，中共中央总书记、国家主席、中央军委主席、中央审计委员会主任习近平明确指出审计是党和国家监督体系的重要组成部分，审计机关在维护国家财政经济秩序、提高财政资金使用效益、促进廉政建设、保障经济社会健康发展等方面发挥了重要作用。

为培养审计人员的职业能力，健全审计组织管理体系，要为学生指导并分析各类型审计案例，从事务所和公司的不同视角分析，并结合各案例中审计工作的实施和作用体现，引发学生的思考与学习。

在本案例中，B公司在选择新建生产线的供应商时，通过招投标审计，按照拆分思路用创新思维解决审计信息的获取难点，合理地选择更具性价比的方案。本案例中招投标审计的创新审计方式，也体现了当前审计人员在审计过程中突破传统固化思维、改变角度和审计方式、创新审计方法，为公司价值的创造与提升作出贡献。

党的二十大报告指出，实践没有止境，理论创新也没有止境。必须坚持守正创新，以科学的态度对待科学、以真理的精神追求真理，坚持马克思主义基本原理不动摇，坚持党的全面领导不动摇，坚持中国特色社会主义不动摇，紧跟时代步伐，顺应实践发展，以满腔热忱对待一切新生事物，不断拓展认识的广度和深度。

本案例中审计部门为实现公司价值与审计师价值的双重提升、提高审计质量、加强审计能力培养、创新审计思维和方法，高效率、高质量地突破各方面的审计障碍，最终实现审计目标，体现了审计师价值，并为公司价值作出了巨大贡献。在审计的理论学习中，对现存知识不断汲取、大胆提问和设想进步空间，是当代学生对审计价值的创造和革新。

案例使用说明

一、教学目标

本案例旨在引导学生掌握企业进行标的无标准招投标业务管理与审计的精要思路与方法，理解招投标审计在企业价值提升与创造中的作用，熟悉招投标审计工作。首先，学生可以通过市场调研、询价、沟通、咨询专家等手段，获取招标项目的价格等相关数据信息；其次，引导学生发现审计过程中出现的挑战和应对挑战的关键路径，思考应对的思路和方法；最后，通过本案例的学习与讨论，认识到内部审计的增值功能。

二、思考题与分析要点

本案例分析思路如图10-2所示。

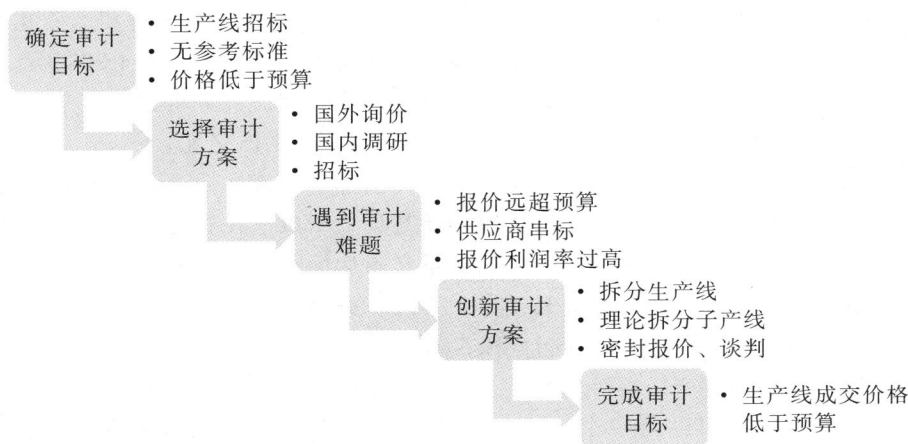

图10-2 案例分析思路

1. "标"新带给招投标审计的挑战以及应对挑战的关键路径有哪些？

（1）分析思路。

在解决该问题时，应该找出本案例中存在的挑战。"标"新带给招投标审计的挑战主要在于：

①进口国际一流、国内无先例的生产线，没有标准可以参考，没有相应的参考数据。

②预算有限，整条生产线招标远超预算。

③审计部采用拆分生产线招标的方式，依据子产线拆分理论进行分开竞标，但竞标价格与预算仍有一定差距。

④审计部采用理论拆分后，价格下降不明显。

⑤A公司不了解供应商的利润情况，难以探得供应商利润底线。

随后介绍理论依据在应对挑战时的具体应用，得出运用理论之后的结果。

（2）问题解决。

① 在无参考标准的生产线项目招投标前获得参考数据的方法。

A公司审计部与海外技术研发部进行沟通，获得了2家瑞士企业和3家意大利企业的类似生产线价格，瑞士的I企业、J企业的生产线价格分别是2.10亿元、1.58亿元，意大利的K企业、L企业、M企业的生产线价格分别是2.20亿元、2.00亿元、2.15亿元。这些数据是在A公司审计部与技术研究院沟通的过程中获得的，是A公司审计人员在审计过程中就相关审计事项与相关人员进行沟通的结果，数据来源于己方公司人员，并且是技术研发部，所以该数据信息较为可信。

审计部选择了国内4家拥有技术资质的供应商进行询价，获悉N企业、O企业、P企业、Q企业的生产线价格分别是2.10亿元、3.00亿元、2.60亿元、2.50亿元。通过这些询价结果可以看出，国内供应商的类似生产线价格远高于A公司的预算，降低价格便成了A公司审计部要解决的重大问题。询价的优点是操作简单、效率较高，只需要进行简单询问即可，但是供应商出于获取更多利益的考虑，可能故意报高价格。

审计部通过对同行业同规模企业的类似生产线价格的收集和研究分析，得出R企业、S企业、T企业、U企业的类似生产线价格分别是1.90亿元、2.20亿元、1.80亿元、2.40亿元。通过对同行业较小规模企业的类似生产线价格的收集和研究分析，得出V企业、W企业、X企业的类似生产线价格分别是1.00亿元、1.30亿元、1.15亿元。

由调研结果可知，只有国内规模较小企业的类似生产线价格低于预算价格，但这些规模较小的企业的生产线质量与A公司的要求相差甚远，所以摆在A公司审计部面前的问题是质量达标的公司报价过高，报价低的公司质量又不达标。不同规模的企业的生产线看似相同，实则在工艺、生产方式等方面有差异，不能一概而论。

A公司招标部门在全国范围内发起竞标，通过发布招标公告发出该生产线招标采购的信息，提出所需采购的生产线项目的性质及要求。有意参与竞标的企业参加竞标，审计部审核后，8家符合资质的供应商入围，它们的报价分别是1.90亿元、1.85亿元、2.10亿元、2.00亿元、2.50亿元、2.25亿元、2.00亿元、2.30亿元。竞标企业的生产线报价也远高于A公司预算，A公司审计部亟须降低这些价格，节约成本。

在公开招标中参与竞标的企业较多，竞争也较充分。

② 拆分成子产线分别招标以降低整条生产线的成本。

审计部第二次会议的主要结果是将整条生产线拆分开，以此来降低供应商报价，并且在技术研究院专家的支持下，确认可以将整条生产线拆分。A公司技术研究院根据审计部的要求，分别得出按技术、流程、工艺将整条生产线拆分为2条、4条和6条三个方案。

A公司审计部负责的生产线招标面临的主要问题是生产线价格无法降低，必须采用有效的审计手段降低价格。拆分招标是降低价格、增加竞标企业之间竞争的重要方式。审计部其实并不清楚哪一种拆分方式合适，只能通过再一次组织招标来确定。但是这里需要注意技术研究院的专家给出的一个重要信息："生产线拆分得越细，后续的安装调试成本越高，平均每多细分一条子产线，会增加100多万元的成本。"在第二次招标之后，需要结合这个约束条件来分析。

分段招标或拆分招标最直接的目的就是降价，但是拆分也有弊端。一个工程项目拆分得越多，影响项目进度的因素就越多。拆分涉及安装、调试的问题，拆分过细就会增加安装等成本费用，最后降低的价格尚不足以弥补安装的成本费用。审计部综合考虑之后选择了性价比最高的按4条子产线拆分的方案。

这次招标不同于上一次招标，因为是将整条生产线拆分成不同的部分，这些部分是技术研究院在竞标企业设计的基础上固化得来的，报价直接具体到拆分的子产线，并且每条拆分的子产线只让两家竞标企业入围，目的还是使竞标企业互相竞争博弈，降低报价。

③ 拆分成子产线后报价依旧远高于预算，理论拆分进行分项招标。

审计部门根据分段招标理论确定整条生产线可以拆分，最终选择将生产线拆分为4条子产线的方案。但是，最棘手的问题——价格——仍然没有得到有效解决。尽管拆分成子产线后的报价比整条生产线直接招标时已经下降，但与1.36亿元的预算仍有较大距离。虽然价格没有降低到A公司财务部预算的要求，但拆分能够降低价格是这次招标的一个最重要的结果。审计部门对于分得越细致的东西就越熟悉，越能够获知详尽的信息，高价中标的风险就降低了。

既然价格降低得不够多，那么问题不是在于拆分，而是应该进一步改进拆分。审计部提出将4条子产线继续拆分为零部件，让供应商按零部件进行报价，但这个方案被技术研究院的专家直接否决，原因是拆分越细，安装成本越高，这就陷入了困境。专家认为将子产线继续拆分为零部件"只有理论上的可行性"，而审计部要的是可以拆分，因为只有继续拆分，报价才有可能下降。因此，审计部提出理论拆分。审计方法包括检查、观察、询问、函证、重新计算等，在沟通中审计人员很容易获取关键信息，理论拆分也源自沟通之中。理论拆分只是让竞标企业在填写报价时，不再是粗略地填写子产线的价格，而是将子产线零部件的价格写清楚，汇总得到子产线的总价格。那么，针对A公司较为熟悉的零部件，审计人员就可以对获取的资料进行比对，供应商也知道A公司具有这方面的实力和经验，在填写零部件报价时，必然不敢随意填写高价。

④理论拆分后报价下降不明显，密封报价防止串标。

理论拆分后报价下降不明显的原因可能包括：

第一，串标。理论拆分之后，对于A公司较为熟悉的零部件，A公司有能力和经验对其价格进行评估，因此供应商在填写零部件报价时，会将价格降低进行竞标。入围的供应商只有8家，并且在8家企业中，有2家企业同时入围了2条子产线，其实只有6家企业入围。H产线入围的是U公司和V公司，I产线入围的是W公司和X公司，J产线入围的是W公司和Y公司，K产线入围的是V公司和Z公司。竞标价格相较于上一次并没有明显下降，存在供应商事先知道拆分生产线招标而私下合谋串标的可能，即其中一个投标人高价中标后，给予其他陪标人一定比例的金钱作为补偿，共同牟取不法利益，损害A公司的利益。

第二，竞争不充分。只评选8家企业入围，竞争对手少，供应商之间的竞争压力小，互相没有构成很大的威胁，竞争不充分，报价难以降低。

解决方法：

第一，密封报价。本案例中采用的就是密封报价的方法，买方之间不知道彼此的报价，有效地防止了串标。报价最低者中标，因此招标人在选择评标方式时应尽可能选择最低报价者中标。招标控制价为最高限价，是招标人的保留价格，招标控制价的设立可以有效减少密封招标中的合谋与败德行为，保证密封招标机制的正常运作，实现招投标价格最优。

第二，增加竞标方数量。增加竞标方数量可以降低招标人成本，加大竞争力度，也可以增加串标的难度，从而降低供应商的报价。本案例中增加竞标企业的数量，进行第四次招标，报价进一步降低，但由于生产技术和经验方面标准高，新进参与招标的企业未能满足A公司的要求，最后入围的仍是原来的6家企业。但扩大竞争有效地降低了这6家供应商的报价，报价与预算的差距进一步缩小。

⑤剖析竞标明细表，聚焦利润率。

为了将招标价格降低到预算以下，审计部作出了很多努力：调研、询价、拆分产线、理论拆分、密封报价等，但是密封报价后的结果仍和预算有较大偏差，那么如何设计方案将价格进一步降低成为最后的难点。

在审计部不断将生产线进行拆分招标的过程中，供应商的报价确实有所降低，但是密封报价时已经将4条产线理论拆分成零部件进行招标了，不可能再进行拆分了。零部件即使能再细分成更加精细的部件，不仅方案会变得烦琐，而且后续的成本也将大幅度增加，不符合成本最低原则。

审计部采取密封报价和扩大供应商范围的方法，已经在很大程度上解决了串标问题，可见价格没有降低并不是因为串标。同时，如果继续采取密封报价方案，可能不仅白白增加招标成本，还会使供应商有一种不被信任的感觉，挫伤供应商的积极性。

在密封报价后，产线价格仍未降下去，审计部采取了如下方案：

第一，分析供应商的报价构成和利润率。经过多次招标报价和调研询价，A公司已经掌握了生产线大多数组成部分的价格区间，可以大致计算出产线的价格区间，唯一不能确定的就是利润部分。从供应商的报价明细中得到其利润率区间为10%~12%。审计部分析这部分属于无形价值，包括品牌价值、技术工艺和预期回报。

第二，调研市场利润率，分析合理区间，并与供应商谈判。审计部认为，这类项目和产品的市场利润率并没有达到10%，由于对于该部分利润率不了解，他们进行了专家咨询和市场调研，获得了可供参考的利润率。最终与供应商谈判时，审计部门拿出产线价格构成明细以及利润率分析的资料，供应商才松口降价，生产线报价终于低于了预算。

第三，优势分析。分析生产线利润率，首先可以对审计部不熟悉的利润部分进行调研、询问，对价格、利润的构成明细表进行分析，从而让审计部在谈判时增加筹码。其次，对生产线利润率的分析也加深了审计部对生产线价格构成的了解，可以将这种思路应用到更多的生产线招标审计中，给其他的审计工作提供借鉴和参考，提高审计效率。对于同行业公司以及今后进行的类似的招投标项目，应建立相关体系与指标，保证招投标活动规范、有序地实施。

2.本案例中的审计方案是否为最优？还有哪些地方值得完善？

（1）分析思路。

在解决该问题时，学生应了解在招投标审计过程中的以下两个阶段存在并行方案：

①在拆分生产线时，本案例将整条生产线拆分成4条子产线分别招标，按照不同的拆分标准，还可以拆分成2条子产线和6条子产线进行招标。

②在防止竞标企业之间的串标、围标行为时，本案例采用的是第一密封报价法，除此之外，还可以采用荷兰式拍卖、第二密封报价法、竞争性谈判和竞争性磋商等方法。

学生在思考这个问题时，应对各阶段的具有可行性的审计方案进行优劣对比分析，从而判断最后实施的审计方案是否最优，提出改进建议。

（2）问题解决。

①整条生产线招标价格太高，拆分成4条子产线分别招标。

评价三个拆分方案的优劣：

第一，拆分为2条子产线的方案。生产线拆分越少，其整体性越好，安装调试的成本就越低，安装工艺越简单。但是，拆分越少，价格就和没有拆分的价格越接近，不能满足降价的需求。

第二，拆分为4条子产线的方案。生产线拆分越细，产线合计价格应该越低，并且4条子产线的合计价格应该较2条子产线的合计价格低。但是拆分越细，整体性越差，安装调试的成本就越高，安装工艺越复杂。

第三，拆分为6条子产线的方案。这个方案已经拆分得很细，整体性是最差的，就安装调试的成本和工艺而言，都是最高、最复杂的。不过，其在价格上比拆分为2条子产线和4条子产线的合计价格都低，数个供应商竞标成功后分别生产，投产进度也将大大加快，这对于A公司的分公司B的新园区建设投产更加有利。

但本案例中第二次招标的报价情况显示：拆分为2条子产线的方案报价远高于其他方案，拆分为6条子产线的方案虽然价格略低于拆分为4条子产线的方案，但技术研究院的专家表示生产线拆得越细，后续的安装成本越高，对比两个方案的最低报价，高出的安装成本自然远高于173万元。这样看来，拆分成4条子产线的方案暂时最佳，审计部最终选择了拆分成4条子产线的方案。

让学生结合给出的三种拆分标准，试着收集资料，探究有无其他拆分方案。如果学生提出其他方案，只要言之有理即可。

②在防止竞标企业之间串标、围标时，采用第一密封报价的方法。

在本案例中，4条子产线拆分为零部件之后的密封报价属于"第一密封报价"，就是由出价最低的企业中标，获得产线的承包权。下面介绍其他几种方法：

第一，荷兰式拍卖。在这种竞标方式下，每个企业只有一次举牌机会。因此，参与竞标的企业不敢贸然举牌应答高价，而会慎重考虑对自己有利可图的心理预期价格。在这种情况下，招标价格势必会有所降低。

第二，密封报价招标模式。在这种招标模式下，招标方要求各投标人提交密封的投标书，工程将发包给出价最低的投标人，并以次低的投标报价与该投标人签订合同。在本案例中，参与竞标的企业要想中标，必须保证自己的报价最低，即便可能是以成本价中标，但是最后签订合同时，合同价格是次低的报价，对于自己的"损失"也有一定的弥补，中标企业在心理上也能接受。

第三，竞争性谈判。根据财政部财库〔2014〕214号《政府采购竞争性磋商采购方式管理暂行办法》的规定，在政府采购中不适合公开招标，进而引入竞争性谈判和竞争性磋商。竞争性谈判主要指公司谈判小组和已通过初始条件筛选的货源商家在货物预订、工程实施和提供服务方面进行协商，商家根据谈判小组的具体要求作出回复，提供最终价格。负责采购的人员从符合条件的商家中选择最终的货源供应商以及供货方式。

谈判小组所有成员与每一家供应商分别谈判，在规定的时间内进行二轮报价以及最终报价，采购人根据采购需求、质量等，以及报价最低的原则，从谈判小组提出的成交候选人中确定供应商。

第四，竞争性磋商。这是指负责采购的人员或代理机构建立竞争性磋商小组，在货物预订、施工规划、提供服务方面和有合作可能的货源商家进行商议，而货源商家则根据磋商小组的具体要求进行回复，修改最终报价，负责采购的人员经过研讨后最终选出货源商家的名单以及相应的采购方式。磋商小组成员与每一位供应商进行磋商，明确采购需求之后，要求所有供应商提供最终报价，然后按照磋商文件规定的各项评审因素进行量化指标评审，得分高的供应商作为中标候选人。

这几种方式都应用于特殊类别的、技术先进的、确定不了具体参数和详细步骤的、市场尚不成熟的招标。普通招标和竞争性谈判主要还是看"价格"。竞争性磋商主要看的是"综合"因素，第一步磋商是明确采购需求，使投标更符合实际，第二步是最终报价，综合打分，更多的是对供应商综合能力的考评。本案例具有无标准、无前例可供借鉴的特征，可以借鉴上述方式。在进行审计方案的选择时，应进行优劣对比分析，充分考虑各方案的可行性。对于该类型的招投标项目，专家的建议是十分重要的。

3.整体招标和拆分招标之间价格差的经济意义是什么？

（1）分析思路。

学生在思考这个问题时，首先要对比各次竞价的标的物，聚焦于单项资产和资产组，了解单项资产和资产组的概念和内涵，分析出报价差异的根源在于整装工序中的整装成本、整装利润和技术收益。然后，在此基础上对比各次招标的报价明细，总结出整条生产线和拆分后的产线蕴含的各项无形资产的价值是不同的。最后，再对各报价中所包含的无形资产价值进行思考和评价：其价值是否合理？为什么在不同的招标方式下，价值总额差异巨大？怎样更加科学地评估无形资产的价值？

（2）问题解决。

①对比各次竞价的标的物。

分析本案例可知，第一次招标的标的物为整条生产线；第二次招标的标的物为拆分后的子产线；第三次招标直到最后商务谈判的标的物均为理论拆分后的分项，其中有零部件，也有不能拆分的设备组合。相对于整条生产线而言，子产线是单项资产，生产线是资产组；相对于子产线而言，设备组合和零部件是单项资产，子产线是资产组；而就定义而言，零部件是单项资产，其他则都是资产组。资产组相对于单项资产，除了有相同的实体设备价值外，还包括一些无形资产的价值。

在进行工程项目招标时，整体招标是资产组形式的招标，而拆分招标是单项资产形式的招标。整体招标与拆分招标相比，多了一道非常重要的整装工序，反映一定的技术含量，在整装过程中需要付出整装成本，这也蕴含着供应商对整装利润和技术收益的要求。在整装工序中，整装成本为安装时的人力、物力、劳务支出，体现为报价明细中的安装调试等费用。整装利润为供应商商标权带来的品牌价值，技术收益则是技术工艺价值，品牌价值和技术工艺价值即为前文中提到的资产组相对于单项资产多出的两项无形资产价值。

它们之间的关系可以用下列公式表示：

资产组价值=各单项资产价值之和+无形资产

②对比各次竞价的报价。

无形资产是一种隐形存在的资产，这种资产往往依托于一定的实体才得以体现。在对标的物进行分析之后，我们得出各次招标价格之间的差异主要是由无形资产引起的，所以我们进一步分析各次招标的报价。

由报价表可知，第一次招标的最低报价为1.85亿元；第二次招标以拆分成4条子产线的方案为例，其最低报价为1.65亿元；理论拆分后招标的最后报价，即商务谈判报价为1.35亿元。

由第一次报价和第二次报价对比可知，最低报价的差价为2 000万元。这里选择拆分成4条子产线的方案是以流程为分类标准进行的，各子产线建成后不需要再进行产线的组装，而是在各自生产出产品后再将产品进行组装，无形资产中的技术工艺价值已经包含在子产线的报价中。所以，相对于拆分之后的子产线，生产线整体招标的报价中无形资产的价值主要是品牌价值，也就是上述2 000万元的部分。

由第二次报价和商务谈判价格对比可知，最低报价的差价为2 940万元，商务谈判时的招标标的物已经是零部件和不可拆分的设备组合，它们是需要进一步组装成完整的生产线的。虽然在明细表中已经支付了安装调试费用，但是安装调试的效果因公司而异，所以这里还是存在无形资产的。无形资产的构成是技术工艺价值和品牌价值，但是相对于整条生产线中包含的品牌价值，这里的品牌价值显然要少很多，是次要组成部分。2 940万元的差价主要是无形资产中的技术工艺价值。

③对无形资产价值的思考和评价。

从上述分析可知，各次报价之间的差价主要来源于无形资产，它绝大部分是由品牌价值和技术工艺价值组成的。在本案例中第四次招标结束之后，报价总额仍略高于公司预算。审计部提出了无形价值的概念，无形价值包括无形资产和供应商对产品的预期回报利润。然后审计部对无形价值的高低提出了质疑，并采取一系列的措施，最后让供应商们再退一步，在预算内完成了任务。

根据前文分析可知，对比这几次招标，供应商的报价中存在近2 000万元的品牌价值、2 940万元的技术工艺价值，以及第四次报价明细表中包含的产品成本或总成本的10%～12%的利润。在本案例中，A公司审计组通过采用不同的招标方式和招标标的物，对整装工序中的品牌价值和技术工艺价值进行规避、剔除，再对它们单独计价，获得了成功。

回过头来想，在这次招投标过程中，供应商们的报价体现的技术收益价值和整装利润价值是否合理呢？是不是存在供应商利用信息不对称而牟取超额利润的行为呢？在以后的招投标审计决策中又应该怎样展开招标，更加科学地评估无形资产的价值呢？学生们可以畅所欲言，言之有理即可。

4.招投标审计对公司价值的创造与提升的贡献在何处体现？

（1）分析思路。

结合本案例正文，从内审部门需要完成的审计目标入手，考虑其实现目标的过程及结果，分析其给公司带来了哪些增值，增值是如何体现的。引导学生探索学习内部审计在公司治理中的作用以及对其的价值认可。

（2）问题解决。

此次招投标审计的目的是在预算价格内完成国际一流标准的生产线的招标。面对无标准、报价高等重重困难，审计部采取了巧妙的手段将困难一一克服，最终实现了审计目标。招投标的完成很好地突出了内审部门的作用，其为公司的价值创造作出了很大的贡献，具体体现在以下两个方面：

①直接作用。

生产线最终成交价格降至预算范围内，为公司节约了7 400多万元资金，为公司后续的生产经营活动提供了很大的便利，提升了公司的经营效率，这便是内部审计的直接作用体现。

②间接作用。

首先，此次招投标活动无参照、无标准，并且产线成本和质量的要求都处于较高的水平，内审部门完美地完成审计目标，为公司以及同行业其他公司的类似招投标项目提供了参照。其次，高水平的内审工作以及国际一流产线的成功建设为公司打造了良好的形象。再次，审计部在克服瓶颈的过程中，其审计思路、方法和手段的提出本身就具有一定的借鉴价值，为公司内部管理活动积累了经验。最后，招投标内部审计在降低风险方面作出了贡献。审计部要审查投标人的合法性，包括投标人是否为正式注册的法人或其他组织，是否具有独立签约的能力，是否处于正常的生产经营状态。在要求资质的招投标中，要特别重视对投标人的资质认证的核实。此外，审计部提出的密封报价行为避免了关联方共同投标的"陪标"现象。审计部通过以上审查，检验投标人实施投标项目的能力，筛选出最具竞争力的投标人。

此次招投标审计不仅为A公司以后类似的招投标项目提供了思路和方法，对于同行业的其他公司也具有丰富的参考价值。

三、背景信息

A公司主要从事工程机械如混凝土泵车、挖掘机、起重机等的研发制造，已经成为工程机械行业的翘楚。一鸣惊人的A公司并不满足于当前取得的成绩，制定了更上一层的战略目标，要作装备制造业的世界级企业。2013年，A公司并购了一家瑞士的技术开发型公司，设立了研发部，实现"走出去"战略。

2013年，受宏观经济的影响，我国工程机械行业开始告别高速增长的黄金时代，进入行业收缩期，A公司的业绩开始下滑，面临着前所未有的挑战。

2017年，在C市竣工的B分公司的新工业园区项目是A公司在未来经营中的关键一环。B分公司以前设在城区，由于近几年C市要作城镇规划，不得不考虑搬迁。新工业园区建成后，要考虑内部工艺设计，A公司希望其能达到国际先进水准，树立品牌形象，在经济环境不乐观的情况下尽可能保持自身的领先地位。但是，国际先进水平的建设不一定适合中国，而本土化后的建设也缺乏可参照的对象，这样就没有可以估算的招标价格区间。因此，A公司决议进行招投标审计，将生产线进行合理拆分，通过分项招标的方法保证此次招标顺利完成。

四、关键要点

1.关键点

无标准、无参照的招标是困难的，生产线的拆分，尤其是理论拆分的方法对这个项目的顺利进行至关重要，对 A 公司的产线拆分依据和分项标准加以分析，并提出完善拆分的方法。

理解 A 公司招投标审计决策背后的隐患问题，意识到在该方案的实施过程中竞标顺利进行并完成的最主要原因是子产线理论拆分招标的合理性。这样做既能降低购置成本，又不影响其生产线的完整性、可使用性和可持续性，同时竞标内容的高度保密性防止了供应商们串标。经过多次密封报价和商务谈判，A 公司一次次地降低供应商的报价，并且不仅考虑了标价，还考虑了供应商的能力，即低价竞标之后，供应商是否能够提供质量有保证的产线，以及后续的安装、维修等服务。

在此项目的招投标审计过程中，分别需要把握住哪些关键点？如何保证物美价廉以及最后竞标结果的性价比？如何防范可能因拆分生产线投标而出现的风险？A 公司招投标审计实现了内部审计的增值功能，这部分在何处得到了体现？对今后的类似项目有怎样的启示？

2.知识点

项目招投标审计方案的拟订，无参考标准情况下的审计程序，审计方法的实施途径，生产线拆分，子产线理论拆分招标，密封报价。

3.能力点

审计方案的拟订和改进能力，无参考标准时的信息获取能力与应变能力，审计方法的选择能力，审计方案实施效果欠佳时的方案修正能力。

五、案例的后续进展

A 公司审计部在 2016 年 7 月份向公司副总裁提交了《B 分公司生产线招投标审计报告》，公司高层研究决定采用审计部的方案，与中标的几个供应商签订项目合作书，正式开始进行生产线的采购。

2017 年 12 月 8 日，A 公司组织召开 B 分公司生产线安装投产的汇报会议，副总裁在会议中高度赞扬了审计部的工作，生产线已经安装完成。截至 2018 年 5 月，新工业园区生产线已经开始生产产品。

六、延伸阅读文献

［1］刘地刚．招标采购风险点及审计［J］．财务与会计，2021（05）：78-79.

［2］叶达树．建设工程招投标活动审计现状及改进［J］．会计之友，2015（16）：124-125.

案例11 基于N公司财务报表的整合审计案例[①]

【案例导读】

随着内部控制审计这一新业务的出现，财务报表审计与内部控制审计开始进入整合审计阶段，这对于提高审计效率、提高审计质量、控制审计风险具有十分重要的意义。本案例通过分析X会计师事务所对J集团水泥板块的N公司实施的整合审计过程，描述了审计计划阶段、审计实施阶段以及审计完成阶段的关键整合点的审计流程。结合整合审计有关基础理论和业务规范等，探讨整合审计流程的合理性、有效性，试图借鉴审计规范和实践经验，完善整合审计的理论与实务，引导学生理解整合审计的流程以及整合审计的基本理论。

通过本案例的学习，帮助学生：

①明确分析性程序的内涵与使用步骤；

②了解如何评估重大错报风险，确定风险点；

③思考如何降低审计风险、检查风险，获得审计证据；

④评价审计结果的合理性并提出审计意见。

【关键词】

分析性程序　重大错报风险　财务报表　整合审计

案例正文

一、引言

X会计师事务所位列中国本土会计师事务所的前十强，经过多年发展在业内树立了良好的专业形象，已确立了财务审计、其他鉴证、管理咨询及税务咨询三大业务板块；目前已承接包括1家H股公司在内的21家上市公司的年报审计工作，其中几家大型上市公司成为其开展整合审计业务的典型客户。X会计师事务所Y分所承接了J集团下属的位于H省的N水泥公司（简称"N公司"）2015年年报审计项目——包括内部控制审计与财务报告审计。X会计师事务所第一审计分部的A项目组具体负责该区域水泥企业的全部审计工作并按时出具审计报告。项目负责人依据整合审计的思路制订并实施了本次整合审计实施方案。

二、审计计划阶段

为了更好地完成本次审计工作，X会计师事务所N公司项目小组制定了总体审计策略，其内容包括：审计范围、审计时间安排、审计人员安排、审

11-1 整合审计
业务流程图

[①] 本案例由周兰、刘桂良开发。除非特别声明，本书的案例研究对象均为上市公司，案例中引用的所有数据均来自该公司的公告。另外，本书的所有案例只供课堂讨论之用，并无意暗示或说明某种管理行为是否有效。

计方法以及影响审计业务的重要因素（如重要性水平的确定）等。

（一）审计范围

本次审计范围包含N公司合并范围内子公司财务报表及其附注，原则上要求所有重要子公司均安排现场审计，但考虑之前年度的审计情况并结合J集团主审团队重点审计单位范围的安排，故选取12家水泥企业和3家混凝土运营中心子公司安排现场审计。在安排现场审计的公司中，2018年年审和2019年中期审计发现较多问题的公司、严重亏损的公司仍是审计的重点。

Y分所按照行业规定及J集团基本团队合作指引的要求，根据各组成部分对合并报告的影响，将N公司及其子公司的审计程度划分为：全面审计、专项审计和有限审计。现场审计以全面审计为主，而非现场审计则主要是有限审计。

（二）审计时间安排

审计分为预审和年审两个阶段。本次审计要求在2020年3月10日提交审计报告。预审阶段需完成风险评估、控制测试、部分分析性程序、汇总重大内部控制问题及提出拟解决方案，并与管理层沟通、编制管理建议等。年审阶段需完成实物资产盘点、补充内控测试底稿、实施实质性程序、单体及合并试算平衡表填列、重大问题汇报与沟通等内容。

预审阶段持续时间为2019年11月24日至2019年12月30日。年审阶段计划时间为2019年12月31日至2020年3月10日，这一阶段需完成基本审计工作，剩余时间用来整理报表附注及归档底稿。总体审计策略中有关时间安排的内容主要包括三部分：报告时间要求、执行审计工作的时间安排，以及沟通的时间安排。考虑到内部控制的审计程序基本在预审阶段完成，审计报告的出具也不是本案例研究的重点，故仅对执行审计工作中的预审部分和沟通的时间安排进行说明。

执行审计工作的时间安排见表11-1。

表11-1　　　　　　　　　　　执行审计工作的时间安排

审计日期	主要内容	协助部门	责任人
2019-11-20 至2019-12-28	在执行内控审计的同时执行预审工作，并根据相关数据提供确定拟发函的银行询证函、往来询证函的联系方式和地址。完成汇总重大内部控制和审计问题，提出拟解决方案，并与公司管理层沟通	往来会计、业务员、银行出纳	刘强、张艺（实习）、刘向（实习）、肖龙、李军（实习）
2019-12-29 至2020-1-1	公司盘点，对下属公司进行现场监盘、抽盘	财务、物流负责人	刘强、张艺、刘向
2020-1-1至2020-1-10	分子公司完成结账工作，编制2020年度财务报表，提请董事会要求各职能部门全力配合。务必于2020年1月10日前出具财务报表（清单和套表）	各部、分子公司	刘强
2020-1-8至2020-1-12	获取清单，编制银行询证函、往来询证函，并直接邮寄或者亲自函证	各部、分子公司	外勤小组

续表

审计日期	主要内容	协助部门	责任人
	审计小组进驻本部	公司报表组	外勤小组
2020-1-12	（1）除监盘时已获取的各部、分子公司提交的2019年12月31日货币资金盘点表（须签字盖章）外，各部、分子公司还须提供2019年12月31日银行明细表、银行对账单及银行存款余额调节表 （2）请7家公司（在此省略7家公司名称）提供个体套表、清单，以便项目组及时发出函证，这7家公司的对账单必须在1月12日前提交。同时，请财务公司甲会计复核上述7家公司的函证地址、联系人、联系电话以及函证时需要的领导签章及印鉴，确保发函的准确性	各部、分子公司	荣曜
2020-1-13	N公司安排相关人员到中国人民银行打印所有母、子公司的"已开立银行结算账户清单"；存在借款业务的各公司提供银行打印的"企业信用报告"，在2020年1月13日之前提交	母、子公司相关出纳	荣曜
	各部、分子公司提交2019年12月31日盘点报告及盘亏、盘盈处理结果	各部、分子公司	张艺
	各部、分子公司上交手工明细清单、套表	各部、分子公司	刘强
	各事业部、分子公司提交应收票据的盘点资料	各部、分子公司	荣曜
	各部、分子公司提交所有本期新增土地、房屋建筑物产权证明的扫描件及相关入账凭证，提供所有车辆行驶证扫描件（到最后一次年检信息页）	各部、分子公司	张艺
	各部、分子公司提交政府补助相关文件	各部、分子公司	李军
	各部、分子公司提交2019年12月31日在建工程进度表（包括工程项目清单、预算金额、完工百分比、预计完工日期等）	各部、分子公司	张艺
	各部、分子公司提供2019年12月增值税纳税申报表及其他税种的完税凭证。如有不征税收入，提供不征税收入说明；如有加计扣除，提供加计扣除鉴证报告	各部、分子公司	梁登、张薇（实习）
	各部、分子公司提交2019年借款（含保理借款）明细表（含期初数、本期增加、本期减少数、期末数及本位币和人民币）及新增借款（含保理借款）合同扫描件和抵押、担保合同扫描件	各部、分子公司	刘向

审计日期	主要内容	协助部门	责任人
2020-1-13	N公司及各分子公司提供最新通过年检的营业执照	母公司、分子公司	张艺
2020-1-20	各部、分子公司提交2019年存货跌价测试表	各部、分子公司	张艺
2020-2-5	集团合并报表主表定稿及附注初稿	各部、分子公司	外勤小组
2020年春节前	加计扣除鉴证报告	各部、分子公司	外勤小组
2020-2-18至 2020-2-24	过年		
2020-2-25	将底稿和报告初稿提交事务所质检部进行复核		外勤小组、独立复核办
2020-3-1	将复核过程中的初稿提交N公司进行复核		外勤小组、N公司
2020-3-1至 2020-3-5	质检部复核及答疑阶段		外勤小组
2020-3-6	审计报告所需报表提交董事长、财务总监等盖章、签字	董秘办	外勤小组
2020-3-9	提交正式的审计报告		外勤小组

（三）审计小组人员基本情况

A项目组成员基本保持稳定，经过常年审计业务的开展，对该审计项目积累了相当丰富的经验，并具有相应的专业能力。依照惯例，由事务所质量控制部通过电话会议与A项目组协调安排工作并对需要关注的领域进行重点强调。

本次N公司审计项目负责人：刘强，执业时间6年。

审计小组其他成员：荣曜、梁登，执业时间3年；肖龙，执业时间2年；张艺、刘向、李军、张薇，为本项目实习生，此前未曾有过事务所实习经验，事前也未经培训。

（四）重要性水平的确定

对于重要性水平（PM）的确定，主要是以中期经审阅后的营业利润作为计算基础，结合被审计单位（子公司）截至2019年10月30日的财务报表数据，按比例进行折算取整，实际执行重要性水平（TE）为PM的75%，细微错报（SAD）为PM的5%，其中母公司层面为PM的2.5%。

以某一家水泥企业的数据为例，其重要性水平的具体计算过程见表11-2。

表11-2　　　　　　　　　　　　　**重要性水平计算过程**　　　　　　　　　金额单位：亿元

重要性水平计算指标	报表金额	比例
经常性业务收入	325 77.73	
比例	1.00%	

重要性水平计算指标	报表金额	比例
PM	325.78	
调整后PM	330.00	（取整数）
TE	247.50	75.00%
SAD	16.50	5.00%

（五）针对重要领域的审计方法

针对重点领域的审计方法见表11-3。

表11-3　　　　　　　　　　针对重点领域的审计方法

重点领域	审计方法
公司的营业收入为76.62亿元，净利润为6.06亿元。2014年转让3个水泥搅拌站，转让收入3.2亿元。截至2014年12月31日，公司超过70%的收入来源于特种水泥与预制件。把公司特种水泥与预制件的销售收入确认为重要审计事项，是因为收入是集团评价业绩表现的关键指标之一，所以管理层可能存在提前或延后确认收入的情况	①了解和评估管理层与特种水泥与预制件销售收入确认有关的关键内部控制的设计，以及该内部控制的实施和运行有效性。 ②检查主要客户的销售合同，以确定与收货和退货权有关的条款和条件，并根据通行的会计准则要求评估公司的收入确认政策。 ③选择本年的销售记录样本并检查相应的产品交接单，以评估相关收入的确认是否与公司的会计政策一致。 ④通过抽样的方式，将财务报表日前后记录的特定交易与交接单进行比对，以评估相关的收入是否已记录在适当的财务报表期间。 ⑤检查本年度重大的或满足其他特别风险标准的与收入相关的会计记录的支持性文件。 ⑥通过抽样的方式，直接向客户询证财务报表日的应收款项余额及截至2019年12月31日的年度销售交易额
2019年12月31日，公司的应收账款总额为3.84亿元，计提的坏账准备为0.83亿元。公司基于管理层对预期信贷损失的估计计提坏账准备。这些估计考虑了公司客户的信用历史、目前的市场行情及客户具体情况，这在很大程度上涉及了管理层判断。公司计提坏账准备既针对个别债务中的特定因素，也基于对当前的因素作出调整的历史经验。将应收款项的可回收性列为重要审计事项，是因为在国内从事建筑行业，无论是在过去还是在未来几年，均面临盈利能力和流动性的挑战，导致个别应收款项的回收风险增加	①了解和评估管理层与信用控制相关的关键内部控制设计、该相关内部控制的实施和运行有效性，包括公司信用政策的实施。 ②审核坏账准备的计提是否合理。 ③针对应收项账龄报告中对应收账款的分类，通过抽样的方式对个别分类项目与销售发票、客户合同及其他相关支持性文件进行比对。 ④了解管理层对于个别应收项余额可回收性的判断标准，并评价管理层对该个别余额计提的坏账准备，参考个别债务人的财务状况、所在的行业、账龄、信用历史及其日后回款记录、抵债资产的价值（包括房产、第三方担保和收回的设备）以及用以评估是否存在任何纠纷或延迟付款安排的往来函件。 ⑤通过对管理层组合计提坏账准备估计准确性的追溯性复核，对其假设前提与估计进行评价，并基于公司的组合计提政策重新计算。 ⑥通过参照近期出售应收款项发生的实际损失，质询管理层在应收款项可回收性评估中所使用的关键参数和假设，抽样检查财务报表日后应收款项的回款情况

续表

重点领域	审计方法
管理层有能力凌驾于控制之上操纵会计记录并编制虚假财务报表，由于管理层处于实施舞弊的独特地位，因此注册会计师执业准则要求将管理层凌驾于控制之上从而产生的舞弊风险作为特别风险	①对公司和组成部分都执行适当的控制测试和实质性程序，包括对会计分录、结账后调整、会计估计、超出正常经营过程的重大交易或其他异常交易实施的程序。 ②检查合并会计分录及其他会计分录的完整性、真实性和准确性。由于很多重大的企业舞弊事件都涉及在编制合并财务报表的过程中编制虚假的合并会计分录和其他会计分录，公司管理层已经制定了降低风险的控制措施，包括由不同人员分别对合并会计分录进行编制、入账和授权，而且只有某些经授权的人员才能进入并修改合并后的会计分录。复核管理层于年末及全年编制的合并会计分录和其他会计分录，以确保这些分录没有不合理的情况，且已经过适当复核和授权，并有适当的审计证据

三、审计实施阶段

整合审计的关键整合点主要体现在风险评估和控制测试阶段。在对重点子公司进行风险评估时，Y分所运用风险导向审计了解该公司及其环境，识别和评估财务报表层次的重大错报风险和内部控制整体风险，然后将重点下移至重要账户、列报及相关认定，确定并进一步了解对应的重要流程及业务循环，选择评估的认定层次重大错报风险的关键控制点进行测试，并根据测试结果调整和实施实质性程序。

（一）了解被审计单位及其环境

考虑到连续审计，对于N公司下属水泥企业的管理团队、组织结构、企业文化等在以前年度审计中已进行了解并且未发生重大变化，故本次审计为节省时间未进行详细了解，相关内容参照以前年度工作底稿。

11-2 水泥企业组织结构图

考虑到天气、厂区环境及时间等因素，在对水泥企业进行审计之前，审计项目组未安排走访观察，而是通过下发资料的方式让项目组成员大致熟悉水泥企业、混凝土企业的生产工艺流程。

另由于此前审计未涉及计算机审计等方面，审计项目并未对用友NC等企业的信息系统处理流程进行了解及评价。

审计项目组针对重点审计领域实施以下程序：

（1）针对公司高管与治理层

①了解管理层授权流程。

②了解治理层职业能力。

③了解公司层面影响财务报告的内部会议纪要与内部控制。

（2）针对公司经营战略与经营情况

①获取董事、监事和高级管理人员参与会议的会议纪要。

②了解本年度行业业绩最新排名及市场份额。

③了解企业区域销售市场和竞争情况。

④了解水泥行业技术最新动态。

⑤了解公司本年度的财务状况等。

（3）针对公司财务状况与绩效考核

①了解公司的收入、成本、利润的变动情况。

②了解应收账款的周转率。

③了解同行业的收入、成本、毛利率平均水平。

④了解绩效考核方法、流程以及员工的反应等。

（二）了解和评价业务层面内部控制

根据X会计师事务所控制同质化的规定：在一个集团内，从事相同的业务，面临相同的风险，针对风险设置了相同的控制，虽然因属于不同的单位，执行控制的人员不同，控制的小环境存在差异，但如果在集团层面存在一个有效的、统一的复核或者监督部门，且各单位控制的小环境基本相同，可以认为是同质化的公司（控制），在选择测试的样本时，可以将这些同质化的控制作为一个总体，在执行有效性测试时，对这些同质化业务流程的了解也只需记录一次。但是，项目组应当考虑多执行一些穿行测试来证明这种同质化，即要求对同质化内控公司群体做更多的内控了解。

N公司下属各子公司在销售、采购、生产、投资、筹资和人事等环节的控制权均由N公司统一掌控。基于内控同质化考虑，本次审计N公司下属各水泥企业作为虚拟"1"进行整体考虑，从整体中选取样本公司，根据选定的内控关键点分别进行内控了解及穿行测试，并对同质化的公司整体分配样本量进行内控有效性测试。

水泥企业的生产经营活动划分为采购业务流程、生产与仓储业务流程、货币资金业务流程、销售业务流程、职工薪酬业务流程、固定资产业务流程、筹资业务流程、投资业务流程，这些业务流程涵盖了水泥企业的所有重要业务、固有高风险领域及报表科目。根据重要性原则以及内控同质化要求，从金额和性质两个角度分析来源于财务报表的数据，对比审计计划中的重要性水平，以及重点审计领域，确定水泥企业的主要交易类别和重要账户及相关认定。

针对这些主要业务流程，以整体"1"的方式进行内控了解和评价。通过对子公司整体层面以及内部控制制度规范的了解，审计小组以调查问卷的形式进行访谈，访谈对象包括生产技术部、供应部、销售部、品质管理部、财务部、熟料分厂、矿山分厂、水泥分厂的负责人。由于审计经验丰富且审计N公司多年，审计小组认为单次访谈效率极高，无须安排过多的访谈。

审计小组对重点业务流程涉及的子流程和二级子流程的实际控制活动进行描述，并运用穿行测试进行验证，将流程描述内容、穿行测试程序记录整理后填入相应的"业务层面了解与评价内部控制"底稿中。

审计小组实施了解业务层面内部控制的主要程序，例如，针对重点审计领域应收账款实施的程序包括：

①了解评价公司客户的管理制度与信用评价情况。

②了解评价公司客户的财务状况与市场情况。

③了解评价公司的对账制度。

④了解分析应收账款账龄。

⑤分析应收账款的周转率。

审计小组实施穿行测试以进一步证实对业务层面内部控制的了解，例如，在对采购业务流程执行情况进行了解的同时，得到采购业务相关内部控制设计有效并得到执行的初步评价。根据内部控制初步评价和财务报表科目分析结果，完成"财务报表风险评估结果及其应对汇总表（10分法）"（10分法是针对报表项目以10月31日时点的金额为依据，推算本年变动金额、金额变动幅度，结合报表项目的性质，按风险评估、控制测试、实质性分析程序、细节测试四个环节进行得分分配，总分为10分）。

以采购业务流程为例，审计小组实施的控制测试与实质性测试程序的详细内容见表11-4。

表11-4　　　　　　　　　　　　　**采购循环整合审计流程**

内部控制目标	关键内部控制	内控测试	实质性测试
规范企业采购环节的审批与处理、材料验收与入库、记录应付账款、对账与调整等流程	采购计划制订过程、供应商选择及档案管理、采购合同的签订、请购单的编制与审批、原材料验收入库、收到及未收到发票的账务处理、账龄分析报告及定期对账情况等实际控制活动	从采购部获取月度生产经营计划，检查是否经过相关人员审批；随机抽取一笔或几笔采购订单的合同，检查采购合同是否后附合同会签审批单、是否有相关部门人员签字；根据采购合同标明的原材料种类，从磅房开具的采购磅单中随机抽取相同种类的过磅单，检查后附的验收单原材料名称是否与过磅单上的名称一致、是否有卸车验收人和司机签字；对部分特殊原材料检查质检部出具的检验报告及相关人员签名等	追查记账凭证、后附原材料费用报销单及相应的发票，核对其验收单、结算单是否一致、是否经过适当人员的审批；电力结算需另检查电能月报表、电力发票、电费明细单，比对发票与电费明细是否存在差异；取得应付账款明细表，检查供应商对账单是否一致，存在差异进行调整是否经过适当人员的审批

在实施控制测试时，有些重要部门并未按要求及时提供所需资料，但审计小组认为这部分资料对于整体项目而言影响不大，因此并未给予足够的重视；另发现有些水泥企业对银行存款的管理非常严格，统一采用网银收付款项，没有库存现金。

（三）业务层面内控测试

通过前面确定的水泥企业的主要交易类别、重要账户及认定，审计项目组将采购与付款循环、销售与收款循环、生产与仓储循环、固定资产循环、货币资金循环等作为本次控制测试的重大业务流程，在对这些流程进行了解及评价的基础上，选择能够被测试的操作性控制（留下痕迹）且在业务流程中属于重点控制目标的控制作为关键控制点。

控制测试的时间集中在12月上旬，对于人工控制测试样本规模的确定见表11-5。

表11-5   人工控制测试样本规模

控制（交易）频率	控制（交易）总次数	测试样本数	信赖值得分
每日多次	>250	25、40、60	3、6、6（1、2、3）
日	250	20、30、40	3、6、6（1、2、3）
周	52	5、10、15	3、6、6（1、2、3）
月	12	4	6（3）
季	4	2	6（3）
年	1	1	6（3）

　　基于水泥企业整体"1"的考虑，因为业务相同或相似，控制活动也相同或相似，每家水泥企业不必对每一个重要循环的关键控制点进行测试，只需选取一个或几个循环进行有效性测试。如何选取需要测试的循环，应主要依据风险评估结果。截至2019年12月上旬，许多企业第四季度的记账凭证未及时装订，审计项目组出于对时间和效率的考虑，进行了期中测试，检查抽取的样本都集中在1—10月份已装订的记账凭证，而尽量避开选取未装订凭证的月份的样本。由于篇幅限制，对于八大业务流程内部控制点及样本量分配的具体内容不一一展开，仅汇总各业务流程内部控制关键控制点及样本量分配情况，见表11-6。

表11-6   业务流程内部控制关键控制点及样本量分配

主要业务流程	内部控制关键控制点	样本量分配
货币资金业务流程	5	9、9、45、45、45
销售与收款业务流程	3	48、48、8
采购与付款业务流程	3	54、54、54
生产与仓储业务流程	2	6、6
人事与工薪业务流程	2	2、2
固定资产业务流程	4	7、7、1、7
投资与筹资业务流程	4	4、4、4、4

　　以货币资金业务流程为例，需要测试的关键控制点为：现金盘点管理、银行存款余额调节表的编制、收款、付款、费用支付。相应的控制目标分别为：确保账实相符、防止现金流失、已经收到的款项均正确记录、款项的支付经过适当的审批和记录、费用支付安全并经有效审批。

　　结合之前对控制活动的了解以及考虑关键控制点的控制频率，审计小组明确了控制测试的内容，所需执行的控制测试程序有：

①检查盘点表是否有出纳签字，是否有其他适当人员的签字。

②检查银行存款余额调节表的编制是否正确，是否经过适当人员的审核。

③检查记账凭证中的收款金额是否与收款附件中的金额一致，凭证是否经过适当人员的审核。

④检查付款审批单是否经过适当人员的审批、支付金额是否与原始单据一致。

按照 N 公司下属子公司内控关键点及样本量分配中对货币资金业务流程关键控制点及样本量的分配，每个需测试的水泥企业的分配量为 9、9、45、45、45，测试样本来源于 1—11 月的现金盘点表、银行存款余额调节表、收付款记账凭证、借支单、差旅费报销单等，采用随机抽样的方法，以检查为主、询问为辅获取所需样本，确认样本是否存在偏差并说明存在偏差的原因，由此推断总体，得出内部控制是否有效的结论，同时在相应的底稿中记录所有过程，进而完成对内部控制有效性的测试。

控制测试结果：通过现场监盘发现某些水泥企业的在建工程项目已经投产却仍挂账于在建工程而未转入固定资产；某些固定资产如旧设备已无法使用，但仍未进行报废或减值处理；部分备品备件实际数与账面数不符等情况。但注册会计师认为此处在建工程未转入固定资产为正常进度，报废设备减值影响不大，因此仍认为该控制可以信赖。

（四）控制测试对实质性程序的影响

综合以上控制测试的结果可以认为，销售收入的发生、准确性和完整性认定以及应收账款的存在和准确性认定的内部控制的运行是有效的，注册会计师可以对内部控制有较高程度的信赖，可以从实质性程序中获取较低程度的保证。注册会计师对该项目实施下列细节测试：

1. 应收账款函证

因控制测试的结果表示该内部控制可以信赖，故注册会计师只需从细节测试中获取较低程度的保证。因此，注册会计师决定采用选取特定项目进行测试的方法选取函证样本，如注册会计师可以依据重要性水平以及经验获取以下函证样本：

（1）应收账款余额在 100 万元以上的客户。

（2）年采购金额在 5 000 万元以上的客户。

（3）10 万元以上且账龄超过一年的应收账款客户。

最终，35 家客户符合上述条件，总金额为 1.81 亿元，覆盖率为 47%，注册会计师对此予以函证。

2. 函证结果

（1）26 家客户回函确认无误。

（2）3 家客户回函存在收款时间差异，即年末客户付款而被审计单位尚未收到，经查看次年一月初银行对账单确认无误。

（3）6 家客户没有回函。

前两项共 29 件回函总金额为 1.30 亿元，函证的实际覆盖率为 34%。

对上述没有回函的应收账款 5 032.10 万元实施替代程序，检查了期后收款情况。截至审计现场工作结束，收回货款 2 086.64 万元；对剩余应收账款查看相应的原始凭证（订单、发货单、发票、还款协议、与客户的往来信件等），没有发现差异。

3.应收账款余额函证及替代程序的总体覆盖率

应收账款余额函证及替代程序的总体覆盖率为47%。由于上述内部控制测试获得的结论是相关内部控制的运行是有效的，对于没有函证的53%的应收账款实施实质性分析程序，且未发现误差，加上注册会计师判断重大错报风险水平较低，所以接受了一个较高的检查风险水平。因此，注册会计师采用审计抽样的方法予以函证，结果显示错报未超过应收账款的可容忍错报水平。

4.验证应收账款账龄分析的准确性

注册会计师采取审计抽样的方法，选取40笔交易检查销售发票，并验证其是否记入正确的账龄期间，测试结果显示没有错误，验证了公司应收账款账龄分析报告的准确性。

5.向总经理和销售经理询问他们对应收账款可回收性的评估

注册会计师重新计算了坏账准备的计提，对于账龄较长而未计提坏账准备的应收账款余额，查看了其还款协议和实际付款记录。注册会计师发现有一笔33.95万元的账龄超过2年的应收账款，该客户签订还款协议承诺2019年12月31日之前支付10万元，到审计现场工作时（2020年3月）仍未支付，目前被审计单位已停止向对方供货；另有一笔13.33万元的账龄未满6个月的应收账款，该客户是一家连锁餐厅，因资金链出现问题，拖欠租金和供应商货款而被起诉，该笔货款很可能无法收回。上述两笔可能无法收回的应收账款共计47.28万元。

通过实施一系列的实质性测试，审计小组未发现重大错报。

四、审计完成阶段

审计小组经过两个多月的外勤审计工作，终于完成了对N公司财务报告以及相关内部控制的审计。

（一）审计小组汇总讨论

审计项目负责人召集小组全体成员汇报、讨论审计情况，项目负责人针对审计过程中在底稿中体现的内部控制、财务数据等方面存在的非重大问题进行汇总，并与管理层进行沟通，获取管理层声明。

最后，N公司审计项目负责人草拟了一份内部控制与财务报告无保留意见审计报告。

（二）审计小组向会计师事务所汇报N公司的审计情况

N公司审计项目负责人将审计工作底稿与审计报告初稿提交X会计师事务所质量监督部，一周后，质量监督部同意了N公司审计项目负责人草拟的内部控制与财务报告无保留意见审计报告。

最后，X会计师事务所签发了无保留意见审计报告。

五、结语

站在整合审计的角度，X会计师事务所对N公司及其下属子公司基本完成了整合审计关键整合点的审计过程。如何将财务报表审计中对内部控制的了解及测试延伸至整合审计，是本案例研究的重点。要达到整合审计的要求，从当前审计状况来看，很明显还存在许多问题，主要表现为一些审计程序未满足整合的要求——要么深度、广度不够，要么缺少某些环节。

本案例让我们不得不思考的是：

（1）整合审计影响审计独立性吗？

（2）整合审计的要求是什么？

（3）三个阶段的审计流程分别存在哪些问题？

（4）三个阶段所存在问题产生的原因是什么？

（5）针对提出的问题有哪些改进措施？

【政策思考】

为实现新时代中国特色社会主义建设，推动现代化经济体系高质量发展，保证数据信息的透明性、真实性和有效性，审计人员需要加强自身的职业能力、提高政治素质，在财务报表审计与内部控制审计开始进入整合审计的过程中，加速在审计效率、审计质量和控制审计风险等方面的提升。

在本案例中，审计师通过自身职业能力和数据调查，确认审计范围、审计方法和审计业务的重要因素，对审计资源合理分配，发现审计问题，并高效实施审计工作，体现了审计工作的重要性和困难性。

本案例以会计师事务所对企业实施整合审计为背景，通过审计计划、审计实施以及审计完成的审计流程在企业中的应用，体现审计师的价值。本案例将工作实务与思想政治建设相结合，以培养学生的职业胜任能力、底线思维、职业精神和职业情怀作为课程思政的建设目标，加强政治思想的引导与建设，为国家的人才培养教育事业作出贡献。

在本案例的最后，会计师事务所对审计内容出具了无保留审计意见，但在审计过程中存在的问题并没有实际解决，缺乏一定的审计深度、广度，引发学生对审计发挥"经济体检"功能的思考。应引导学生保持审计的严谨性，贯彻落实思维发散、创意创新和客观严谨的思想建设。

案例使用说明

一、教学目标

本案例旨在帮助学生了解整合审计关键整合点的审计流程，掌握内部控制审计的理论应用，理解如何将财务报表审计中对内部控制的了解及测试延伸至整合审计。

二、思考题与分析要点

本案例分析思路如图11-1所示。

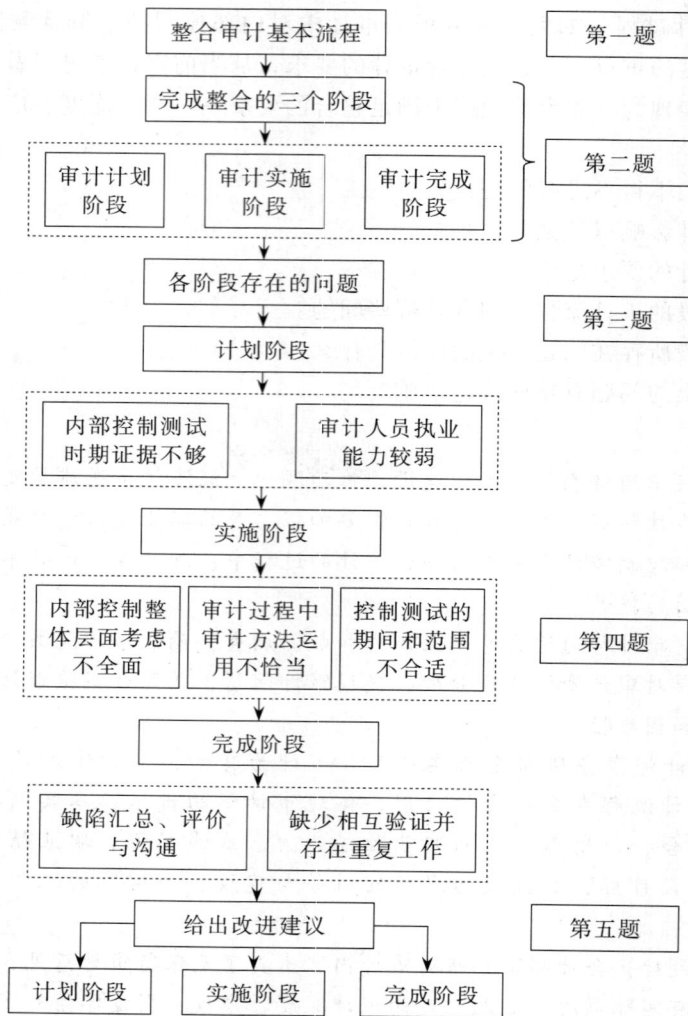

图11-1 案例分析思路

本案例思考题有以下分析要点：

1.整合审计影响审计独立性吗？

整合审计是由同一家会计师事务所对被审计单位进行财务报表审计和内部控制审计，通过设置一套审计程序、方法和流程，执行两种审计的目标。

整合审计在财务报表审计、内部控制审计的基础上，有效地进行资源整合，对重复的步骤予以删减，对重复的流程予以简化，设计合适的环节，同时实现两种审计目标。

知识溢出效应认为，注册会计师在提供审计服务和非审计服务的过程中，知识会在财务报表审计和内部控制审计之间流动。注册会计师不仅要评估内部控制审计中发现的内部控制缺陷对财务报表的影响，还要考虑财务报表错报对内部控制审计意见的影响，可能会影响该注册会计师的执业过程，并可能影响独立性。但正由于高度的集成性，企业从非整合审计向整合审计转变时，注册会计师之前积累的知识会溢出，两种审计都可以利用在审计实施过程中所获得的知识。因此整合审计可以减少不必要的重复，提高审计质量。

2.思考整合审计的要求是什么？

分析 X 会计师事务所对 N 公司及其下属子公司完成整合审计关键整合点的审计过程，具体包括三个阶段：审计计划阶段、审计实施阶段和审计完成阶段。帮助学生对整合审计流程产生清晰、直观的了解，对照内部控制审计规范及整合审计要求，引导学生思考流程中所存在的问题。

实施整合审计的目的在于降低审计成本、控制审计风险、提高审计效率，要求把内部控制测试与实质性测试有机地融合在审计流程中。

X 会计师事务所在实施审计过程中还存在着审计人员整体素质不高、内部控制整体层面考虑不全面、审计方法运用不恰当、控制测试的期间和范围不合适、未进行缺陷汇总、评价与沟通，以及缺少相互验证并重复工作等问题。产生这些问题的原因主要包括：内部控制审计未全面开展、关键整合点审计要求存在差异，以及内部控制的审计程序未得到重视。

整合审计的具体要求如下：

（1）在审计计划阶段，应当制定合理的预审时间安排，加强有关整合审计业务的培训；

（2）在审计实施阶段，应当加大对内部控制整体层面的关注，灵活运用恰当的审计方法，明确实施控制测试的期间和范围；

（3）在审计完成阶段，应当补充缺陷汇总、评价并充分沟通，重视工作相互验证，减少重复审计。

对这些问题产生的原因进行思考，并提出改进建议，有利于学生理解如何将财务报表审计中对内部控制的了解及测试延伸至整合审计。

3.三个阶段的审计流程分别存在哪些问题？

（1）审计计划阶段。

①内部控制测试时期证据不够。

本次年报审计制定的总体审计策略中，集中测试期间的证据并不够充分，对 N 公司下属的多家水泥企业和混凝土运营中心进行预审工作，但并没有作全面充足的内部控制审计。

②审计人员执业能力较弱。

X 会计师事务所仅针对需执行内部控制审计并出具内部控制审计报告的项目小组成员进行了有关内部控制审计的培训，该项目组其他成员未接受相关培训。项目组主力审计人员的工作年限集中在 2~3 年，项目组中实习生过多且实习生以前未曾有过事务所的实习经验，没有内部控制审计经验。加之实习生直接跟随审计项目小组组长进入现场审计，事前没有进行业务培训，也不了解被审计单位的基本情况。这些都会影响审计工作效率，甚至降低审计工作质量。

（2）审计实施阶段。

①对内部控制整体层面考虑不全面。

本次审计重点关注可能存在重大错报风险的领域，包括营业收入、营业成本、应收账款等。审计小组向销售部门、生产部门、采购部门的相关负责人询问本年水泥销售情况、采购情况以及生产情况，将对被审计单位的了解集中于行业状况、宏观环境变化以及相关经营风险上，特别考虑是否存在因业绩压力而虚增收入或提前确认收入的舞弊动机，而对内部控制整体层面的关注较少。

②审计过程中审计方法运用不恰当。

审计项目组在了解、测试水泥企业内部控制时采用了检查、观察、询问等方法，但在运用过程中仍存在一些问题。比如，在对水泥企业进行审计之前，审计项目组通过下发资料让项目组成员大致熟悉水泥企业、混凝土企业的生产工艺流程，却忽视了实际审计过程中的难度，导致审计质量不佳。

③控制测试的期间和范围不合适。

根据审计计划安排的时间，对 N 公司及下属子公司的预审集中在 2014 年 11 月 24 日至 2014 年 12 月 30 日。因安排现场审计的顺序不同，对最先进入现场的企业实施控制测试的时间在 2014 年 11 月底，对结束预审之前的企业实施控制测试的时间则临近基准日，即资产负债表日。审计项目组采用第一种方法测试控制在整个会计年度运行的有效性，虽然按照 N 公司内控关键点及样本量分配（水泥企业）进行了期中测试，但并未考虑在已获取的审计证据基础上还需要获取哪些补充证据，在结束预审、进入年审阶段没有补充预审截止日到资产负债表日的内控测试底稿，同时也没有考虑剩余期间长短对不同企业期中测试结果的影响，仅以临近期末的期中测试结果得出控制有效的结论明显是不合理的。

从范围上考虑，虽然审计项目组根据内控同质化要求对同质化的公司作为整体"1"分配样本量，样本量的多少取决于拟信赖值得分，样本量区间也符合《企业内部控制审计指引实施意见》规定的最小样本量区间，但在对每个重要业务流程关键控制点分配样本时，部分样本量超出最小样本区间。

（3）审计完成阶段。

①缺少缺陷汇总、评论与沟通。

对缺陷的汇总和评价是不可缺少的环节。N 公司 2014 年年报审计策略书中列明预审阶段的工作内容，要求在预审阶段完成汇总重大内部控制和审计问题，给出拟解决方案，并与公司管理层进行沟通。在预审阶段完成控制测试后，审计项目组省略了对审计过程中发现的问题的汇总，也没有评价所发现的问题是否构成一项缺陷，更没有运用职业判断评价控制缺陷的严重程度，而是直接根据现场获取的审计证据得出内部控制有效的结论。

②缺少相互验证并存在重复工作。

在年审阶段，审计项目组对重点水泥企业的存货进行监盘，纳入存货监盘范围的有原材料、半成品（熟料）、产成品（水泥）、固定资产、备品备件以及在建工程。其通过现场监盘发现：某些水泥企业的在建工程项目已经投产却仍挂账在建工程科目，未转入固定资产科目；某些固定资产，如旧设备，已无法使用，仍未进行报废或减值处理；部分备品备件实际数与账面数不符等。然而这些情况并没有引起审计项目组的重视，也未在存货监盘底稿中体现，审计项目组更没有考虑其对固定资产相关内部控制有效性的影响。

4.三个审计阶段所存在的问题产生的原因是什么？

（1）审计计划阶段。

①时间安排不合理。

本次年报审计制定了总体审计策略，其中对于预审的时间安排主要集中在2014年11月24日至2014年12月30日。内部控制最重要的是运行的一贯性与有效性，集中测试期间的证据不够充分。

同时，预审选择的重点子公司包含12家水泥企业和3家混凝土运营中心，3个审计项目小组分别负责3家或4家水泥企业和1家混凝土运营中心的预审工作，每家企业分配的现场审计时间为3~4天。现场审计需按照安排完成对整体分配的内部控制3个循环的了解、穿行测试、控制测试程序。很明显，在这么短的时间内是很难做到全面了解被审计单位及其环境、公司整体层面及业务层面的内部控制的。

此外，审计单位业务分布较广，各小组进行现场审计时，经常需要来回折腾几次，这样的安排缺乏效率，也会过度消耗审计人员的精力。

以上这些都是预审阶段需要考虑的因素，若预审时间安排不合理会导致难以在有限的时间里很好地完成审计工作。

②对审计成本的压缩。

为减少审计成本，X会计师事务所减少对经验丰富且具有专业能力的审计人员的聘用，且对审计小组的成员没有进行全面的培训，这使得部分项目组成员对内部控制审计的经验不足，在审计过程中不能很好地把握审计重点、获得充分的审计证据，影响审计质量。

（2）审计实施阶段。

①对内部控制整体层面考虑不全面。

除了重要的部门负责人外，水泥企业集中管理中心的综合管理部以及企业的重要领导，如总经理、副总经理，并未被纳入访谈范围，以至于无法详细地获知企业各种制度的制定及传达、重要职能部门及分工、人力资源政策、沟通渠道及机制、管理理念及经营风格、管理层对风险的意识、管理层及各部门负责人是否及时履行监督职责等关键信息。

企业的各种经营活动也离不开信息系统的支持，如采购与销售环节的过磅系统、生产环节的中控室与ERP系统、财务软件用友NC系统等。对于信息技术的一般控制也需进行了解，尤其是对财务报表影响重大的信息技术。但审计项目组还没有计算机审计以及信息系统审计方面的知识和经验，故未在此次审计中对企业的信息系统的处理流程进行了解及评价。

②审计过程中审计方法运用不恰当。

水泥企业厂区面积大，厂区的仓库、均化库、水泥熟料库、配料和煅烧车间等分布各有不同，要想全面了解生产各环节就必须进行现场走访和观察，但实际中考虑天气、厂区环境以及时间紧张等因素，审计项目组并未进行走访察看，导致在对生产与仓储业务流程进行了解时无法有针对性地提出问题，对相关负责人描述的生产流程也是一知半解。检查通常用于确认控制是否得以执行，提供比询问、观察更加可靠的审计证据，并对其他审计程序起到相互印证的作用。

在执行穿行测试和控制测试时，审计项目组根据对流程的了解识别关键控制点，并获取控制活动所描述的电子或纸质记录，而有关部门并未按要求及时提供所需资料，未获取的资料未引起足够重视，之后不了了之，询问的结果得不到很好的验证。虽然审计项目组取得了有关业务流程的规章制度，也未与所了解的情况进行详细对照，来确认某些控制是否按设计予以执行。

另外，许多企业第四季度的记账凭证未及时装订，审计项目组出于时间和效率的考虑，检查抽取的样本都集中在1—10月份已装订的记账凭证，而尽量避开未装订凭证的月份的样本。实际上，年末舞弊和违规的动机更大，主要风险都集中在最后几个月，避开"麻烦"的同时势必助长了企业舞弊的胆量。

在审计程序中，询问基本占据了主导地位，无论是对经营状况、行业市场还是对业务层面几大重要流程的了解，都依赖于与财务部、采购部、销售部、生产部等几个部门负责人的访谈，但不管是基于哪种目的，访谈基本一次性完成，对于穿行测试和控制测试中发现的问题和存在疑虑的地方也未单独再次询问上述人员以进行补充。

有些部门负责人对于关键控制点的描述比较模糊，审计项目组并没有要求财务部联系执行重要程序和关键控制的人员，以获取相对具体的对程序和控制的描述。更重要的是，对内部控制有重大影响的综合管理部、企业经理级别的领导都没有被纳入访谈范围，仅靠几个重要部门负责人的描述是无法全面了解企业内部控制的。此外，询问获知的一些情况在穿行测试中并没有找到相应的文件记录，对于控制的设计是否得以执行，基本依赖询问环节获取的调查问卷来判断。

③控制测试的期间和范围不合适。

据统计，控制运行频率每月1次的样本量在货币资金业务流程、销售与收款业务流程、生产与仓储业务流程、固定资产业务流程分别为9、8、6、7，分配到每个需要测试的水泥企业的样本量分别为3、1、1、1。对于超出最小样本区间的，可以认为是扩大样本量，却没有给出合理的解释。还需指出的是，对于不同企业某些循环分配的样本量缺乏灵活性，样本量的分配在预审之前已确定，没有考虑企业层面的内部控制环境、风险评估结果对样本量的影响。

在实际审计工作中，审计项目组发现某些水泥企业对银行存款的管理非常严格，统一采用网银收付款项，没有库存现金，付款申请也须经财务部长进行授权才可以支付。但控制测试仍要按事先确定的样本量进行测试，若考虑整体层面对关键控制点的影响，现金盘点控制环节明显是可以省略的。此外，收款与付款环节风险较低，其样本量也可以适当减少。

从选择所需测试的业务流程来看，审计项目组没有把进行现场审计的水泥企业的所有重要业务流程都纳入测试范围，预审安排要求每家水泥企业选择三个业务流程进行了解及测试，这明显是不合理的。此外，水泥企业拥有各种信息系统，尤其是用友 NC 系统对财务报告有重大影响，而审计项目组人员由于缺乏这方面的专业知识，没有了解程序变更、访问权限及计算机操作方面的一般控制，也没有测试自动化应用控制是否有效。

（3）审计完成阶段。

在年审期间，某水泥企业的财务部长告知审计项目组该企业采购部还存在金额较多的发票未及时报账和进行账务处理，因而需要调整年度财务报表相关科目的数据，这一举动表明采购业务流程中的某些环节存在控制执行不当的情况，审计项目组却没有考虑这一问题是否构成内部控制重大缺陷，进而验证和重新评价其对内部控制有效性的影响。

从表面上来看，内部控制有效能够降低审计风险并减少实质性程序的工作量，但在实际审计工作中，实质性程序的工作量并没有减少，审计项目组认为内部控制再怎么有效也无法规避串通舞弊，为了降低审计风险，仍选择依靠实质性程序直接发现财务报表的重大错报。

三、理论依据

本案例采用的理论依据框架如图 11-2 所示。

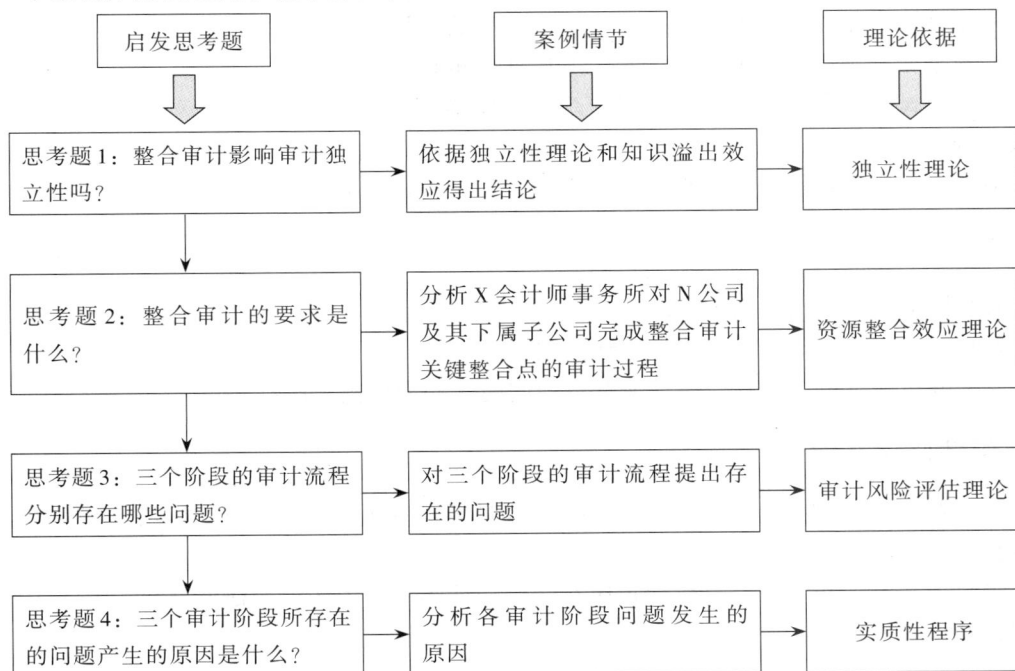

图 11-2　案例理论依据框架

（一）分析性程序的概念

分析性程序是指通过研究财务数据之间和财务与非财务数据之间的看似合理的关系，而对财务信息作出评估，包括把记录的金额和审计师的预期进行比较。

分析程序被广泛地应用于实务中，在所有审计的计划阶段和完成阶段都必须执行。

（二）审计风险

审计风险是指当财务报表存在重大错报时，注册会计师发表不恰当审计意见的可能性。从定量的角度看，审计风险=重大错报风险×检查风险。

（1）重大错报风险是指财务报表在审计前存在重大错报的可能性，重大错报风险包括以下两个层次。

①财务报表层次重大错报风险：与财务报表整体存在广泛联系，可能影响多项认定。

②认定层次重大错报风险：由固有风险和控制风险构成。

固有风险是指在考虑内部控制之前，某类交易、账户余额或披露的某一认定发生重大错报的可能性，这类风险一般与被审计单位管理当局的诚信程度、管理当局对财务报告可靠性的态度、被审计单位业务的复杂程度及所在行业的特性等因素有关。

控制风险是指某类交易、账户余额或披露的某一认定发生错报，不管该错报是单独的还是连同其他错报构成重大错报，但没有被内部控制及时防止、发现并纠正的可能性。控制风险取决于与财务报表编制有关的内部控制的设计和运行的有效性。

（2）检查风险是指存在某一错报，该错报单独或连同其他错报是重大的，但注册会计师在执行相应的降低审计风险至可接受水平的审计程序后未发现这种错报的可能性。

（三）实质性程序

实质性程序是指用于发现认定层次重大错报的审计程序，实质性程序包括"对各类交易、账户余额和披露的细节测试"和"实质性分析程序"。

细节测试适用于对各类交易、账户余额、披露认定的测试，尤其是对存在或发生、计价认定的测试。

对在一段时期内存在可预期关系的大量交易，可以考虑实施实质性分析程序。

四、关键要点

1.掌握审计独立性的相关概念。

2.掌握整合审计的三个阶段的审计流程。

3.了解在现阶段下，整合审计所存在的问题，并尝试提出改进建议。

五、延伸阅读文献

［1］彭金媛．整合审计模式下的审计信息系统优化［J］．会计之友，2019（03）：144-148.

［2］杨文蔚，汪月祥．分析性程序在注册会计师审计中的应用研究［J］．中国注册会计师，2014（05）：49-52.

案例12　"掘金"的ZK公司经营审计之路[①]

【案例导读】

纵观内部审计定义的历史演变过程可知，其对象已经从传统的"财务审计"转变为如今的"经营管理审计"，审计目标从监督检查向价值增值转移，增值范围从传统的财务领域向风险管理领域、内部控制领域、生产经营及公司治理领域拓展。在国内外经济低迷、工程机械需求疲软的大背景下，为了挖掘公司新的利益增长点，ZK公司内部审计发现工程机械行业后市场这块"金地"，助力企业实现价值增值的目标，成功实现内部审计的华丽转型。

通过本章的学习，学生可以：

① 了解内部审计在企业中的地位和作用。

② 理解内部审计的审计方法选择与应用，以及对审计范围和审计证据的确认。

③ 了解如何通过经营审计助力企业增值。

【关键词】

内部审计　经营审计　企业增值　ZK公司

案例正文

一、引言

自中国内部审计协会发布新修订的内部审计基本准则以来，对内部审计价值增值功能的研究便受到了实务界和理论界的广泛关注。纵观内部审计定义的历史演变过程可知，其对象已经从传统的"以控制为基础"转变为如今的"以风险为基础"。审计目标从监督检查向价值增值转移，增值范围从传统的财务领域向风险管理领域、内部控制领域以及公司治理领域拓展。

在国内外经济低迷、工程机械需求疲软的大背景下，2016年，ZK股份有限公司的营业收入为200.23亿元，营业利润为-18.03亿元，公司连续亏损。

为了让公司在激烈的市场竞争中实现稳定的经济增长，ZK公司也在积极寻求内部审计的转型，让内部审计人员成为公司内部治理、内部控制与风险管理服务等方面的专家。对ZK公司来说，内部审计究竟能否通过发挥自身优势助力企业实现价值增值的目标？

---

① 本案例由刘桂良、章志方、辛泽熙、张佳昱、王博宇、戴思共同开发，2017年入选中国专业学位教学案例中心案例库。除非特别声明，本书的案例研究对象均为上市公司，案例中引用的所有数据均来自该公司的公告。另外，本书的所有案例只供课堂讨论之用，并无意暗示或说明某种管理行为是否有效。

二、案例背景

ZK公司是经国家发展和改革委员会批准，由国有某专业技术研究院改制成立的股份有限公司，注册资本为77亿元，有雇员15 154人。公司于2000年在深交所上市，于2010年在中国香港联交所上市。ZK公司是全球最大的混凝土机械制造企业、全球最大的起重机械制造企业、全球最大的城市环卫机械制造企业。

ZK公司年均营业收入保持着50%以上的复合增长率，至2012年营业收入达到了481亿元，并于2013年成功跻身福布斯全球企业800强，成为世界排名第六、国内排名第一的工程机械行业龙头企业。作为中国工程机械装备制造业的领军企业，ZK公司目前拥有国际一流的超大型钢结构厂房、现代化的加工设备和自动化生产线、覆盖全国并延伸至海外的完备销售网络以及强大的服务体系。

2017年4月的一天，ZK公司财务部长向董事长送来2014年、2015年、2016年的财务简报。报告显示，公司近3年的经营业绩不断下滑，营业利润经年亏损，看着这令人不甚满意的成绩单，董事长眉头紧锁。

2011年，ZK公司实现463亿元营业收入，其中459亿元来自工程机械，以此跻身全球工程机械10强行列。然而好景不长，受宏观经济走弱的影响，2011年以来工程机械行业一直萎靡不振，ZK公司作为行业内的领军企业在这场行业寒冬中也未能幸免，再也没能恢复2011年的荣光。

ZK公司财务数据简表见表12-1。

表12-1 　　　　　　　　　　　　**ZK公司财务数据简表** 　　　　　　　　　金额单位：万元

项目	2016年	2015年	2014年	同比增减	
				2016年	2015年
营业收入	2 002 252	2 075 335	2 585 120	-3.52%	-19.72%
销售毛利	477 783	560 739	720 960	-14.79%	-22.22%
营业利润	-180 345	-60 514	66 292	-198.02%	-191.28%
净利润	-90 481	9 116	62 788	-1 092.55%	-85.48%

此外，财务总监向董事长展示了ZK公司近三年的销售收入情况：

传统的工程机械板块的销售状况大不如前，对公司的毛利贡献逐年下降；

环境产业、农业机械两大板块的销售收入不断增加，毛利贡献逐年上升；

金融服务板块也保持着95%以上的毛利率。

但工程机械板块对ZK公司整体业绩的影响实在太大了，虽然其他三个板块有了起色，目前还不能弥补工程机械板块给ZK公司带来的负面影响。

2013—2015年ZK公司四大板块收入与毛利贡献表见表12-2。

表12-2　　　　　2013—2015年ZK公司四大板块收入与毛利贡献表　　　　单位：亿元

项目	2015年		2014年		2013年	
	销售收入	毛利	销售收入	毛利	销售收入	毛利
工程机械	123.64	31.01	208.96	50.20	385.40	112.40
环境产业	45.25	14.17	40.25	12.60	—	—
农业机械	32.95	5.20	—	—	—	—
金融服务	5.69	5.69	9.30	9.30	0.02	0.02
合计	207.53	56.07	258.51	72.10	385.42	112.42

　　公司如何在凛冽的寒冬中生存下去？在行业不景气的大环境下工程机械板块是否还能找到新的利润增长点？公司是否对工程机械板块的依赖过甚？董事长不断地思索着这些问题，于是召集了各个部门的主要负责人，期望找到出路。

三、价值发现，审计部门揽重担

　　ZK公司的审计部直接隶属于公司董事会，独立行使审计职权，同时对董事会审计委员会负责并报告工作。2006年，集团启动流程再造，全面推行以产品及相关系列产品组团、集中决策、专业化经营的事业部制运行模式。为在新的组织结构下有效开展工作，集团在各事业部增设审计部门，在总部和各事业部经理的双重领导下开展工作，同时在审计业务上接受总部审计部的指导。

　　各事业部的审计部门一般设有综合审计室和合同审计室。经过十年的发展，审计部从成立之初仅开展合同审计中非生产性物资的采购价格审计，到如今，已经全面拓展为覆盖经营审计、采购业务审计、建设工程审计的全过程审计。其中，经营审计包括经济效益审计、专项审计、任期经济责任审计、目标责任制审计和代理费结算审计；采购业务审计已经覆盖了所有物资的采购价格审计，包括招标监控、参与采购（含服务）结算标准的制定、外协（包）专项审计和采购链审计等；建设工程审计包括清单编制及预算审计、招标监督、合同审计、主材价格审计、进度款审计、现场跟踪、工程结算审计等的全过程审计。

　　仅2008—2010年三年间，ZK公司工程起重机事业部通过开展各项经营审计，审计核减金额11 259万元、查处违规金额974万元、挽回经济损失527万元、处罚34人次、提出管理建议141条、移送督察处理事项8项，为事业部控制风险、加强管理发挥了积极重要的作用。

　　在采购业务审计上，审计部门对不同渠道采购物资采用不同的审计方法，同时开展采购链流程专项审计，从风险控制、流程顺畅等角度，对关键外购件的采购业务流程进行检查，从单个合同审核延伸至对采购链流程的全过程审计，重点查找流程和管理方法中的不足，并提出有针对性的改进管理建议，弥补管理漏洞。2008—2010年，审计部门为公司共节约采购成本5 136万元，挽回经济损失2 203万元。

10年间，ZK公司积极推动内部审计由事后审计向事前、事中和事后审计相结合的全过程审计转变；由传统手工审计向IT审计转变。但要实现企业增值，不仅要阻止企业价值流失，更重要的是开辟源头活水。于是，公司总裁在部门负责人会议上，提出由审计部对公司经营情况实施审计，以发现目前公司存在的主要问题以及新的利润增长点。审计部也决定在下一个十年部署增值审计战略。

四、市场调研：同行翘楚悄转型

审计部接受委托后，审计部李部长立刻根据这次审计的特殊性成立了新的审计小组。经审计小组集体讨论后，决定采用先市场调研、再对比分析、最后形成报告这三大步骤开展工作。

在对国内外的几大主要竞争对手进行了调研与分析后，审计小组发现，日本的XS公司的主营业务和ZK公司极其类似，而且拥有一条更加强大且完整的产业链，从企业自身向客户和供应商头尾延伸，在销售后市场中构筑了良好的盈利模式，"黄金十年"之后依然马力十足。于是，审计小组决定对XS公司进行深入的市场调研。

首先，审计小组收集了大量XS公司的资料，对XS公司的现有市场设备保有量以及销售情况进行了详尽的调查与分析，并横向对比ZK公司与XS公司的相关数据。他们发现由于我国工程机械市场出现了2009年、2010年的火爆销售形势，使市场上工程机械产品达到了近似饱和的程度。截至2015年年底，中国工程机械主要产品保有量为663万~718万台。工程机械行业的主要产品保有量数额巨大，但实际需求量普遍低于设备的保有量，可见中国主要工程机械设备市场正趋于饱和。然而，巨额保有量的背后却暗藏玄机。与此同时，在2005—2015年间，与ZK公司236 163台设备存量以及2 124亿元的主机销售额相比，XS公司144 918台的设备存量和1 093亿元的主机销售额相形见绌。

ZK公司与XS公司的设备保有量及产品销售额情况见表12-3。

表12-3 ZK公司与XS公司的设备保有量及产品销售额情况

对比项目	ZK公司	XS公司
设备保有量（台）	236 163	144 918
十年主机销售额（万元）	21 240 000	10 930 000
十年备件销售额（万元）	180 000	1 030 000
最高备件单价（万元）	0.20	1.60

但在备件市场上，XS公司却打了漂亮的"翻身仗"。10年间，XS公司的备件销售额达103亿元，占主机销售额的比例迅速上升，平均单台销售额为1.6万元；而ZK公司备件销售额仅为18亿元，平均单台销售额为0.2万元。ZK公司2006—2015年备件销售额、主机销售额及占比情况如图12-1所示。XS公司2006—2015年备件销售额、主机销售额及占比情况如图12-2所示。

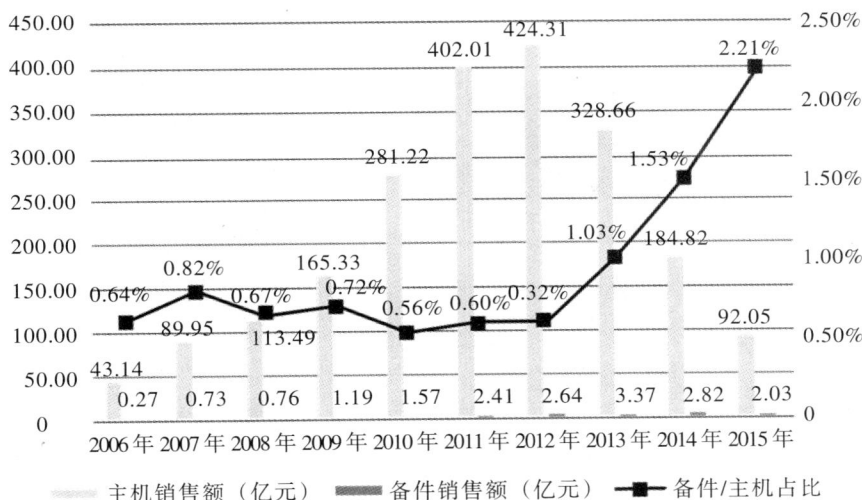

图12-1 ZK公司2006—2015年备件销售额、主机销售额及占比情况

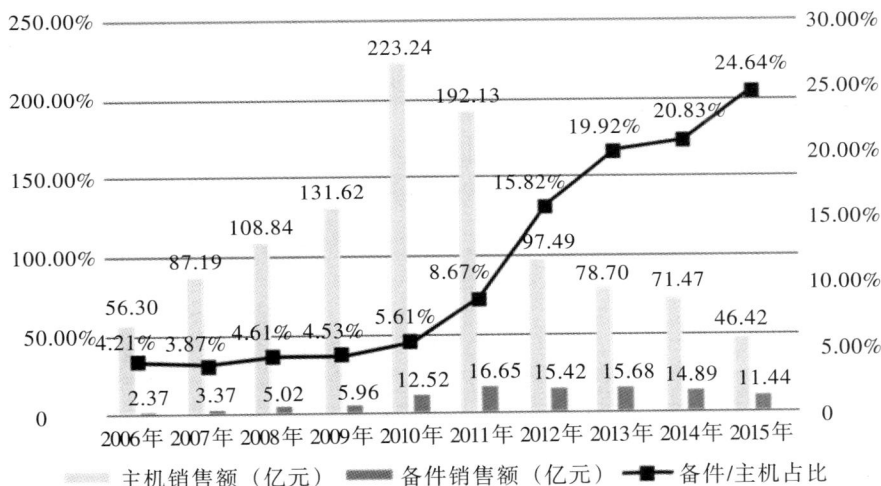

图12-2 XS公司2006—2015年备件销售额、主机销售额及占比情况

通过上述调研分析，审计小组发现XS公司非常重视备件销售。其占销售额65%的主机产品只创造了28%的利润，而占销售额35%的服务却创造了72%的利润。这里的服务包含了备件销售、改装、维护、培训以及咨询等。研究至此，后市场这座"金矿"带来的利润的光芒已经浮现在审计小组成员的眼前。XS公司工程机械制造的销售及利润如图12-3所示。

最后，审计部长对调研结果进行了总结，他指出：目前，国内外不少同行都已经开始积极开发备件市场的产品销售，并且取得了一定的成果，这对于ZK公司来说是一个机会——未来的工程机械市场不再仅仅是主机销售竞争的市场，更是供应链前后两端竞争的战场，销售后市场将成为新的行业竞争点。国内同行业的其他企业和国际工程机械行业巨头相比，仍处于探索阶段，这也为ZK公司的后市场营销留下了很大的发挥空间。同时，ZK公司近十年累计销售设备达到23.6万台，而这些设备销售之后产生的保养件、油品、易损件、维修以及突发故障零件等相关需求就是有待ZK公司挖掘的"金矿"。

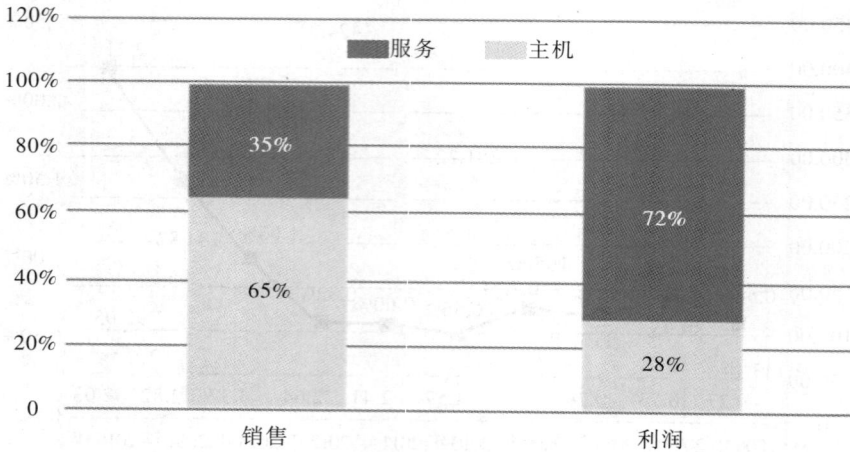

图12-3　XS公司工程机械制造的销售及利润占比

目前，ZK公司的备件市场占有率仅为6%，审计小组估算了一下，如果23万台已经销售的设备所需相关备件都由ZK公司自己提供，那么过去十年所积累的这座后市场"金矿"的能量将达到260亿元！审计小组根据国内外销售后市场的发展，对ZK公司的未来五年后市场容量进行预测，得出未来四年ZK公司的后市场容量将达到221亿元！未来四年ZK公司后市场总量预测如图12-4所示。

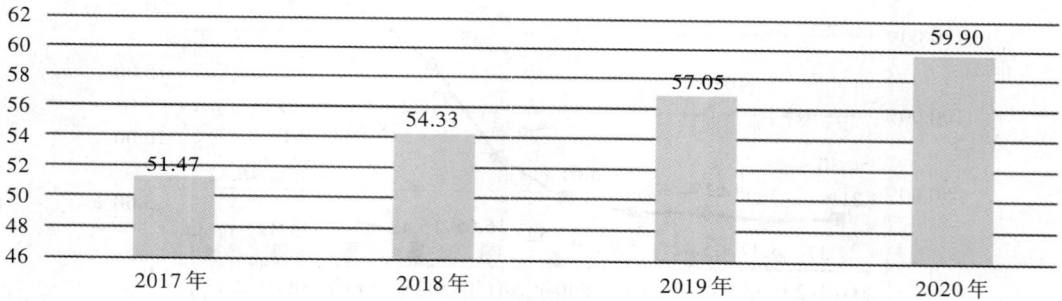

图12-4　未来四年ZK公司后市场总量预测（单位：亿元）

五、面对问题，内审发现后市场"金矿"

在分析了以上情况之后，审计小组从各部门的实际操作角度出发，出具了包含实际建议的审计报告书。报告书指出，工程机械售后市场的潜力巨大，如果挖掘出后市场这一巨大的"金矿"，使之成为企业新的利润增长点，企业会插上新的"腾飞翅膀"。因而，公司需要重视后市场，并制订计划开发后市场。

审计报告书指出，在XS公司每年16亿元的备件销售规模中，油品占30%，消耗件占25%，合计占比超过55%，维修件占45%左右。一方面，XS公司保证这些备件都是XS公司设备100%的纯正件，统一印制XS公司的防伪标志，保证客户能够买到正品的XS公司配件，强化品牌在客户心中的地位。另一方面，XS公司制定车辆跟踪表，及时对存量设备进行现场访问，对设备状况进行跟踪确认，掌握客户的配件与其他服务需求，再搭配促销工具销售备件与服务。因此，市场部结合管理知识与经验，快速识别出有效开发后市场的核心就是做好供应链管理和客户关系管理。

那么，ZK公司能卖什么呢？审计报告书认为，生产部门和一线服务人员应以已有的产品结构、生产能力以及供应商的情况为出发点，考虑卖滤芯（柴油滤芯、机油滤芯、液压油滤芯、变速箱滤芯）、易损件（泵管、滑轮、钢丝绳、斗齿、轮胎、履带板）和油品（机油、液压油、变速箱油、桥油）等。ZK公司备件销售占比预测如图12-5所示。

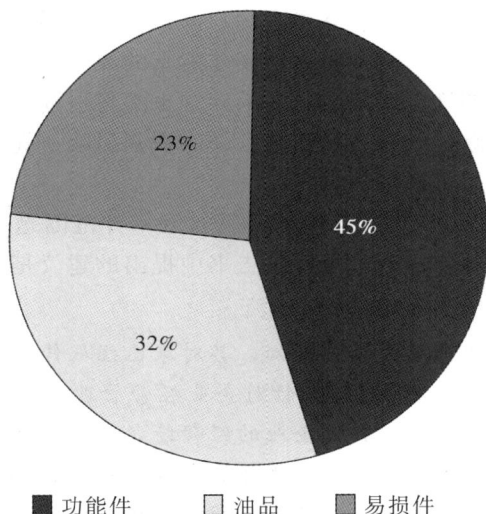

■ 功能件　　□ 油品　　■ 易损件

图12-5　ZK公司备件销售占比预测

对于供应链管理和客户关系管理，就是要抓好供应商和客户这两方面，同时转变服务意识，由客户找公司变为公司找客户，预测客户更换备件以及维修、咨询等方面的需求，正所谓"抓两头，强中间"。

在供应商源头方面，公司首先要做到统型。一个产品一旦设计了多种型号，不但企业生产麻烦，对于售后服务也造成了很大的困扰。其次，在产品的供应商选择上，要专供。一个产品最好是由同一家供应商供应，如果为了分散风险而选择多家供应商，那么应该统一标准，保证生产的产品是统一的。最重要的一点就是，公司要和供应商谈好规则，产品专门生产、专门供给，那么就只能由ZK公司作为唯一的渠道进行销售，不允许供应商私自向ZK公司下游的客户销售，更不允许用低价扰乱市场。

在客户方面，公司首先要锁定大客户，一旦抓住了大客户的售后市场，就在很大程度上抓住了公司的利润。公司可以尝试推出几种不同的套餐方案供客户选择：对于小客户，可以在其有需要时与ZK公司签订有偿服务合同，备件零散供货；对于大客户，可以与其签订年度合同，工时费按年度收取，加大优惠力度，备件定期供货，同时给予折扣优惠。这样，针对不同的客户需要，推出不同的服务，就可以赢得客户的信任度和好感。

另外，公司应该成立一个呼叫中心，这个中心能够连接零件部、销售部、维修部和服务管理部，当客户的产品出现问题或者出现售后的服务需求时，通过呼叫中心的连接，可以第一时间联系对应的负责部门，为客户提供相应的服务。公司对每一台出售的设备，定期进行回访，将设备的信息实时汇总，并不断更新，时刻掌握设备的最新情况，确保客户的需求能够第一时间被满足。

六、结语

对于工程机械行业来说，营销后市场非常重要。想要发展后市场，不仅要在发生问题时及时处理，通过积极的访问和维护，将故障发生转移，提前预防并降低故障发生率；更要将单纯的服务变成服务营销，通过活动走访维护客户；并通过活动的开展，扩大零件销售和维修额，增加服务收益，从而最终提高用户满意度，让用户能够二次购买新机。让服务由成本中心转变为利润中心，这样售后市场才能真的成为一座"金矿"。

但是，伴随着后市场的逐步开拓，更多的问题也必将逐渐浮出水面。因此，在后市场发展大潮中为企业保驾护航、改善公司治理、及时识别风险、提出增值建议将是内部审计面临的主要问题，也是其不可推卸的责任。

你认为ZK公司审计部门在本案例中的经营管理审计范围是否准确？审计方法选择是否恰当？审计证据是否充分与适当？审计报告书中提出的建议是否合理？

【政策思考】

纵观内部审计定义的历史演变过程可知，其对象已经从传统的"财务审计"转变为如今的"经营管理审计"。经营审计是一种针对企业经营管理过程的审计活动，通过对企业的经营活动进行审查和评估，可以揭示企业的经营绩效，包括财务状况、盈利能力、运营效率等。这有助于管理层了解企业运营的优势和劣势，并采取相应措施改进业务流程和决策。此外，经营审计可以帮助识别和评估与经营活动相关的风险因素，如市场竞争、供应链风险、法律合规等。及早发现并管理这些风险，有助于减少潜在损失和不确定性，提高企业长期稳定发展的能力。

优化内部控制：经营审计可以评估和监督企业的内部控制体系，确保其有效性和完整性。通过发现和解决内部控制存在的问题和弱点，经营审计有助于提高企业的风险管理能力、防范欺诈行为，并确保财务报告的准确性和合规性。

促进决策支持：经营审计提供有关企业经营活动的全面信息和数据，为管理层和利益相关方提供决策支持。这些信息包括财务、运营、市场和人力资源等方面的数据，有助于企业制订战略计划、优化资源配置和改进业务决策。

改进业务流程：通过对企业经营活动的审查和评估，经营审计可以识别业务流程中的瑕疵和改进机会。它可以推动业务流程再造、效率提升和成本控制，以增强企业的竞争力和可持续发展能力。

受宏观经济走弱的影响，2011年以来工程机械行业一直萎靡不振，ZK公司的审计小组通过一系列调研发现XS公司占销售额35%的服务，却创造了72%的利润，可见未来的工程机械市场不再仅仅是主机销售竞争的市场，更是供应链前后两端竞争的战场，销售后市场将成为新的行业竞争点。

由此可见，审计师在经营审计中的角色至关重要。他们不仅有助于发现潜在风险和问题、评估财务状况，还提供决策支持并增强了企业的信息透明度与竞争力。因此，审计师要做好从传统"财务审计"到"经营管理审计"的角色转变，通过经营审计，对企业的增值作出贡献，同时提升自己的能力水平。

案例使用说明

一、教学目标

本案例旨在帮助学生巩固审计理论与实务知识，培养学生的多角度分析能力，引导学生进一步思考内部审计在企业中的作用与地位。另外，学生可以通过案例分析，进一步理解内部审计的审计方法的选择与运用，以及对审计范围、审计证据的确认。

二、思考题与分析要点

这里提出本案例的分析思路，仅供参考。

1. 本案例的审计范围是否准确？

ZK 公司的内部审计模式是在公司内部设立审计部门，直接对企业实际控制人负责，对公司的财务收支情况、生产活动和经营活动进行全面跟踪监督，评价和审查公司内部控制制度的执行情况。因为审计部门由企业实际控制人掌控，内部审计人员的全局性更好，更能有效、深入地了解整个公司的具体工作，从而产生战略性的审计意见。

ZK 公司目前开展的内部审计主要包括财务收支审计、销售与收款审计、经济合同审计、内部控制审计和采购与付款审计。由此可以看出，ZK 公司的内部审计工作并非局限于财务审计，而是向"监督者"角色靠拢。在平时的审计工作中，审计人员不仅着重于检查公司财务数据的真实性、合法性、合理性和对存货采购等经营环节的监督，关注各类原始凭证、单据的日常稽核以及相关制度的执行情况等方面，更对管理领域和经营领域进行了参与。审计项目包括对管理过程进行合规性审查，也包括管理咨询活动。

ZK 公司的业绩增长出现乏力并不是财务问题导致的，但是审计人员依然可以关注发展战略是否完整、公司投资方向是否符合市场的需求方向，以及考察投资可能面临的风险。企业经营者的"军师"——内部审计——可以帮助经营者在应对各种风险时有充分准备。ZK 公司的内部审计部门已经具有风险审计和战略审计的经验和实力，审计人员参与了公司战略决策的制定，这使得公司在面对当前复杂多变的经营环境时更加游刃有余。

2. 本案例选择的审计方法是否恰当？

通常，审计包括七大基本程序，即观察、检查、询问、分析程序、重新执行、重新计算、函证。在本案例中，内部审计人员在行业不景气与公司业绩下滑的双重压力下接受公司董事会的委托，为企业寻找新的利润增长点，执行的是内部审计的确认与咨询职能，并没有执行鉴证职能。因此，在审计程序上，审计人员主要选择了观察、询问与分析程序，而没有选择有检查性质的审计程序，应当是合理有效的。

（1）观察。

观察程序是指审计人员查看相关人员正在从事的活动或执行的程序。观察提供的审计证据仅限于观察发生的时点，并且在相关人员已知被观察时，相关人员从事活动或执行程序可能与日常的做法不同，从而影响审计人员对真实情况的了解。因此，审计人员有必要获取其他类型的佐证证据。审计人员在调查公司现有供应链管理和客户管理的执行情况时，采取了观察程序。通过观察公司一线服务人员的服务过程、公司筛选供应商的过程等，了解目前公司供应链管理和客户管理的方式方法以及可能存在的问题。

（2）询问。

询问是指审计人员以书面或口头形式，从被审计单位内部或外部的知情人员处获取财务信息和非财务信息，并对答复进行评价的过程。审计人员通过向财务部门人员咨询，获取公司历年的财务数据，并向市场部、生产部、采购部等部门收集公司在客户管理、供应商选择方面的文字资料，作为一手资料以及分析程序的基础。此外，审计人员还访谈了各部门的员工，以了解公司业务可能存在的情况和问题。由于审计人员并不直接参与公司的业务经营，许多信息的获取（如对公司业务情况的深入了解）都需要借助访谈来进行。

（3）分析。

分析程序是指审计人员通过分析不同财务数据之间以及财务数据与非财务数据之间的内在关系，对财务信息作出评价或者为存在的疑难寻找解决方案。分析程序还包括在必要时对识别出的、与其他相关信息不一致或与预期值差异重大的波动或关系进行调查。分析程序是本案例中审计人员采用最多的，也是在其工作过程中发挥最重要作用的审计程序。

审计人员通过分析公司财务数据和行业规模数据发现利润下降的趋势，并在调查公司业绩增长乏力的原因过程中，首先想到对行业整体规模进行调研，通过调研报告、公司以往积累的资料等信息，采用趋势分析法，发现业绩增长乏力的原因在于工程机械行业因宏观经济因素不景气。

在公司业绩受行业整体下行压力而萎靡不振时，寻找新的利润增长点成为亟待解决的问题。此时，调查研究同业竞争对手的既往经验成为有效的手段。由于ZK公司本身已是我国行业龙头企业，在选择比较对象时，应当选择与之规模差异较小，同时具备多年经营经验的公司，因此，成立于1921年的XS公司进入审计人员的视野。由于经历了近一个世纪的经营，XS公司也同样经历过行业不景气的情况，因此审计人员通过对比发现XS公司与ZK公司最突出的差别在于对销售后市场的开发；再通过对行业主要公司利润分配的数据进行汇总研究，发现销售后市场虽然销售份额不高，但对利润的贡献非常突出，因此提出开发销售后市场的建议。

3.本案例的审计证据是否充分与适当？

（1）充分性。

充分性是对审计证据数量的衡量，内部审计人员收集和获取了充分的信息作为审计证据。这些审计证据主要来源于企业的内部和外部，内部信息包括企业内部的资料和文件，以及通过实施实地调研得到的第一手数据。审计部门受到董事长的委托，本次任务事关公司的战略决策，因此高度重视，派出大量骨干审计力量，对公司的价值链和经营状况作出全面的调研，得到的材料真实而充分。外部信息包括经济形势和行业背景，以及主要竞争对手公司，如XS公司的经营资料。这些信息在市场上内容繁多，且公开可查，足够内部审计人员将之与ZK公司进行对比分析，得出审计结论。

（2）适当性。

适当性是对审计证据质量的衡量，即审计证据在支持审计结论方面具有的相关性和可靠性。相关性和可靠性是审计证据适当性的核心内容。

相关性，是指用作审计证据的信息与审计程序的目的和所考虑的相关认定的逻辑联系。内部审计人员收集到的公司内部和外部的资料，都与公司的业绩下滑以及寻找新的利润增长点紧密相关，对ZK公司经营状况资料的收集，以及对经济形势、行业背景和XS公司资料的整理，均与公司现有的问题紧密相关。

可靠性是指证据的可信程度。ZK公司内部审计的职能部门为审计部，直接隶属于公司董事会，独立行使审计职权，同时对董事会审计委员会负责并报告工作，内部审计权限很大，可以独立调研公司的价值链和业绩资料，获取的公司内部信息真实可靠；而相关外部信息，如经济形势、行业背景、XS公司的经营状况，均是通过公开可查的市场资料整合分析而来的，并经受住了市场的考验，被投资者所认可。此外，审计人员对获取的信息均先评价再判断，因而审计证据是可靠的。

4.本案例审计报告书中提出的建议是否合理？

目前，ZK公司所处的工程机械行业正处于行业生命周期的成熟期，市场上工程机械产品达到了饱和或近似饱和的状态，而受宏观经济及行业影响，ZK公司产品市场利润空间急剧缩小，市场竞争加剧，财务业绩近年大幅下降，想要靠工程机械产品销售帮助公司走出困境的难度较大，因此公司将战略转向尚未完全开发的销售后市场不失为一个很好的选择。

三、理论依据

为了有效提高本案例的教学效果，学生应具备下列相关知识背景。

（一）后市场

"后市场"这一概念最早由美国汽车公司提出，其原意是指：1美元的汽车被销售，就会产生8美元的相关服务市场，包括汽车的配件供应、汽车改装、维修保养、精品美容和车载电器等。简言之，后市场是指产品销售后，围绕着产品使用过程的各种服务。工程机械后市场是指工程机械产品生产、销售市场的向后延续，即工程机械产品销售后所涉及的市场，以售出的工程机械产品为载体的服务贸易。业界普遍认为工程机械后市场构成为服务（维修和保养）、配件、租赁、二手机、再制造五大部分。

（二）内部审计功能

从供给因素看，内部审计的本质决定其职能应该包含确认职能，而内部审计目标定位的提升与工作范围的扩大则体现了其有能力并且应该提供咨询服务。

从需求因素看，内部审计的工作内容应包括识别各类风险、评价内部控制的有效性、提高资源利用效率，以及对被审计单位的正确性、真实性、合法性、合规性、合理性和有效性等进行确认。为了满足需求，内部审计人员还应该充分利用所掌握的技能与信息执行咨询功能。

综上所述，内部审计职能应该定位为确认和咨询职能。

2015年修订的《国际内部审计专业实务框架》对确认职能的解释是：确认性服务包含内部审计人员对证据的客观评估，以便针对某个体、某项运营、某项流程、某个系统或其他主题提出独立的意见或结论。根据国际内部审计师协会的定义，咨询是指为客户提供建议及相关的服务活动，这种服务的性质和范围由客户协商确定，其目的是实现组织增值，改善控制过程、治理和风险管理。

内部审计人员不承担企业管理层的职责。内部审计人员作为企业各项活动最全面的观察者与连接企业基层职能部门、高层管理者、委托人三方的信息传递者，掌握的信息无疑成为企业达到风险管理与治理目标的宝贵的资源。此外，内部审计人员掌握信息的丰富性、真实性与相关性，以及其地位的独立性保证了其有能力并且能够客观地履行咨询职能。

（三）内部审计分析方法

内部审计分析是在收集素材的基础上对审计所发现的问题进行比较与分析，一般分为比较分析法、综合分析法、因果分析法和计算机辅助分析法。审计人员对ZK公司存在的问题采用比较分析法：通过纵向对比公司近三年的营业收入、净利润的发展趋势，发现公司业绩增长乏力的问题；通过对行业机械设备保有量与宏观经济需求进行因果逻辑分析，发现业绩增长乏力的原因是宏观经济导致的行业不景气。因此，审计人员推测出公司需要寻找新的利润增长点，通过横向对比行业竞争对手和综合分析本公司情况，得出了一个完善的开发后市场的具体方案。

四、延伸阅读文献

［1］方焱冬，罗文兵．审计失败案例：形式、成因与治理［J］．郑州航空工业管理学院学报，2018，36（4）：94-102.

［2］苗茹月．我国上市公司关联方交易审计失败研究［D］．北京：首都经济贸易大学，2018.

［3］傅雪逸子．基于康华农业审计失败案例的启示［D］．长沙：湖南大学，2018.

［4］任雅茸．兴华所对欣泰电气审计失败问题研究［D］．兰州：兰州理工大学，2018.

［5］吕羚．ABC会计师事务所函证审计程序存在的问题及优化研究［D］．青岛：青岛科技大学，2017.

［6］郭祎．会计师事务所实施函证程序存在的问题及其改进建议［D］．北京：首都经济贸易大学，2016.

［7］何燕飞．注册会计师应善用函证审计［J］．湖南财经高等专科学校学报，2000（2）：64-66.

［8］梁晓宇．MS公司商誉减值审计判断案例研究［D］．长沙：湖南大学，2017.

［9］陈柳絮．债券违约中企业业绩变脸轨迹的审计关注［D］．长沙：湖南大学，2017.